중국 황제의 삶과 죽음

이 저서는 교육부의 산업연계 교육활성화 선도대학(PRIME) 사업의 재원으로 수행된 것임.

중국 황제의 삶과 죽음-황제의 일상과 궁중의례

초판 1쇄 발행   2018년 2월 10일

지은이   김영신
펴낸이   윤관백
펴낸곳   돌선인

등록   제5-77호(1998.11.4)
주소   서울시 마포구 마포대로 4다길 4 (마포동 324-1) 곳마루 B/D 1층
전화   02)718-6252/6257
팩스   02)718-6253
E-mail   sunin72@chol.com
Homepage   www.suninbook.com

정가   22,000원
ISBN   979-11-6068-150-5   93910

· 잘못된 책은 바꾸어 드립니다.

중국 황제의 삶과 죽음

황제의 일상과 궁중의례

김영신 지음

책을 내면서

내 이름을 건 책이 세상에 선을 보일 때마다 그간의 노고를 보상받는 듯한 뿌듯함과 아쉬움을 동시에 느끼게 된다. 주전공이 아닌 분야를 다룬 이 책을 내놓으면서 느끼는 아쉬움은 더욱 클 수밖에 없다. 아쉬움 속에 이 책이 나오게 된 데는 나름의 배경이 있다.

시장의 수요논리에 따라 정부에서는 상대적으로 취업이 잘 되는 이공계의 정원을 늘리고 대신 인문사회계열 관련학과의 정원을 축소시키는 이른바 산업연계교육활성화선도사업(프라임사업)을 실시하였다. 선정된 대학에는 일정기간 상당한 재정적 지원이 따르고, 정부지원액의 대부분은 이공계 교육여건 강화에 쏟아 부었다. 그렇지 않아도 위기에 처해 허덕이는 인문학 관련학과의 불만을 잠재우기 위해 우는 아이를 달래기 위해 입에 사탕을 물려주듯, 지원예산의 극히 일부를 인문학 전공학과에 배정하였다.

그나마도 3년 사업의 마지막 단계에 접어들어 정부의 재정지원이 끊기는 내년부터 인문학 관련학과의 어려움은 더욱 가중될 수밖에 없을 것이고, 프라임사업이 의도한대로 정원이 줄어든 인문학 관련학과 지원자도 해가 갈수록 줄어들게 될 것이다. 이런 와중에 인문학 진흥과 학문 후속세대 양성이라는 명분으로 기존에 개설되지 않았던 교과과정을 개발하는 작업에 동참하게 되었다. 이 책의 이름과 동일한 명칭의 신규 교과과정을 개설하면서 준비한 강의록을 다듬어 책을 내게 되었다.

그렇다고 이 책이 졸속으로 꾸며진 것은 아니다. 관련 주제에 대한 관심과 준비의 기간은 상당히 오래되었다. 타이완에 유학하던 시절부터이니 꽤 오래전부터 하나둘씩 자료를 모으기 시작하였고, 귀국 후에는 동양사특강이라는 과목을 개설하여 강의하면서 부족한 부분을 보충하였다. 이후 몇 년간 관련 과목이 개설되지 않아 묵혀두었던 원고를 다시 정리하고 보충하는 작업 끝에 마침내 출판하게 되었다.

시중에 나와 있는 황제 관련 도서는 어림잡아 십여 종 이상에 이르는 것으로 파악하고 있다. 출판을 준비하는 과정에서 참고를 위해 살펴보니 대부분이 흥미위주의 내용들을 담고 있었다. 기존의 도서들과 비교하여 이 책은 어느 정도의 학술성을 갖춘 인문교양서로 평가받을 수 있을 것이라 기대한다. 책의 전체적인 구성은 일반적인 장절체를 채용하였다.

첫 장에서는 군주제도의 형성과정과 특징 및 황제 존호의 유래 등에 대해 정리하였다. 중국 역사시대의 첫머리를 장식한 오제부터 첫 번째 왕조인 하의 출현과정은 군주제도의 형성과정과 궤를 같이한다 할 수 있다. 이 단계를 지나 천하를 통일한 진왕 영정(嬴政)이 황제라는 존호를 정하게 된 과정, 황권의 특징과 정치구조, 황제의 칭호와 황위승계 제도 등등의 내용들을 다루었다.

두 번째와 세 번째 장에서는 정치의 심장이자 황제의 기거공간인 궁정의 건축원칙과 중요 궁중의례에 대해 살펴보았다. 다음 장에서는 황제가 일상적으로 처리하는 정무의 내용과 형식 등에 대해 소개하였다. 황제 개인에 따라 다르기는 하겠지만, 역대 중국황제들이 처리해야할 업무가 상당히 복잡하고 다양했음을 알 수 있을 것이다.

황제와 황실 구성원의 생활기거를 돌보는 태감과 궁녀의 선발, 임무, 조직기구 등은 궁중의 관리시스템을 이해하는데 매우 중요한 요소라 하겠다. 일반백성들은 감히 상상도 할 수 없는 호사스런 궁중의 물질생활과 황제의 오락거리, 궁중의 각종 세시풍속 역시 황제의 일상을 살필 수 있는 좋은 참고자료들이라 할 수 있다. 절대권력을 휘두르고 누릴 수 있는 모든 것을 향유하던 황제도 결국 인간인지라 죽음을 면할 수 없는 노릇이었다. 황제의 상례와 역대 능침규제의 변화를 살펴보는 것으로 책을 마무리하였다.

　이러저러한 이유로 시간이 넉넉하지 못한 상황에서도 흔쾌히 출판을 허락해주신 출판사 관계자들께 감사드린다. 자료정리와 교정 등 실제적인 작업에 많은 도움을 주고 항상 힘이 되어주는 김정은, 강민성, 이해원 조교선생들께도 고맙다는 말을 전하고 싶다.

2018년 2월

김영신

목 차

책을 내면서 /5

제1장 군주제도의 형성과 황제 존호의 유래   15

제1절 군주제도의 형성과 특징   17
  1. 군주제도의 형성   17
  2. 군주제도의 특징   23
    1) 세습제   23
    2) 종법제   25
    3) 종신제   27
제2절 황제체제의 출현과 특징   28
  1. 황제 존호의 유래와 황권의 특징   28
    1) 황제 존호의 유래   28
    2) 황권의 특징과 정치구조   30
    3) 군존신비의 변화추세   32
  2. 황제의 전용칭호   33
    1) 황제의 존칭과 자칭   33
    2) 연호(年號)   36
    3) 시호(諡號)   39
    4) 묘호(廟號)   42
  3. 황족의 칭위(稱謂)와 명호(名號)   43
    1) 황족의 칭위   43
    2) 황족의 명호   47
  4. 피휘(避諱)   53

제3절 황위 승계제도   57
  1. 동성 간 승계   57
    1) 태자책립   58
    2) 태자밀건   60
    3) 양위   65
    4) 찬위   67
  2. 이성 간 교체   70
    1) 왕망의 찬위   70
    2) 조비의 퇴위강요   72
    3) 사마염의 찬위   74

제2장 궁궐과 궁중예제   **77**
제1절 궁궐   79
  1. 궁궐건축의 원칙   80
    1) 좌북면남   80
    2) 전전후침   81
    3) 좌묘우사   83
    4) 삼조오문   84
  2. 황실 정원   86
제2절 외조와 내정   89
  1. 외조의 권한과 직무   89
  2. 내정의 직무   94
제3절 궁중예제   98
  1. 봉선(封禪)과 환구제천(圜丘祭天)   99
  2. 종묘제사   102
  3. 등극대전   105
  4. 조서반포   107

제3장 정무   111

제1절 상조(常朝)와 어문청정(御門聽政)   113
  1. 명대의 상조어문   114
  2. 청대의 어문청정   116
제2절 일상시사   120
  1. 접ㆍ본 비열(摺ㆍ本批閱)   123
  2. 소대신공(召對臣工)   125
  3. 인견서료(引見庶僚)   126
  4. 어전전려(御前傳臚)   127
    1) 문과진사 전려   128
    2) 무과진사 전려   129
  5. 구결(勾決)   130
  6. 정신(廷訊)과 정장(廷杖)   131
    1) 정신   131
    2) 정장   132
제3절 황제 일상언행의 기록   135
  1. 금중기거주   135
  2. 내기거주   138
제4절 새보(璽寶)와 책보(冊寶)   140
  1. 새보의 연혁   140
  2. 새보의 관리와 사용   144
  3. 황제의 사장(私章)   145
  4. 후비의 책보   146

제4장 태감과 궁녀   147

제1절 태감제도   149
  1. 태감제도의 연혁과 태감의 공급   149
  2. 정신(淨身)   150
  3. 업무와 조직기구   151
  4. 상층 태감의 전횡   160
  5. 하층 태감의 생활   180
제2절 궁녀제도   184
  1. 궁녀의 공급   184
  2. 궁녀의 수량   185
  3. 궁녀의 생활   186
  4. 대식(對食)   187

제5장 후비(后妃)제도와 황실습속   189

제1절 후비제도   191
  1. 후비제도의 변화   191
  2. 청대 수녀(秀女)선발   194
제2절 황제의 대혼(大婚)과 황후책립   198
  1. 황제의 대혼   199
    1) 납채례   199
    2) 대정례   200
    3) 책립봉영례   201
    4) 입궁   203
    5) 합궁   204
    6) 축하연   205
  2. 황후책립   206
  3. 황제의 성(性)   208

제3절 황실의 습속　212
　1. 황자 출생　212
　2. 황제의 생일　214
제4절 궁정의 세시풍속　216
　1. 원단　216
　2. 대보름　218
　3. 칠석　219
　4. 중추절　221
　5. 동지　222
제5절 황제의 신앙　226
　1. 숭불과 멸불　226
　2. 황제와 도교　231

제6장 궁정의 물질생활과 오락　237

제1절 침궁과 의관(衣冠)　239
　1. 침궁　239
　　1) 황제의 침궁　239
　　2) 후비의 침궁　242
　2. 황제와 비빈의 의관　243
　　1) 황제의 관복　244
　　2) 후비의 관복　248
제2절 어선(御膳)과 궁중연회　249
　1. 어선의 변화　249
　2. 어선 관리기구　252
　3. 황제의 일상식사와 황제 주관의 연회　255
　4. 천수연　258
　5. 황실전용의 식기　259
제3절 제후(帝后)의 진료　261

제4절 오락   265

  1. 시·서·화·금·기(詩·書·畵·琴·棋)   265

  2. 악무(樂舞), 백희(百戲), 연희(演戲)   271

  3. 사냥   274

  4. 축국(蹴鞠)   276

  5. 마구(馬球)   278

  6. 투계(鬪鷄)   279

  7. 투실솔(鬪蟋蟀)   280

  8. 사금양수(飼禽養獸)   281

  9. 순행(巡幸)   282

제7장 황제의 상례(喪禮)와 능침(陵寢)   **289**

제1절 황제의 상례   293

제2절 능침규제의 변화   297

제3절 역대 황제의 능침   301

  1. 진시황릉   301

  2. 한대 능묘   303

  3. 육조시기의 능묘   306

  4. 당송시기 능침제도의 변화   307

    1) 당의 능침제도   308

    2) 송의 능침제도   310

  5. 원 황실의 장례습속   312

  6. 명 13릉   315

  7. 청조의 능침   317

참고문헌* /321

찾아보기 /325

제1장

군주제도의 형성과
황제 존호의 유래

제1절 군주제도의 형성과 특징

1. 군주제도의 형성

어느 민족을 물론하고 그들의 초기 역사는 대부분 신화(myth)와 전설 (legend)의 단계를 거치게 된다. 중국의 고대문헌에 보이는 비교적 흥미로운 두 개의 신화는 여와(女媧)와 반고(盤古)에 관한 것이다. 전하는 바에 따르면 여와는 황토로 인간을 창조한 인물이고, 반고는 혼돈한 상태에 있던 태초의 지구를 개벽시킨 인물로 묘사되어 있다. 중국문명의 태동기에 활동한 지도적 인물과 관련하여 가장 유명한 이야기가 바로 삼황(三皇)과 오제(五帝)에 관한 것이다.

중국 고대의 서적 가운데는 복희(伏羲)·신농(神農)·수인(燧人)을 삼황(三皇)[1]이라 칭하며, 황제(黃帝)·전욱(顓頊)·제곡(帝嚳)·요(堯)·순(舜)을 오제(五帝)라 하였다. 일반적으로는 삼황은 모두 특별한 능력으로 고대인들을 위한 위대한 발명을 하여 생활에 커다란 발전을 가져온

---

[1] 견해에 따라 삼황을 복희·신농·황제(黃帝)로 규정하는가 하면, 혹자는 복희·신농·여와를, 또는 천황(天皇)·지황(地皇)·인황(人皇)을 칭하기도 한다. 그 밖에도 복희·신농·여와·수인·유소(有巢) 가운데 임의로 셋을 택하기도 한다.

인물들로 묘사되고 있다.

이 가운데 수인씨는 불을 발명한 인물로 그를 통하여 사람들은 음식을 익혀먹는 방법을 알게 되었다고 전해진다. 복희씨는 그물을 이용 동물을 생포하여 이것을 가축으로 훈육시키는 방법을 가르친 인물로 알려져 있다. 또한 그는 혼인제도를 건립하고 팔괘(八卦)라는 자연현상을 대표하는 부호(符號)를 처음으로 만들기도 하였다. 신농씨는 몸소 수없이 많은 야생식물들을 맛보고, 그 가운데 사람들이 먹어도 좋을 것들을 골라 농사짓는 방법을 알려주었을 뿐 아니라, 물물을 교환할 수 있는 시(市)를 열도록 하였다. 삼황의 전설에 등장하는 인물들은 모두 후대인들이 지어낸 것이기는 하나 고대문화의 진화과정에서 중요한 몇 단계를 대표하는 것이기도 하다.

오제 전설과 상관된 인물들의 실존여부에 대해서는 여전히 논란이 없지 않으나, 이들은 대략 원고시대 각 씨족의 영수였던 것으로 보인다. 이 다섯 가운데 특히 주목을 끄는 인물이 황제 · 요 · 순이다.

신농씨의 후손대에 이르러 천하가 어지럽자 각 부족간에 전쟁이 빈번하였다. 이에 황제가 일어나 군사를 정비하여 탁록(涿鹿)에서 치우(蚩尤)를, 판천(阪泉)에서 염제(炎帝)를 패퇴시킨 뒤 마침내 각 부족의 추대에 의해 천하의 공주(共主)로 자리하여 유웅(有熊)[2]에 건국하였다. 초보적인 국가의 규모를 갖춘 황제와 동시대 인물들은 인간생활에 필요한 중요한 발명을 이루어 내었다. 또한 황제의 부인 누조(嫘祖)는 누에치는 법을 발명하였고, 황제의 사관(史官)인 창힐(倉頡)은 문자를 만들어내었다. 황제 원년은 기원전 2,698년으로 추측되고 있다.

사마천(司馬遷)의 『사기(史記)』에 기재된 고대 제왕세계에 따르면 전욱 · 제곡 · 요 · 순과 하 · 상 · 주 3대는 모두 황제의 후손들로 묘사되어

---

[2] 현 하남성(河南省) 신정(新鄭).

있다. 결국 중국의 역사는 황제 이후 비로소 비교적 분명한 계통을 갖기 시작하였다고 할 수 있는 것이다. 따라서 후대 중국인들은 황제를 중화민족의 공동시조로 받들고 있다.

황제 이후 전욱과 제곡에 관한 전설은 특기할만한 것이 없으나, 요·순과 관련된 부분은 적지 않으며 특히 선양(禪讓)의 전통이 중국정치사의 미담으로 회자되었다. 전하는 바에 따르면 요는 평양(平陽)3)에 도읍을 정하고 국호를 당(唐)이라 하였다. 인자한 현군으로 알려진 요는 일월성신의 움직임을 관찰하고 기록토록 하여 이를 바탕으로 백성들에게 계절의 변화에 맞추어 경작하는 방법을 가르치고, 황하의 치수를 위해 곤(鯀)을 파견하였으나 9년이 지나도록 치수사업을 완성하지 못하였다.

연로한 요는 죽기 전 재덕을 갖춘 인물에게 자리를 물려주고자 하였고 사방 '제후'들은 효자로 이름난 순을 추천하였다. 먼저 순의 품덕과 재능을 관찰한 요는 순을 섭정(攝政)에 앉혔다. 이런 과정을 통해 요가 사망하자 자연스럽게 제후들의 추대에 의해 순이 천자의 자리를 계승하여 포판(蒲阪)4)에 도읍을 정하고 국호를 우(虞)라 하였다. 순 역시 말년에 요가 행한 정권이양 방법을 따라 우(禹)에게 천자의 자리를 물려주었다.

전설에 따르면 당시 홍수로 황하가 범람하자 순의 명을 받은 우가 각 부락민을 이끌고 치수에 나선지 13년만에 물길을 바로잡아 수재를 극복하였다. 이 과정에서 우는 세 번이나 집 앞을 지나면서도 단 한 번도 집에 들르지 않았다 한다. 고고학자들의 연구에 따르면 당시 확실히 전 세계적으로 홍수가 빈번하였다. 한편 신화학자들의 연구에 따르면 세계에 퍼진 홍수와 관계된 모든 전설 가운데 오직 유일하게 우만이 치수

---

3) 현 산서성(山西省) 임분(臨汾).
4) 현 산서성 영제(永濟).

에 성공한 영웅적 인물로 기록되고 있다. 물길을 바로잡아 치수에 성공한 공로로 우는 각 부락 수령의 신임을 얻어 순의 계승자로 부락연맹의 수령에 추대되었다. 이처럼 자신의 혈족이 아닌 현인에게 천자의 자리를 물려주는 전통을 '선양'이라 하였다.

대략 지금으로부터 수천 년 전 중국에는 사람들이 모여 사는 촌락이 형성되기 시작하였다. 시간이 지나면서 이들 촌락은 수백 명이 모인 대농장 형태로 발전하였다. 농업의 발전에 따라 식량의 공급이 점차 충족해지고 인구도 늘어나면서 각 부락과 부락 간에는 자원과 생존의 공간을 다투는 충돌이 갈수록 격렬해져 전쟁이 빈번하였다. 전쟁의 위협에 직면한 각 부락은 자신들의 생명과 재산의 안전을 보호하기 위해 취락의 사방에 방호용의 성벽을 쌓기 시작하였고, 이로써 성시(城市)의 모습이 출현하였다. 이와 동시에 전쟁은 강력한 지도력을 갖춘 영도적 인물의 존재를 필요로 하게 되어 족군 내부에 점차 계층의 분화라는 현상이 출현하게 되었다.

계층 분화의 결과 소수의 통치자와 다수의 피통치자로 나뉘게 되고, 다수의 피통치자를 효과적으로 통제하기 위해 통치자들은 정부라는 통치기구를 만들어내게 된 것이다. 당시 통치기구는 왕왕 방어용의 성곽이 둘러쳐진 도시 내부에 두었는데, 중국에서는 대략 지금으로부터 4천 년 전쯤에 고대도시들이 하나 둘 모습을 보이기 시작하였고 이때는 중국 역사상의 하조(夏朝)에 해당한다.

중국 역사상 대략 황제·요·순의 시대는 부락연맹의 단계에 머물러 있었고 이 연맹의 영수는 공주(共主)라 칭하였다. 요순시대 중대사의 결정은 부락연맹 성원의 대표인 '사악(四岳)'의 동의를 구하여야 하였다. 예를 들어 요의 치세에 홍수와 하천의 범람이 빈번하자 사악은 곤을 치수작업의 책임자로 추천하였다. 이에 대해 요는 비록 동의를 표하지 않았으나 결과적으로는 다수의 의견을 따르지 않을 수 없어 곤을 등용하였다. 연로한 요가 순을 후계자로 결정할 때도 역시 사악의 추천이라는 과정을 거쳐 비로소 순을 후계자로 선택할 수 있었다. 이러한 전통은 순이 사망하고 우가 공주의 자리에 오르면서 현저한 변화가 발생하게 되었다.

재위기간 우는 두 가지 사업을 완성하였다. 하나는 홍수를 다스린 것이고 다른 하나는 남쪽의 삼묘(三苗)를 정복한 것이다. 요의 재위 시 홍수를 다스리기 위해 곤을 등용하였으나 실패한 부분은 이미 지적한 대로이다. 요를 계승한 순은 치수를 위해 우를 등용하였다. 곤이 제방을 쌓는 방법을 사용하였으나 실패한 것에 반해 우는 물길을 정비하는 방식으로 바꾸어 치수에 성공하였고 백성들은 비로소 수환에서 벗어날 수 있었다. 전하는 바에 따르면 순은 삼묘를 정벌하는 도중 사망했다고 한다.

우에 이르러 마침내 삼묘를 정복하여 남쪽으로부터의 위협에서 벗어날 수 있었다. 홍수와 삼묘, 곧 고대 중국의 천재와 외환을 물리치는 과정에서 연맹을 맺은 각 부락은 필히 힘을 다하여 우의 지휘와 영도를 받지 않으면 안 되었고, 그 결과 우의 권력은 요·순시대 공주의 그것을 능가하게 되었다. 우 이전의 요와 순은 천하의 공주에 불과하여 군국의 대사는 주변 실력자들의 의사를 물은 다음에야 결정할 수 있었다. 이에 비해 우의 행위는 마치 최고 권력을 지닌 국왕과 같은 모습을 보여주었다.

연로해진 우 역시 선양의 전통을 이어 생전에 고도(皐陶)[5]와 백익(伯益)[6]을 후계자로 천거하였다. 그러나 우가 사망한 뒤 제후들은 백익 대

---

[5] 기원전 약 2280년에 출생하여 약 2170년에 사망한 것으로 알려지며 중국 사법(司法)의 비조로 추앙받는 전설적 인물이다.

[6] 황제의 5세손이자 전욱의 증손이다. 우를 도와 치수사업에 공을 세우기도 하였으며 중국에서 맨 처음 착정(鑿井)기술을 발명한 것으로 알려지고 있다. 하

신 우의 아들인 계(啓)를 옹립하였다. 유호(有扈)씨가 이에 불복하자 계는 무력으로 토벌하여 계의 지위는 더욱 공고하게 되었다. 결국 이로서 선양의 전통은 사라지고 권력이 아들 혹은 동생에게 이양되는 군위세습이 나타나게 되었다.[7] 이는 상고시대 부락연맹에서 국가로의 전환에서 중요한 과정인 것이다.

중국에서 아버지로부터 자식에게 왕위가 세습된 제도는 계로부터 확립되었으며 이때부터 국가의 각종 통치기구도 잇따라 출현하였다. 군주제도의 출현은 원시사회 말기, 씨족 귀족의 재부(財富)와 권세가 계속하여 증가하고 성장한 필연적 결과이다.

중국역사의 태동기인 하·상·주 삼대에는 국가정권의 조직형식이 종법귀족군주제에 바탕을 두고 있었다. 절대군주지배체제가 완비되기 전인 당시 국가 최고권력을 행사하는 주체는 상호의존과 상호견제의 관계에 있는 군주와 원로들로 이루어진 의사(議事)조직이었다. 당시 국가조직의 원칙은 혈연관계의 친소원근에 따라 정치지위상의 존비고저가 결정되는 구조였으며, 국가구조는 기본적으로 방국연맹(方國聯盟)이었다. 주대에 분봉제를 시행하면서부터 귀족 의사조직의 구성원은 대부분 봉국(封國)의 제후들로 채워졌으며, 이러한 정치체제는 춘추전국시대에 이르러 점차 해체되고 군주 한 사람에게 권력이 집중되는 현상이 출현하게 되었다.

군주의 '군(君)'자는 윤(尹)과 구(口)의 합체자이다. 갑골문에서는 윤이 부(父)와 비슷한 의미로 쓰이는데, 이에 따르면 군은 여러 윤 가운데 가장 존귀한 자로 입(말)으로써 여러 윤은 지휘할 수 있는 자를 칭하는 것이다. 하대의 군주는 처음 후(后)로 칭하다 나중에는 왕(王)이라 칭하

왕조의 첫 번째 왕인 계의 경사(卿士)로 활동하기도 하였으며 대략 기원전 1973년경 사망한 것으로 전해진다.
[7] 천하위공(天下爲公)에서 천하위가(天下爲家)로의 변화를 의미한다.

였다. 후는 본래 생육(生育) 혹은 조상(祖上)의 의미를 지니고 있었고,
왕은 '천하가 모두 귀속한다'거나 '능히 타인을 공격할 수 있는 자'의 의
미를 지니고 있었다. 상대에는 군주를 왕이라 칭하였는데, 상왕은 보통
자신을 '여일인(予一人)'이라 자칭하였다. 여일인이라는 자칭은 군주의
독존적 지위를 표시하는 것이다. 주대의 군주는 왕 혹은 후(后)라 칭하
는 외에도 '원군(元君)', '벽왕(辟王)', '벽군(辟君)' 등으로 불렀다.

천지, 사직, 조상의 주제자(主祭者)인 주 왕은 토지와 군신에 대한 최
고소유권을 장악하였을 뿐만 아니라, 국사를 결정하고 군대를 통솔하
며 관리를 임명하는 등 권력을 행사하였다. 주 왕은 서(誓), 고(誥), 명
(命), 훈(訓), 령(令) 등의 수단을 통해 권력을 행사하였고 소(召), 사(使),
고(告), 호(呼) 및 회(會)의 형식을 통해 자신의 의지를 전달하고 표현하
였다. 주 왕이 거주하는 곳을 도(都)라 하였는데, 도는 '선군(先君)의 종
묘가 있는 곳'이라는 의미이며 도는 성(城)이라고도 하였다.

하·상·주 삼대부터 형식화되기 시작한 군주제도의 공통된 특징은
아래와 같이 종합해 볼 수 있다.

2. 군주제도의 특징

1) 세습제

하·상·주 삼대의 군주는 즉위 후 대부분 왕이라 칭하였다. 갑골문
가운데 왕자는 '대(大)'밑에 '일(一)'이 더해진 모습으로 한 사람이 정면을
향해 단정히 앉아 있는 자세를 상징하고 있다. 상의 제12대이자 25번째
왕인 조갑(祖甲)은, 왕은 한 나라의 주인으로 지위가 존엄하니 마땅히
장식이 필요하다하여 이때부터 갑골문의 왕자 위에 횡으로 일(一)을 더

하여 '천(天)'의 형태로 바뀌었다. 이로써 알 수 있듯이 고대 군주전제시대의 모든 정치적 조치는 모두 왕위의 공고와 존숭(尊崇)을 위해서였다.

정치상 왕은 국가 최고권력의 표현자로 전국의 무장역량을 통솔하고 생살(生殺)과 정벌(征伐)의 최후결정권을 가졌다. 왕의 의지와 명령이 곧 법률과 법령인 것이다. 경제상 왕은 전국 절대부분의 국유토지와 다량의 노예를 통제한다. 이로써 왕은 국가의 주재자일 뿐 아니라 최대의 노예주귀족의 족장이라 말할 수 있다. 노예주귀족의 국가권력 농단(壟斷)을 보장하기 위해 그들은 세습제라는 계통(繼統)제도를 시행하였다.

『예기(禮記)』에 이르길 "대인세급이위례(大人世及以爲禮)"라 하였다. 이에 대한 공영달(孔穎達)의 해석은 왕과 제후(諸侯)는 모두 권위(權位, 권력과 지위)를 자기의 가족구성원에게 넘겨주는데, 권위가 아버지로부터 아들로 넘어가는 것을 세(世)라 하며, 아들이 없어 형이 동생에게 넘겨주는 것을 급이라 한다. 이와 같은 권위의 혈친계승방법은 군주전제제도의 가장 중요한 특징 가운데 하나이다.

하·상 양대에는 아직 적서(嫡庶)의 구분에 대한 명문규정이 없었다. 그러나 사위(嗣位)방법은 부사자계(父死子繼) 내지는 형종제급(兄終弟及) 두 가지 뿐이었다. 하대의 왕위계승은 부자간 승계가 주를 이루어 14대 17왕 가운데 3, 10, 11대만이 형제간에 승계가 이루어졌다. 상대 17대 31왕 가운데는 제2대는 형제 3명이 서로 자리를 이었고, 제4대는 형제 2명이, 제5·6대는 모두 형제 3명이 계위하였으며 제8·9대는 모두 형제 2명이, 제10대는 형제 4명이 계위하고 제12·13대는 2명이 계위하여 전체적으로 형제간에 왕위가 계승된 것이 14명이었다. 이 가운데 아버지가 죽은 이후 아들이 계승한 경우도 장자(長子)에만 국한되지 않았다. 상대의 이러한 왕위계승법은 중국역사상 가장 특수한 경우에 속한다.

주는 종법제도를 시행하여 적서의 지위를 중시하였다. 따라서 왕위는 물론이고 제후국군 및 경, 대부의 권위는 모두 적장자에 의해 세습

되었다. 서주 11대 12왕은 엄격하게 부자세습이 지켜졌다. 다만 제7대
의왕(懿王)이 사망한 뒤 숙부인 벽방(辟方)이 즉위하니 이가 효왕(孝王)
이다. 그러나 효왕이 사망하자 제후들이 주 천자 대종(大宗)의 일맥을
잇기 위해 다시 의왕의 태자를 즉위시키니 이가 이왕(夷王)이다. 소종
(小宗)으로 왕위를 계승한 효왕의 경우는 서주 종법세습제 중의 돌연변
이라 하겠다. 세습제, 특히 적장자 계통의 세습제는 이후 봉건제왕들이
따르는 중요한 표준이 되었다.

2) 종법제

하·상의 국가체제는 주대에 이르러 새로운 발전을 이루게 되는데
그 가장 현저한 특징은 국가조직과 종법제도가 긴밀하게 결합된 것이
다. 상을 멸한 주 무왕은 호경(鎬京)[8]에 도읍을 정하고 이를 종주(宗周)
라 하였다. 주 왕실의 전국적 통치를 확립하고 종주를 중심한 근거지를
공고히 하기 위해, 주 왕조는 광대한 정복지에 분봉(分封)제를 실시하
여 대규모로 제후국을 건립하였다.

순자(荀子)는 그의 저작 중에서 분명히 밝히기를 "주 초 분봉된 제후
는 대부분 주 왕족의 동성(同姓) 자제들이었다"며 구체적으로 그 숫자
를 열거하고 있다. 순자가 기록한 바에 따르면 건국 초기 주의 강역 안
에 세워진 71개의 제후국 가운데 주 왕실과 동성인 희(姬)성을 가진 제
후국이 53개에 달하였다. 그러나 고동고(顧棟高)[9]의 『춘추대사표(春秋

---

[8] 현 섬서성(陝西省) 서안(西安) 부근.
[9] 고동고(1679~1759)의 자는 복초(復初) 혹은 진창(震滄)이다. 강소(江蘇) 무석(蕪
錫) 출신으로 청 건륭 연간 국자감 제주를 역임하였다. 저서로는 『춘추대사표
(春秋大事表)』외에도 『방유수어(方儒粹語)』, 『모시유석(毛詩類釋)』, 『상서질의
(尙書質疑)』등이 있다.

大事表)』에는 51개국의 이름만이 보인다. 그 가운데 문왕의 아들이라고 확인된 자가 15명에 달하였고, 무왕의 아들이 3명, 주공의 아들이 6명이었다. 여타 각 제후국은 주 왕실의 인친이거나 공신들로 채워졌으며, 이들 외성(外姓) 제후 가운데는 강(姜)성이 12국으로 가장 많은 수를 차지하였다. 이상은 혈연관계를 근거로 한 통계이고, 봉국(封國)의 지역을 기준으로 살펴보면 오늘날의 산동성 지역에 8국, 하북성 지역에 2국, 산서성 지역에 8국, 섬서성 지역에 9국, 하남성 지역에 20국, 호북성 지역에 2국, 사천성 지역에 1국, 강소성 지역에 1국이었다.

제후들은 주왕이 내린 작(爵)과 복(服)을 하사 받게 되는데, 작은 지위의 존비를 대표하며 복은 공부(貢賦)의 경중(輕重)에 따른 부담액을 의미한다. 각 제후국 또한 세습제를 시행하여 봉지 내에서 독자적으로 관직을 임명하고 세금을 거두며, 경대부(卿大夫)를 분봉할 수 있었다. 각 제후국은 주 왕을 천하의 공주로 받들며 정기적으로 주 왕실에 조공을 납부할 의무를 진다. 주 왕과 제후, 제후와 경대부 사이는 상호간에 일정한 권리와 의무를 진다.

서주의 종법제는 잘 짜여진 계승제도를 근간으로 하였다. 곧 종법제는 종족을 대종과 소종으로 구분하는데 주왕은 천제(天帝)의 큰아들인 관계로 천하의 대종(大宗)이며, 동성의 제후는 소종(小宗)이 되는 것이다. 각 제후국도 적장자 계승제를 취하였는데, 각자의 봉국에서 제후는 대종이 되는 것이고 경대부는 소종이 되는 것이다. 경대부는 다시 그들이 하사받은 채읍(采邑)의 대종이 되고 사(士)는 소종이 된다. 이처럼 왕위, 제후국군, 경대부의 지위를 물론하고 적장자에 의해 세습되는 종법제는 귀족의 적장자는 모두 자기 종족중의 대종의 위치를 보증하였다. 이들 대종은 종족 구성원에 대한 통치권과 더불어 정치적 특권을 향유하며 종족의 중요한 재산을 장악하고 종족의 제사를 책임졌다.

종법제에 따르면 주 왕은 천하의 대종으로 정치적으로도 당연히 천하의 공주이자 국왕인 것이다. 곧 종법제는 가족과 정치를 긴밀하게 일치시킨 제도이다. 이와 같은 제도의 확립은 필연적으로 사람들로 하여금 혈연관계를 중시하고 조상을 섬기며 윗사람에 대해서 무조건 복종하고 종족의 이익을 위해 개인적인 개성을 억제토록 하는 종법제 윤리 도덕을 낳게 하였다.

3) 종신제

고대 군주전제체제의 또 다른 특징으로 군주의 종신제를 들 수 있다. 바꾸어 말하자면 군주는 즉위한 그 순간부터 사망할 때까지 시종 최고 통치권을 장악하게 되는 것이다. 이와 같은 종신제의 제도는 하·상·주 삼대의 역대 군주에 의해 발명된 것으로, 씨족공동사회의 추장제 혹은 부락연맹수령의 계승전통을 이은 것이다. 『사기(史記)』 「오제본기(五帝本紀)」의 기록에 따르면 요가 사망하자 순이 제위를 잇고, 순이 사망하여 3년상을 마친 뒤 우가 즉위했다는 것으로 보아 이미 국가권력이 출현하기 이전인 부락연맹시대부터 영도자의 지위는 종신제였음을 알 수 있다. 곧 전대의 지도자가 사망한 이후에야 그의 계승자가 비로소 통치권을 행사할 수 있었던 것이다.

군주의 자리는 종신토록 보장되는 만큼 중국역대의 통치권자 가운데 망국(亡國)의 군주를 제외하고 평화 시 스스로 제위를 넘겨준 경우는 그리 많지 않다. 오직 북제(北齊) 무성제(武成帝 561~564) 고담(高湛), 당(唐) 고조(高祖, 618~626) 이연(李淵), 당(唐) 예종(睿宗, 710~712) 이단(李旦), 당(唐) 현종(玄宗, 712~756) 이융기(李隆基), 남송(南宋) 고종(高宗, 1127~1162) 조구(趙構), 청(淸) 고종(高宗, 1736~1795) 애신각라홍력(愛新覺羅弘曆) 등 채 10명이 안 되는 소수만이 생전에 군주의 자리를 물려준 특수한 예에 속할 뿐이다.

제2절 황제체제의 출현과 특징

1. 황제 존호의 유래와 황권의 특징

기원전 230년부터 한(韓), 위(魏), 조(趙), 연(燕), 초(楚), 제(齊) 등 주변 제후국에 대한 대규모 정벌사업을 진행한 진왕 영정(嬴政)[10]은 기원전 221년 마침내 중국최초의 통일왕국을 건설하였다. 이후 진왕은 중앙집권적 정치제도를 확립하기 위한 여러 가지 방안들을 창출하였다.

1) 황제 존호의 유래

고대 갑골문과 청동명문 및 전적 가운데는 종종 '황(皇)', '제(帝)' 등 칭호가 보인다. 고대 황은 전설상의 원고시대 제왕을 칭하는 표현으로 쓰였다. 한편 하·상·주 삼대에는 제는 대부분 천신(天神)을 지칭하는

---

[10] 진시황(秦始皇, 기원전 259~기원전 210)의 성은 영(嬴), 이름은 정(政)으로 진 장양왕(庄襄王)의 아들로 조(趙)의 수도인 한단(邯鄲, 현 하북성 한단시)에서 출생하여 그곳에서 유년기를 보냈다. 기원전 247년 13세에 왕에 즉위하여 22세 되던 기원전 238년 친정에 나서면서 본격적으로 주변 제후국에 대한 겸병전쟁을 시작하였다.

것으로 황제(黃帝) 등을 오제라 칭하는 것은 그들에 대한 존숭의 의미
가 포함된 것이다. 앞서 살펴보았듯이 당시 최고통치자는 일반적으로
왕이라 칭하였다. 춘추전국시대에 이르러 주 왕실의 권위가 쇠퇴하자
각 제후들도 다투어 왕을 칭하면서 원래의 독존적 의의를 상실하게 되
었다.11) 이에 여타 왕들과의 차별화를 꾀하기 위해 기원전 288년 진 소
왕(秦 昭王)12)과 제 민왕(齊 湣王)13)은 동시에 서제(西帝)와 동제(東帝)
를 자칭하기도 하였다.

　천하를 통일한 진왕 영정은 자신의 공적이 전설적 인물들인 삼황오
제를 능가한다고 자부하여 전통적인 왕이라는 칭호를 거부하고 새로운
존호를 정하기에 골몰하였다. 고심 끝에 신하들이 바친 황과 자신이 본
래 염두에 두고 있던 제 두 가지 명칭을 혼합하여 스스로를 황제로 칭
하니 이후 중국 역대 군주는 모두 황제라 칭하게 되었다.

　영정은 권위와 존숭을 상징하는 두 글자를 하나로 합쳐 '황제'를 자신
의 전용칭호로 삼고, 자신이 이 칭호를 맨 처음 사용했다는 의미에서
시황제라 자칭하였다. 그의 생각으로는 그의 후손들이 2세, 3세…로 이
어져 만세에 이르도록 천하를 통치하길 바라는 마음에서 또한 시황제
라 자칭한 것이다. 이로써 역사상 진의 시황제는 진시황으로 불리게 되
었다.

---

11) 기원전 323년 조(趙)의 조옹(趙雍, 기원전 340~기원전 295)이 무령왕(武寧王)을
　　칭하면서 제후들도 왕을 칭하기 시작하였다.

12) 진 소왕(기원전 325~기원전 251)은 소양왕(昭襄王)이라고도 불리며 성은 영
　　(嬴), 이름은 칙(則)이다. 진 혜문왕(惠文王)의 아들이자 무왕(武王)의 이복동생
　　이다. 어린시절 연(燕)에 인질로 잡혀있기도 하였다. 무왕 4년(기원전 307) 무
　　왕 사후 동생들과의 권력투쟁에서 승리하여 왕위를 차지하였다. 기원전 306
　　년부터 기원전 251년까지 재위하여 중국역사상 재위기간이 가장 길었던 왕
　　가운데 한 사람으로 꼽힌다.

13) 제 민왕(?~기원전 284)의 본명은 전지(田地)로 선왕(宣王)의 아들이다. 기원전
　　301년 즉위하여 17년간 재위하였다.

한(漢)에 이르러 황제의 독존적 지위 및 관련된 호칭에 대해 더욱 명확한 규정이 생겨나게 되었다. 이에 따라 천자의 정식명호는 황제, 황제의 자칭은 짐, 신민의 황제에 대한 호칭은 폐하, 황제의 명령은 제고(制誥), 황제가 사용하는 마차와 의복 및 관련된 기물은 거여(車輿), 황제의 소재지는 행소재(行所在), 황제의 거처는 처음 금중(禁中)이라 하였다가 나중에 성중(省中)으로, 황제의 인장은 새(璽), 황제의 행차는 행(幸)이라 하였다. 또한 한 무제대부터 신하들이 황제를 알현하거나 은혜를 입을 시에는 축수(祝壽)의 의미로 '만세, 만세, 만만세'를 외치도록 하였다.

진시황으로부터 시작하여 청대 마지막 황제인 선통제에 이르기까지 황제라는 칭호는 2천 년간이나 이용되었으며 중국의 정치제도, 사회생활, 사상문화 등 방면에 이르기까지 매우 뚜렷한 영향을 끼쳤다. 2천여 년 동안 황제는 봉건전제권력의 상징으로 하늘을 대신하여 인간을 통치하는 진명천자(眞命天子)이자 천하의 유일한 주인이었다. 만민은 오직 황제의 노복에 불과하였기에 황제는 또한 인주(人主)라고도 칭하였다. 국가의 모든 통치권은 황제 한 사람에 의해 장악되고 황제 한 사람의 의지대로 움직여야 하였다. 이와 같은 황제의 전제권력을 황권이라 칭하였다.

2) 황권의 특징과 정치구조

중국의 역사를 살펴보면 2천여 년 동안 시행된 황제제도는 크게 3가지 특징을 지니고 있으니 그 첫째가 황권의 지고무상이다. 진시황이 칭호를 정하고 난 이후 황제는 신격화되어 인간세상의 어느 누구도 넘볼 수 없는 숭고한 지위를 갖게 되었다. 이후 역대 황제들은 모두 천명설을 근거로 황권을 강화시켜 나가고, 황권의 지고무상을 표현하기 위해 그 이름에 맞는 궁실, 의복, 종묘, 능침제도를 정하고 최고의 물질생활을 향유하였다.

황권의 두 번째 특징은 그 독점성에 있다. 역대 황제의 통치권은 모두가 무력을 통해 얻어지고 보장된 것으로, 백성의 의지와는 전혀 상관없는 것이었다. 중앙집권적인 군주국가에서 황제의 권력은 절대적인 것이며 황제의 의지는 모든 것을 좌우하였다. 어떠한 구속과 절제도 받지 않는 황권은 천하 백성의 생사와 희비를 결정짓고, 심지어 민족의 흥망성쇠도 오직 황제 한 사람의 손에 의해 결정되는 경우가 없지 않았다. 황권의 독점성은 일단 천하를 호령하게 되면 천하의 모든 것이 자신의 것이 되어 세상에서 가장 부유한 사람이 된다는, 곧 권력을 장악하면 물질적인 모든 것을 얻을 수 있다는 고대 권리관념에서 발원한 것이었다.

황권의 독점성은 두 가지 의미를 지닌다. 그 첫째는 황제는 한 가족의 가장으로서 다른 가족의 도전으로부터 가족의 안녕을 지켜야한다는 의미에서 어떠한 도전도 용납하지 않는다. 또 하나, 황제는 비록 가족의 이익을 대표하나 이는 결코 가족의 다른 구성원이 황제의 통치권을 대신 집행할 수 있다는 것은 아니다. 곧 황족 내부에서조차 황권은 독점적인 것으로 황태후, 형제, 황후, 황자, 공주 그 어느 누구도 황권에 간섭할 수 없다는 것이다.

황권의 세 번째 특징은 군현제를 통한 중앙집권의 실행이다. 종래 봉건제도하에서는 분봉제후의 세력이 확대되어 중앙권력을 위협하는 사례가 적지 않았다. 천하를 통일한 진왕은 이사(李斯)의 건의에 따라 천하에 군현제를 널리 시행하였다. 군현제가 시행됨으로써 황제는 군정대권을 한 손에 쥐고 휘하의 재상과 문무관원을 통해 직접 천하의 군현을 장악할 수 있게 되었다. 곧 군현제하에서 황제의 의사와 결정은 봉건제와는 달리 층층의 지방행정기구를 통해 전국 방방곡곡에 전달되어 중앙집권체제의 강화에 도움을 주게 되는 것이다. 따라서 진 이후 역대 왕조는 위진남북조시대의 주군현(州郡縣) 3급제, 당의 진주현(鎭州縣) 3급제, 송의 로부현(路府縣) 3급제, 원의 성로부현(省路府縣) 4급제, 명청의 성부현(省府縣) 3급제 등 모두 군현제를 시행하였다.

황권과 군현제의 결합으로 역대 왕조는 효과적으로 지방을 통제하여 국가의 통일과 안정을 가져올 수 있었다. 그러나 봉건전제체제하의 황권은 국가를 개인과 가족의 소유물로 간주하여 일인독재로 흐르게 되었다. 이 경우 군현제는 분봉제의 지방분권 폐단을 막을 수 있기는 하였으나, 필연적으로 부패한 관료정치를 수반하게 되었다. 따라서 종종 관료의 부패를 막고 황제의 전제권력을 강화하는 과정에서 권력이 중앙에 너무 과도하게 집중된 결과, 중앙과 지방의 정상적인 관계가 파괴되고 그 결과 반대로 중앙집권이 약화되어 망국에 이르는 경우가 없지 않았다.

3) 군존신비의 변화추세

진시황 이후 청조에 이르기까지 황제는 비록 독점적인 권력을 행사하였으나 한 사람의 힘으로 천하를 다스릴 수는 없는지라 이른바 사대부계층 출신 관료들의 도움을 받아야 하였다. 비록 관료사대부의 힘을 빌어 천하를 통치해야 하였지만, 역대 황제들이 관료와 사대부를 대하는 태도는 많은 차이가 있었다.

역대 황제와 신하간의 관계를 개괄적으로 살펴보면, 진한 이후 시대가 내려올수록 황제의 위치는 존귀함을 더한 반면 신하의 위치는 낮아졌다. 이러한 과정을 가장 잘 보여주는 것이 군신 간 예절의 변화이다.

한 초 조회의례는 비교적 간단하였을 뿐만 아니라 신하들은 조당(朝堂)에서 술을 마시고 검을 휘두를 수도 있었다. 또한 황제와 신하가 마주앉아 정사를 논할 정도였다. 이러한 관계는 당까지도 이어져 황제와 신하가 같은 자리에 앉아 대담하는 예가 적지 않았다.

군신간의 예절에 큰 변화가 일어난 것은 송대부터이다. 송 태조 이후 대신들은 황제의 면전에서 허리를 구부린 채 서 있어야 하였으며, 오직 황제 한 사람만이 자리에 앉을 수 있었다.

명대에 이르러서 문무백관은 어느 누구도 황제 앞에서 자리에 앉을 수 없었을 뿐만 아니라 서 있을 권리도 없었다. 즉 명대 모든 신하들은 황제 앞에 무릎을 꿇고 정사를 논해야 하였던 것이다. 2천 여 년간 군신간 논정(論政)의 모양은 마주보며 앉은 자세에서 신하는 서고 황제는 앉은 자세, 최종적으로 신하가 무릎을 꿇는 모습으로 변해간 것이다.

2. 황제의 전용칭호

1) 황제의 존칭과 자칭

고대 중국인의 전통적인 관념에 따르면 국가의 최고통치자인 군주는 천제(天帝)의 대표로 간주되었기에 천자(天子)라 칭하였다. 또한 천자의 지위는 지상 최고의 것이었기에 방위를 표시하는 상(上)을 절대군주의 칭호로 사용하기도 하였다.

천자라는 칭호가 처음 문헌에 나타난 것은 『시경(詩經)』「대아(大雅)」편이고, 상은 『관자(管子)』「군신(君臣)」편에 나오는 것으로 보아 이 두 칭호의 역사는 꽤 유구한 것을 알 수 있다. 후일 진시황에 의해 황제라는 존호가 더해지게 되었는데, 천자·상·황제는 모두 신하와 백성들이 군주를 지칭하는 범칭(泛稱)이었다.

사마천은 『사기(史記)』「태사공자서(太史公自序)」에서 당시 재위중인 무제를 금상(今上)이라고 칭하였다. 후한의 반고는 「동도부(東都賦)」에서 성상(聖上)이라는 새로운 칭호를 창조하였다. 서진의 문인 육기(陸機)는 당시 황제인 혜제(惠帝)를 황상(皇上)이라 칭하였다.

만세라는 말은 본시 옛사람들이 술을 마실 때 신분의 상하귀천에 상관없이 서로를 축하하는 의미로 쓰였다. 춘추전국시대에 이르러 이 풍습이 각 제후국의 궁실에까지 유행하게 되고 마침내 군주가 독점하는 경향이 생겨나게 되었다. 세월이 흘러 후한시대에 이르러 만세는 황제 전용의 축송사(祝頌詞)가 되었다.

폐하(陛下)[14]라는 칭호는 신하들이 직접 군주를 부르지 못하고 계단 밑에 늘어서 있는 근신과 시위를 통해 자신의 상주(上奏) 등을 대신 전하게 한데서 유래하였으며 후일 군주의 전용칭호로 변하였다. 흥미로운 점은 폐하라는 칭호는 단독으로 사용되기도 하였으나 대부분의 경우 장주(章奏)나 조령(詔令) 중에 군주 전용의 기타 존숭호칭과 연결되어 사용되어 사족이라는 감을 갖게 하였다. 야(爺), 만수야(萬壽爺), 노불야(老佛爺)와 같은 호칭은 태감이나 궁녀들 간에 통하던 아첨기가 다분한 칭호였다.

비교적 자주 사용되던 이상의 호칭 외에 고대에 황제를 칭하는 호칭 가운데 잘 쓰이지 않은 특별한 것으로 '구오지존(九五之尊)'이 있다. 이 호칭은 『역경(易經)』의 한 구절에서 유래한 것인데, 고대 중국인들이 구(九)와 오(五) 두 숫자를 특히 좋아했던 것과 연관이 있다. 구는 한 자릿수 가운데 가장 큰 수이고, 오는 한 자릿수 가운데 가장 중간에 있기 때문에 두 숫자를 특히 좋아하였고, 역학(易學)의 괘(卦)에서도 구와 오로 이루어진 괘를 가장 길한 것으로 간주하였다. 구오지존이 황제를 칭하는 호칭이기는 하지만 구어상으로는 잘 사용되지 않았다.[15]

---

[14] 폐는 원래 궁전의 계단을 의미하였다.

군주 전용의 자칭 또한 여러 가지가 있었다. 그 가운데 가장 자주 듣게 되는 것은 칭고도과(稱孤道過)에 관한 언급으로 모두 후세에 지어진 것들이다. 그 가운데 가장 오래된 것으로 확실한 문헌상의 기록이 보이는 것이 상의 개국군주인 탕(湯)이 하의 마지막 왕인 걸(桀)을 치기 전 사용한 여일인(子一人)이다. 여일인이라는 자칭은 상대 각 왕들이 보편적으로 사용했던 것으로 기록되어 있다. 오랫동안 군주의 전용칭호로 사용되었던 이 칭호는 동주시대에 이르러 주 왕실의 권위가 실추되면서 제후국의 군(君)들도 공공연하게 사용했던 것으로 보인다.

원래 과인이라는 칭호는 봉건시대 제후의 부인이 스스로를 칭할 때 사용한 증거가 보인다. 뿐만 아니라 기원후 3세기 중후기에는 고급관료들도 스스로를 과인이라 칭하였다. 청대의 역사가인 조익(趙翼)의 고증에 따르면 당 이후에 이르러서야 과인은 왕후(王侯)와 관료들 간에 통용되던 호칭에서 황제의 전용 자칭으로 변하였다.

기원전 221년 천하를 통일한 진왕 정은 황제라는 존호를 정하는 한편 짐(朕)을 황제 전용의 자칭으로 삼았는데, 이는 역대 왕조의 군주들이 계속 이용하여 청대에까지 이어졌다. 짐의 본래 뜻은 나(我)의 의미를 내포하는 것으로 귀천의 구분 없이 모두가 이용하였다. 그러나 진시황이 짐을 황제 전용칭호로 정한 이후에는 백성들은 감히 짐을 자칭할 수 없었다. 그러나 진시황 이후에도 황제 이외의 인물이 짐을 자칭한 경우가 전혀 없었던 것은 아니니 전한 고조의 황후인 여후(呂后), 후한 장제의 황후이자 나이 어린 화제를 대신하여 섭정하였던 두태후(竇太后), 당의 측천무후(則天武后) 등이 짐을 자칭하였다. 이 외에 황제의 자

---

15) 이 외에도 황제의 칭위로 황벽(皇辟), 명상(明上), 명황(明皇), 지존(至尊), 주상(主上), 주공(主公), 주군(主君), 군(君), 군왕(君王), 군인(君人), 인주(人主), 대가(大家), 성(聖), 성주(聖主), 성명(聖明), 명철(明哲), 가(駕), 대가(大駕), 승여(乘輿), 진주(眞主), 천안(天顔) 등 표현이 쓰였다.

칭으로 고(孤), 과(寡), 고과(孤寡), 과인(寡人), 부구(不穀) 등이 비교적
널리 쓰였다.

2) 연호(年號)

연호가 맨 처음 사용된 것은 한 무제가 기원전 140년을 건원(建元) 원
년으로 정하면서 부터이다. 무제가 연호를 정하게 된 까닭은 신민(臣
民)의 호칭상, 계산상의 편리를 도모하기 위해서였다. 사실 신민의 입
장에서는 유철(劉徹) 몇 년 하는 식으로 부르기도 불편하였을 뿐만 아
니라 감히 부를 수도 없었다.

한 무제가 연호를 세운 이후 중국의 역대 황제는 모두 자기의 연호를
갖게 되었다. 새로운 황제가 등극하면 모두 새로운 연호를 사용하였으
니 이는 새로운 시작을 의미하는 것으로 개원(改元)이라 하였다. 황제
가 연호를 사용하는 데는 특별한 제한이 없어 어떤 황제는 재위기간 하
나의 연호만 사용하였음에 비해 많은 경우에는 10여 개의 연호를 사용
한 황제도 있었다.

중국 역사상 재위기간이 가장 길었던 청 성조(聖祖)는 61년의 재위기
간 강희(康熙)라는 하나의 연호만 사용하였다. 일반적으로 살펴보면 원
이전에는 한 황제의 재위기간 가지가지 명목으로 연호를 바꾸는 경우
가 많았다. 예를 들어 맨 처음 연호를 사용한 한 무제는 재위 54년 동안
11개의 연호를 사용하였다.[16] 이 가운데 후원을 제외한 여타 연호는 모
두 기념적인 사건에 즈음하여 개원하였다 한다.

그 예로 건원은 연호건립을 개시하는 의미에서, 원광은 그해 장성(長

---

[16] 건원(建元, 140~135), 원광(元光, 134~129), 원삭(元朔, 128~123), 원수(元狩, 122~117),
원정(元鼎, 116~111), 원봉(元封, 110~105), 태초(太初, 104~101), 천한(天漢, 100~97),
태시(太始, 96~93), 정화(征和, 92~89), 후원(後元, 88~87).

星, 혜성)이 등장하였기에, 원수는 옹현(雍縣)[17]에 순행하였을 때 기이
한 모양의 짐승을 사로잡자 상서로운 징조로 간주하여 이것을 기념하
기 위해 개원한 것이다. 원정은 이해 대사(大赦)를 실행하였는데 공교
롭게도 분수(汾水)에서 보정(寶鼎)을 건져 올린 것을 기념하는 의미로
개원하였다. 원봉은 그 해 4월 무제가 태산에서 봉선(封禪)의 예를 올린
것을 기념하기 위해서였다.

한편 한의 역법은 원봉 7년(기원전 104년) 이전까지는 진력(秦曆)을
기준으로 하여 음력 10월을 한 해의 처음으로 하였으나, 104년 태초력
(太初曆)으로 바꾸어 음력 정월을 세수로 하였기에 원봉 7년을 태초 원
년으로 바꾼 것이다. 태초 원년부터 시행된 역법은 이후 2천 년간 수많
은 변화과정을 거치면서도 꾸준하게 시행되었다.

무제의 영향을 받아서인지 후한에 이르기까지 한의 황제들은 재위기
간 수시로 연호를 바꾸어 적게는 2~3차례 많게는 6~7차례 개원하였다.
무제의 아들 소제(昭帝)는 8세에 즉위하여 21세에 사망할 때까지 13년
간 3개의 연호를 사용하였다.[18] 무제의 증손인 선제(宣帝)는 재위 26년
간 7개의 연호를 사용하였다.[19]

여타 왕조의 경우 당의 3대 황제 고종(高宗)은 재위 34년간 14개의 연
호를[20], 측천무후는 684년 국정에 관여하여 705년 퇴위하기까지 21년간
18개의 연호를[21] 사용하여 중국역사상 가장 많은 연호를 사용한 황제

---

[17] 현 섬서성(陝西省) 봉상(鳳翔) 부근.

[18] 시원(始元, 86~81), 원봉(元鳳, 80~75), 원평(元平, 74).

[19] 본시(本始, 73~70), 지절(地節, 69~66), 원강(元康, 65~62), 신작(神爵, 61~58), 오
봉(五鳳, 57~54), 감로(甘露, 53~50), 황룡(黃龍, 49).

[20] 영휘(永徽, 650~655), 현경(顯慶, 656~660), 용삭(龍朔, 661~663), 인덕(麟德,
664~665), 건봉(乾封, 666~667), 총장(總章, 668~669), 함형(咸亨, 670~673), 상원
(上元, 674~675), 의봉(儀鳳, 676~678), 조로(調露, 679), 영륭(永隆, 680), 개요(開
耀, 681), 영순(永淳, 682), 홍도(弘道, 683).

로 기록되고 있다.

연호에 사용되는 글자는 일반적으로 길상을 도모하고 태평을 축하하거나 신명을 칭송하는 밝고 듣기 좋은 글자가 이용되었다. 통계에 따르면 역대 중국황제가 사용한 약 730개의 연호 가운데 천한(天漢), 천수(天授), 천순(天順) 등 천으로 시작되는 연호가 65개로 가장 많다. 그 외에는 원(元)·태(太)·대(大)·영(永) 등으로 시작하는 연호가 비교적 많은 수를 차지하였다.

한편으로 역대의 연호 가운데는 각기 다른 왕조의 여러 황제가 똑같은 연호를 중복 사용한 경우가 적지 않게 보인다. 예를 들어 건평(建平)이라는 연호는 전한의 애제(哀帝 기원전 6), 후조(後趙)의 석륵(石勒, 330), 후연(後燕)의 소무제(昭武帝, 398), 서연(西燕)의 모용요(慕容瑤, 386), 남연(南燕)의 모용덕(慕容德, 400), 남조 송의 효무제(孝武帝, 454), 북위 명원제(明元帝, 415), 북위 선무제(宣武帝, 508) 등 전후 8명의 황제가 사용하였다.

730여 개의 연호는 거의 대부분이 2자를 이용하였으니 이는 말하고 쓰고 기록하기 편하자는 뜻에서였다. 그러나 예외적으로 3자 혹은 4자, 많게는 6자를 연호로 이용하는 경우가 있었다. 왕망(王莽)은 시건국(始建國, 9~13), 양 무제(武帝)는 중대통(中大通, 529~534), 중대동(中大同, 546) 등 3자의 연호를 사용하였다. 4자로 된 연호를 사용한 예는 한 애제(哀帝)가 기원전 5년 태초원장(太初元將)이라는 연호를 사용하고, 측천무후가 695년 천책만세(天冊萬歲), 696년 만세등봉(萬歲登封)과 만세통천(萬歲通天)을, 송 태종(太宗)이 태평흥국(太平興國, 976~983)을 사용

---

21) 문명(文明, 684), 광택(光宅, 684), 수공(垂拱, 685~688), 영창(永昌, 689), 재초(載初, 690), 천수(天授, 690~691), 여의(如意, 692), 장수(長壽, 692~693), 연재(延載, 694), 증성(證聖, 695), 천책만세(天冊萬歲, 695), 만세등봉(萬歲登封, 696), 만세통천(萬歲通天, 696), 신공(神功, 697), 성력(聖歷, 698~699), 구시(久視, 700), 대족(大足, 701), 장안(長安, 701~704).

한 예가 있다.

서하의 개국군주인 경종(景宗)은 천수예법연조(天授禮法延祚)를, 그의 손자인 혜종(惠宗)은 천사예성국경(天賜禮盛國慶)이라는 6자에 달하는 역대 가장 긴 연호를 사용하였다.

3) 시호(諡號)

중국의 봉건 예제는 상당히 엄밀하여 황제는 재위 시 연호를 사용하고 사망한 이후에는 생전의 사적에 맞추어 시호를 정하였다. 대략 서주 초년부터 군주, 후비(后妃), 문무백관, 저명한 학자가 사망하면 생전의 이름을 피해 조정이나 문생이 망자의 생전 사적에 따라 포폄의 의미를 갖는 적당한 칭호를 정하였다. 이렇게 정해진 칭호를 시호라 하며, 시명(諡名)의 해석과 명명방법에 관한 규칙을 시법(諡法)이라 하여 311조(條)로 구성되어 있다.

시법에 따르면 일반적으로 망자의 생전 행위는 미(美), 평(平), 악(惡)의 3종으로 구분하며 시호 역시 포(褒), 연(憐), 폄(貶) 3종 의미를 갖는 글자를 사용하였다. 한때 진시황에 의해 금지되었던 시법은 전한 초년에 이르러 부활된 이후 점차 복잡하고 엄격하게 변하였으며 당·송대에 극성하였다. 당 이전, 제왕에 대한 시호를 포함하여 조정에서 내리는 시호는 분명한 포폄의 구분이 있었다.

서주시기 포악한 통치로 백성을 도탄에 빠지게 했던 희호(姬胡, 878~828)는 사후 여왕(厲王)이라는 시호를 받았다. 『사기(史記)』「시법해(諡法解)」에 따르면 "무고(無辜)를 살육하는 것을 여라 한다"고 되어 있다. 이로 미루어 여왕이라는 시호는 폄하의 의미가 깃든 시호라 할 수 있을 것이다.

애첩 포사(褒姒)를 웃기기 위해 멋대로 봉화를 올려 제후들을 골탕먹이다 살신의 화를 자초한 서주의 마지막 왕 희궁열(姬宮涅, 795~771)의 시호는 유왕(幽王)이다. 「시법해」에 따르면 "일상에서 벗어나는 것을 유라 한다"고 하였으니, 희궁열의 행위야말로 상리에 벗어난 것이 아니고 무엇이겠는가.

남조 제 명제(明帝, 494~498)의 아들 소보권(蕭寶卷, 483~501)은 즉위 후 정사를 멀리하고 음탕함에 탐닉하여 반비(潘妃)와 향락으로 날을 보내어 재위 3년 동안 민원이 비등하였다. 후일 반란군이 건강(建康, 현 남경)에 침입하여 궁궐을 포위하였음에도 소보권은 여전히 함덕전(含德殿)에 누워 가무를 즐기고 있었다. 결국 피살된 소보권은 사후 동혼후(東昏侯)라는 시호를 받게 되었다. 혼(昏)이라는 글자야말로 소보권의 음탕하고 잔악하며 아둔한 본성을 잘 대변해주는 글자이다.

중국 역사상 두 명의 양제(煬帝)가 있었으니 하나는 남조 진의 후왕(後王) 진숙보(陳叔寶, 553~505)요, 또 하나는 수 양제 양광(楊廣, 569~618)이다. 이 둘은 모두가 황음무도하여 부세를 과중히 한 까닭에 백성들이 살길을 찾지 못해 허덕임에도 아랑곳없이 환락으로 날을 보냈다. 후왕은 왕조가 멸망한 이후에도 16년간이나 목숨을 부지할 수 있었으나, 수 양제는 부하에 의해 살해당한 것 이외에는 두 사람의 생전 행적은 비슷하였고 시호도 똑같이 양제라 붙여졌다.

『자치통감(資治通鑑)』의 주석에 따르면 "하늘을 거스르고 백성을 학대함을 양이라 한다"고 하였다. 진숙보와 양광이 모두 양제라는 시호를 받은 것은 어쩌면 당연하다 하겠다. 이상 소개한 몇 몇 시호는 모두 폄하의 의미를 갖는 악시의 유형으로 볼 수 있겠다.

대략 지금으로부터 2,700년 전, 주 유왕의 장자인 희의구(姬宜臼, ?~기원전 720)가 여러 제후들의 도움으로 수도를 호경(鎬京)에서 낙읍(洛邑, 현 낙양)으로 옮기고 동주의 첫 번째 왕으로 등극하였다. 이후 동주 왕조는 제후의 도움 없이는 하루도 지탱하기 힘들 정도였으며 심지어

희의구의 장례비용도 동성(同姓)의 제후인 노 은공(魯 隱公)의 도움을 받아야 할 정도였다.

이처럼 국가와 민족에게 아무런 도움을 주지 못한 국왕에 대해 사람들은 연민과 동정의 감을 갖지 않을 수 없었다. 따라서 희의구의 시호는 평왕(平王)이라 하였다. 「시법해」에 따르면 "다스리며 큰 실수가 없음을 평이라 한다"고 하였다. 그 의미는 곧 재위기간 국가와 민족을 위해 무엇인가 공적을 남기지 못하였다하더라도 별다른 악행을 저지른 것도 없다는 의미이니, 주 평왕의 시호야말로 평시의 대표적인 사례라 하겠다.

미시의 경우는 역대 절대다수의 황제가 여기에 속하여 대부분 공덕을 찬양하고 미사여구를 동원하여 시호를 정하였다. 더구나 원 이후 아예 악시를 근본적으로 취소하였기에 이후에는 악시를 가진 황제는 단 한 사람도 없었다.

황제의 시호는 예관(禮官)이 정하고 황위계승자가 참가한 가운데 품계가 가장 높은 조신(朝臣)이 제천의식을 행하는 자리에서 천제의 명의로 선포하였는데 이를 일러 상시호라 하였다.

진 이전 군주의 시호는 단지 한 자만을 사용하였으니 주 문왕의 문, 무왕의 무가 바로 시호이다. 한대에는 두 글자의 시호를 사용하였는데, 한은 효를 치국의 근본으로 하였기에 모든 황제의 시호의 첫 글자는 반드시 효로 시작하고 두 번째 글자는 생전의 행적을 반영하여 시호로 하였다. 예를 들어 유철(劉徹)의 본래 시호는 효무제이나 줄여서 무제라 하는 것이다.

진(晉)과 당(唐)은 한의 예를 따랐으나 당 현종 이후에는 이제까지의 관례를 벗어나 시호가 점차 길어지기 시작하였다. 명 태조 주원장(朱元璋)의 시호는 21자, 청 태조 누르하치(努爾哈赤)의 시호는 총 27자로 역사상 가장 긴 시호를 가진 인물로 기록될 정도이다. 이처럼 후대에 이르러 시호는 온갖 상서로운 글자를 조합하느라 길어지는 경향이 심하였으나, 가장 중심이 되는 글자는 마지막의 한 두자이다. 그 예로 청 입관 후 첫 번째 황제인 세조 순치(順治)의 완전한 시호는 체천융운정통건극영예흠문현무대덕홍공성인순효장황제(體天隆運定統建極英睿欽文顯武大德弘功聖仁純孝章皇帝)로 총 25자에 이르지만 통상 장황제라 칭하는 것이다. 그러나 이처럼 시호를 줄여 부르는 경우에는 반드시 앞에 왕조명을 더해야 한다. 왜냐하면 좋은 명칭은 왕왕 중복되어 출현하는 경우가 있으니, 명 선종(宣宗)의 시호 역시 장황제인 것이다.

4) 묘호(廟號)

묘호는 종법제의 제사와 연계된 일종의 전용칭호이다. 어느 황제건 사망한 이후에는 모두 황족의 세계에 근거하여 종묘에 받들어져 제사를 모시게 되며 모조(某祖) 혹은 모종(某宗)이라는 존호를 부여하여 죽은 황제의 황실종족 중 마땅히 차지해야 할 위치를 확정하게 되는 것이다. 이처럼 조 혹은 종이라 칭하는 명호를 묘호라 부른다.

일반적으로 묘호는 상대(商代)에 기원하는 것으로 알려져 있다. 상의 시조인 탕왕(湯王)의 묘호는 고조(高祖)이고, 무정(武丁)대에 이르러 상조가 중흥의 기운을 보였기에 무정은 고종(高宗)이라는 묘호가 붙여졌다. 주(周)와 진(秦)대에는 묘호제도가 일시 폐지되었다. 한에 이르러 다시 부활하여 유방의 묘호는 고조(高祖), 유철의 묘호는 세종(世宗)이다. 이후 역대 왕조의 절대다수 황제들은 모두 묘호를 가져 이 전통은 청말 광서제까지 이어졌다.

묘호를 정하는 원칙은 개국군주 혹은 개국 초기 왕조의 기초를 다지는데 공적을 남긴 황제는 대부분 조를 칭하고, 후대에 왕조의 수성에 힘쓴 황제는 대개 종을 붙였다. 예를 들어 당을 세운 이연의 묘호는 고

조이고 그 뒤를 이은 이세민의 묘호는 태종이다. 마찬가지로 명의 개국 군주 주원장의 묘호는 태조, 세 번째 황제인 주체의 묘호는 위기에 빠진 명 왕실을 중건한 군주로 간주되어 성조라는 존숭의 의미를 가진 묘호를 갖게 되었다.

앞서 살펴본 바와 같이 당 이전 황제의 시호는 비교적 간단하여 사람들은 시호로 황제를 칭하였으니 이것이 곧 제호(帝號)이다. 예를 들어 유방의 증손 유철의 시호는 효무황제인데 한 황제 시호의 앞에 공통적으로 쓰이는 효자를 생략하고 한 무제라 한다. 당 이후 시호가 복잡해지고 이를 간략하게 줄이는 것도 쉽지 않게 되자 이때부터 묘호로 전대(前代) 황제를 칭하는 방법이 출현하게 되었으니, 주원장을 명 태조라 칭하여 21자나 되는 긴 시호를 쓰지 않은 것이다. 주원장 이후 명과 청의 황제들은 영락, 가정, 순치, 강희, 건륭처럼 대부분 연호를 따서 부른다.

한 가지 알아두어야 할 사항은 사서(史書)에서는 황제 명호의 완전한 기록은 묘호를 앞에 두고 시호를 뒤에 두는 식으로 묘호와 시호를 모두 포함하고 있다는 것이다.

3. 황족의 칭위(稱謂)와 명호(名號)

1) 황족의 칭위

황제는 인간세상에서 가장 특별한 존재인만큼 그의 부모, 형제자매, 자식과 친족을 칭하는 호칭은 민간의 일반적인 용법과 달랐다. 황제 주변인물에 대한 전용칭호를 간단히 정리하면 다음과 같다.

태황태후(太皇太后)

황제의 생존해 있는 조모에 대한 칭호이다.

태상황(太上皇)

재위 중인 황제의 부친에 대한 존칭이다. 진시황은 그의 부친 장양왕(庄襄王)을 태상황이라 추봉(追封)하였다. 이대로 따르면 태상황은 황제가 자신의 돌아가신 부친을 존숭하는 뜻에서 부친 이름이라 할 수 있다. 그러나 한 이후 태상황이란 존호는 살아있는 사람에게만 붙었다. 북제의 무성제(武成帝), 당 고조(高祖), 북송 휘종(徽宗), 청 고종(高宗) 등 살아생전 자식에게 황위를 넘겨준 황제들이 태상황이란 존칭으로 불렸다.

태후(太后)

황제의 모친에 대한 존칭이다. 고대 군왕(君王), 제후의 모친에 대한 칭호로 전국시대에는 제후의 모친을 태후라 하였다. 진한시대에는 황태후라 하였고, 청대에는 성모(聖母) 혹은 모후(母后)라고도 하였다.

태비(太妃)

황제 부친의 후궁에 대한 칭호로 황태비라고도 하였다.

황후(皇后)

황제의 적처에 대한 호칭이다. 주대에는 왕의 적처를 후(后)라 하였다. 진시황은 황제후라 적처를 칭하였는데 후일 이를 줄여 황후라 하였고, 후대에 이것이 그대로 굳어진 것이다.

비(妃)

황제의 첩, 태자나 제왕(諸王)의 적처에 대한 칭호이다. 천자의
첩을 비라 칭한 것은 주대부터이며 진대에는 황비라 하였다.
남조에 이르러 비로소 귀비라는 칭호가 생겨났으며, 명 헌종(憲
宗)은 자신보다 거의 20세나 많은 만귀비(萬貴妃)를 황귀비로
책봉하였다. 이로부터 비에는 황귀비, 귀비, 비의 세 가지 등급
이 정해졌다.

태자(太子)

황제의 법정 계승자에 대한 칭호로 황태자라고도 하였다. 주대
왕의 적장자를 태자라 하였고, 진한 이후에는 반드시 황제에 의
해 황위계승자로 인정된 적장자에 한해서만 태자라는 칭호를
붙일 수 있었다. 태자 책립의식을 거친 이후 태자궁을 두어 태
자의 독서, 생활, 예속 습득을 책임지도록 하였는데 태자궁은
황궁의 동쪽에 두었던 관계로 방향으로 인칭을 대신하여 태자
를 동궁(東宮)이라고도 하였다.

아가(阿哥)

청대 황제의 아들에 대한 통칭이다. 황제의 아들이 출생하면
순서대로 대아가(大阿哥), 이아가(二阿哥), 삼아가(三阿哥) 등으
로 칭하였고 성년이 된 이후에는 각기 작호(爵號)를 수여하였
다. 황제의 아들이 작호를 가진 이후에는 황실의 어른 이외에
는 다시는 몇째 아가 등으로 황자를 부를 수 없었다.

공주(公主)

황제의 딸에 대한 일반적인 칭호이다. 춘추시대 이전에는 왕희
(王姬)라 하였고 전국시대부터 공주라 하였다. 후일 이것이 그

대로 굳어져 기혼, 미혼에 상관없이 사용되었다. 송대 이전 공
주의 출가는 동족의 왕공(王公)이 주관하였는데 공주라는 칭호
도 여기에서 유래한 것이다. 그러나 송대부터는 황제가 직접
혼사를 주관하였기에 이때부터 공주를 제희(帝姬)로 개칭하였
다. 다시 남송대에 이르러 공주라는 칭호로 되돌아가 청이 멸
망할 때까지 계속 사용되었다.

장공주(長公主)

황제의 여자형제에 대한 칭호로 한대에 처음 사용되었다. 대부
분의 경우는 오빠나 동생인 새 황제가 즉위한 이후 누나나 여
동생을 장공주로 봉하였다.

대장공주(大長公主)

황제의 고모에 대한 칭호로 한대 처음 사용되어 이후 역대 왕
조가 모두 답습하였다. 장공주와 마찬가지로 일반적으로는 조
카가 즉위한 이후에 고모에게 봉하였다.

황태손(皇太孫)

원래는 황제의 장손을 칭하였으나 후일 의미가 변화되었다. 역
대로 태자가 폐위되거나 즉위하지 못하고 사망한 경우가 많게
되자 태자로 책립된 황자의 아들을 황태손이라 칭하여 황위의
계승자로 하였다.

황손(皇孫)

황제의 여러 손자에 대한 통칭이다. 진(晉)대에 처음으로 사용
되었다. 황손의 아들인 4대손은 황증손, 5대손은 황현손이라 하
였다.

국구(國舅)

황제의 외삼촌 혹은 황제 후비(后妃)의 형제에 대한 일반적 칭호이다.

부마(駙馬)

황제의 사위에 대한 칭호이다. 위진(魏晉) 이전에는 관명으로 쓰였다. 즉 한 무제 때 부마도위(駙馬都尉)를 두어 황제가 타는 마차를 관장토록 하였는데 당시에는 대부분 종실이나 외척의 자손이 담당하였다. 삼국시대 위(魏)의 하안(何晏)이 황제의 사위로 부마도위를 맡고, 진(晉)의 두예(杜預)와 왕제(王濟)가 공주와 결혼한 뒤 모두 부마도위에 임명된 이후 부마라 줄여 쓰게 되었으며 이것이 관례로 굳어져 이후 황제의 사위를 모두 부마라 하였다. 그러면서 부마는 원래의 명칭과는 달리 실제로 황제의 마차를 모는 일과는 관계가 없게 되었다.

격격(格格)

청대 황제의 딸을 비롯하여 황족의 여식에 대한 칭호로 만주어로 아가씨라는 뜻을 지니고 있다.

2) 황족의 명호

전통시대 황족들은 작위를 받게 되면 각각 그에 상당하는 명호를 갖게 되는데, 아래 명호는 대부분 청대의 봉작(封爵)과 관련한 명호이다.

고륜공주(固倫公主)

청대 황녀(皇女)의 봉호이다. 고륜은 만주어로 천하(天下)·국가(國家)·존귀(尊貴)의 뜻을 지니고 있다. 따라서 일반적으로는 황후 소생의 여식만 공주에 봉해질 수 있었으며, 경우에 따라서는 장공주도 이 작호를 받았다.

화석공주(和碩公主)

청대 황녀의 봉호이다. 화석은 만주어로 지방 혹은 지역의 의미를 지니고 있어 국가의 뜻을 지닌 고륜에 비해 격이 낮다. 따라서 황제의 딸일지라도 생모가 후궁인 경우에는 화석공주에 봉해졌다.

액부(額駙)

청대 종실과 귀족 여식의 남편에 대한 봉호이다. 청대의 제도에 따르면 황후 소생은 고륜공주에 봉해지고 그 남편은 고륜액부라 칭하였는데, 품계는 고산패자(固山貝子)에 상당하였다. 비빈 소생은 화석공주에 봉해지고, 그 남편은 화석액부라 칭하였는데, 품계는 진국공(鎭國公)에 상당하였다. 곧 액부는 청대 이전 부마에 상당하는 명호이다.

친왕(親王)

황족 가운데 왕에 봉해진 자의 칭호이다. 남북조시대 양(梁)과 진(陳)의 교체기에 처음 출현한 명호이며, 수나라에서는 황제의 백숙(伯叔)이나 형제 및 황자를 모두 친왕이라 하였다. 청대에는 14등 봉작(封爵) 가운데 1등으로 종실 중에서는 황제의 아들이나 형제만이 봉해질 수 있었다. 세습이 인정된 경우에는 적장자가 봉호를 세습하였다.[22]

세자(世子)

고대 춘추시기에는 태자와 세자가 혼용되어 주 천자의 태자도
세자, 각 제후의 계승자도 세자라 하였다. 전국시기에는 7웅
(雄)의 법정 계승자는 모두 태자라 칭하여 세자라는 명호는 쓰
이지 않았다. 한에서는 황제와 제후왕의 계승자를 모두 태자라
하였다. 삼국시대 위에서부터 제왕(諸王)과 공후(公侯)의 계승
자를 세자라 칭하였으며, 이후로는 대부분 왕작(王爵) 계승자
를 세자라 하였다. 명청대에서는 친왕 명호의 계승자를 세자라
하였으며 14등 봉작의 제2등이다.

군왕(郡王)

작위의 명칭으로 진(晉)에서 처음 사용하였으며 봉국(封國)의
규모가 군에 상당하였기에 붙여진 이름이다. 수와 당에서도 친
왕 다음가는 봉작으로 간주되었으며 황족 외에 신하들도 군왕
에 봉해질 수 있었다. 청대에는 다라군왕(多羅郡王)이라 칭하
고 군왕이라 간칭하였다. 만주어로 다라는 예(禮)·도(道)·이
(理)의 의미를 지니고 있기에 다라군왕을 예군왕(禮郡王) 혹은
이군왕(理郡王)이라고도 칭하였다. 청대 14등 봉작의 제3등이다.

복진(福晉)

만주어로 처(妻)의 의미를 지니고 있다. 청의 제도에 따르면 황
실 친왕과 군왕 및 친왕 세자의 적처만이 친왕복진, 군왕복진,

---

22) 청대에는 예친왕(禮親王)·예친왕(睿親王)·예친왕(豫親王)·숙친왕(肅親王)·
정친왕(鄭親王)·장친왕(莊親王)·이친왕(怡親王)·공친왕(恭親王)·순친왕(醇
親王)·경친왕(慶親王) 등 10친왕만이 세습이 인정되어 이들을 철모자왕(鐵帽
子王)이라 하였다.

세자복진이라 칭할 수 있었다. 적처를 칭하는 적복진(嫡福晉) 외에도 측실을 칭하는 측복진(側福晉)과 비첩(婢妾)을 칭하는 서복진(庶福晉)의 구분이 있었다. 규정에 따르면 친왕은 4명의 측복진을 둘 수 있으며 세자와 군왕은 두 명의 측복진을 둘 수 있었다. 등급이 낮은 패륵(貝勒)·패자(貝子)·진국공(鎭國公) 및 그 이하 세작(世爵)을 가진 자의 처는 부인(夫人)이라고 칭하였다.

장자(長子)

청대 군왕의 정실 소생에 대한 칭호로 14등 봉작의 제4등이다.

패륵(貝勒)

청대 종실의 봉작 가운데 제3급으로 정식명칭은 다라패륵(多羅貝勒)이며 14등 봉작의 제5등이다.

패자(貝子)

정식명칭은 고산패자(固山貝子)이다. 청대 패륵 정처(正妻)의 아들에게 주어지는 봉작으로 14등 봉작의 제6등이다.

진국공(鎭國公)

송 휘종(徽宗)이 아들을 진국공에 봉하면서 명호가 처음 출현하였다. 청대에는 종실에게 붙이는 작명(爵名)의 하나로 입팔분(入八分)과 불입팔분(不入八分)의 구분이 있었다. 입팔분에 해당하는 자는 봉은진국공(奉恩鎭國公)이라 하였다. 청대 규정에 따르면 종실 중 패자 정처(正妻)의 아들이 진국공에 봉해지며 14등 봉작의 제7등이다. 불입팔분진국공은 14등 봉작의 제9

등에 해당하였다.

보국공(輔國公)

청 종실에게 붙이는 작명의 하나로 진국공과 마찬가지로 입팔분과 불입팔분의 구분이 있었다. 입팔분에 해당하는 자는 봉은보국공(奉恩輔國公)이라 하였다. 청대 규정에 따르면 종실 중진국공 정처의 아들이 보국공에 봉해지며, 보국공 정처의 아들은 보국공의 작위를 세습하였다. 14등 봉작의 제8등이다. 불입팔분진국공의 적자가 한 단계 강등되어 봉해지는 불입팔분보국공은 14등 봉작의 제10등에 해당하였다.

진국장군(鎭國將軍)

명청대 종실에게 수여된 봉작의 명칭이다. 명대의 제도에 따르면 진국장군은 군왕의 바로 아래에 상당하였으며, 청대에는 14등 봉작의 제11등에 해당하였다. 청대 진국장군은 3등으로 세분하였다. 군왕과 세자의 아들들은 시험을 거쳐 1등진국장군에 봉해졌다. 세자 정처의 아들도 1등진국장군의 명호를 받았다. 친왕 측처의 아들과 장자 및 패자의 아들들은 시험을 거쳐 2등진국장군에 봉해졌다. 세자와 군왕 측처의 아들 및 패자의 아들들은 시험을 거쳐 3등진국장군에 봉해졌다. 또한 불입팔분보국공 정처 소생의 아들도 한 단계 강등되어 3등진국장군에 봉해졌다.

보국장군(輔國將軍)

명청 이전 각 왕조에서는 무관의 작질(爵秩)이었으나 명청대에는 종실의 봉작 명호로 쓰였다. 14등 봉작의 제12등에 해당한다. 청대에는 진국장군과 마찬가지로 보국장군도 3등으로 세분하였다. 장자와 패륵 측처 소생의 아들과 진국공의 아들들은 시험을 거쳐 1등보국장군에 봉해졌다. 패자 측처의 아들과 보국공의 아들들은 시험을 거쳐 2등진국장군에 봉해졌다. 1·2·3 등진국장군 정처의 아들들은 한 단계 강등되어 1·2·3등보국장군에 봉해졌다. 친왕의 첩 소생, 불입팔분보국공의 아들, 1·2·3 등진국장군의 아들들은 시험을 거쳐 3등보국장군에 봉해졌다.

봉국장군(奉國將軍)

명청대 종실에게 수여된 작명이다. 청대의 제도에 따르면 14등 봉작의 제13등에 해당한다. 봉국장군도 3등으로 구분하였다. 보국공 측실 소생의 아들은 시험을 거쳐 1등봉국장군에 봉하였다. 1·2·3등보국장군 정처 소생은 한 단계 강등되어 1·2·3 등봉국장군에 봉해졌다. 세자 측처 소생과 1·2·3등보국장군 측처 소생은 시험을 거쳐 3등봉국장군에 봉해졌다.

봉은장군(奉恩將軍)

청대 종실에게 수여된 작명으로 14등 봉작 가운데 가장 낮은 등급이다. 봉은장군 정처 소생 가운데 한 명은 봉은장군 작위를 세습하고 나머지 아들들은 작위를 갖지 못하여 한산종실(閑散宗室)이 되었다. 이 외에 장자, 패륵, 패자의 첩 소생 아들들은 시험을 거쳐 봉은장군의 작명을 수여받을 수 있었다.

군주(郡主)

당에서는 태자의 딸을 군주라 하였고, 송에서는 종실의 딸을 모두 군주라 하였다. 명청대에는 친왕의 딸을 군주라 칭하였다.

군군(郡君)

송 이전에는 명부(命婦)의 봉호로 쓰였으며 명에서는 종실의
여식을 군군이라 하였다. 청에서는 패륵의 딸과 친왕 측첩의
딸을 칭하였다.

현주(縣主)

당에서는 친왕의 딸을 현주에 봉하였다. 명청대에는 군왕의 딸
을 현주라 하였다.

현군(縣君)

송 이전에는 명부의 봉호로 쓰였으며 명청대에는 종실의 여식
을 현군이라 칭하였는데, 지위는 현주에 비해 낮았다.

4. 피휘(避諱)

휘는 원래 왕이나 제후의 이름을 일컫는 말로 피휘는 신민(臣民), 심
지어는 황제 본인조차도 선황(先皇)이나 성인 혹은 존자의 이름을 함부
로 입에 담거나 글로 옮기지 않는 관습이다. 경우에 따라서는 특정글자
뿐 아니라 음이 비슷한 글자를 모두 피하기도 하였다. 이러한 관습은 중
국에서 비롯되어 한국, 일본 등에서 오랫동안 행해진 한자문화권 특유
의 문화현상이다.

피휘제도의 기원은 서주에 있으나 당시에는 후대처럼 피휘제도에 엄
격한 의미가 두어지거나 제도적으로 완비된 모습을 보이지도 않았다.
그러나 진한 이후 유가학설이 정치와 사회문화 체계에 강한 영향을 미
치면서 피휘제도도 날로 완비된 모습을 보이기 시작하여, 당송대에 이

러 극성하였다. 피휘제도의 완비와 더불어 피휘제도를 위반한 사람에 대한 징계와 처벌도 덩달아 엄해졌다.

피휘에는 황제나 왕의 이름을 피하는 국휘(國諱), 집안 조상의 이름을 피하는 가휘(家諱) 및 성인의 이름을 피하는 성인휘(聖人諱) 등 3종이 있었다. 국휘의 경우 황제는 7대, 왕은 5대 조상의 이름까지 피해 사용하였다. 처음 국휘의 주된 대상은 명(名)에 한정하였으나 시간이 지나면서 황제와 황제 부조(父祖)의 자(字), 황후 및 황후 부조의 명과 자는 물론이고 제후(帝后)의 시호, 묘호, 능침명까지 확대되었다. 심지어는 황제의 12지 띠 이름과 황족의 성까지도 피휘의 대상이 되었다.

피휘의 일반적인 방법은 세 가지가 있었다. 그 첫째는 소리 또는 의미가 비슷한 글자로 대체하는 개자(改字)로 진(秦)에서 처음 시작되었다. 진왕 정(政)의 아버지인 장양왕(庄襄王)의 자는 자초(子楚)이다. 장양왕 사후 진의 명장이자 걸출한 군사전략가인 왕전(王翦)이 초를 소멸시킨 사실을 기록할 때 이를 벌초국(伐楚國)이라 하지 않고 격형(擊荊)이라 하여 초를 형으로 바꾸어 피휘하였다.

고대 중국에서는 음력 1월을 본시 '정월(正月)'이라 하였다. 이는 고대 제왕들이 모두 1년의 첫째 달 문무백관의 조배(朝拜)를 받고 1년의 정사를 결정한데서 유래하였다. 그러나 진시황이 1월에 출생하여 정(正)과 발음이 같은 정(政)이라는 이름을 갖게 되자 후일 진에서는 정월을 '단월(端月)'로 개칭하였다. 한에서는 방(邦)자를 피휘하기 위해 국(國)으로 바꾸어 썼다.

피휘의 두 번째 방법은 피휘의 대상이 되는 글자 부분을 비워두거나 혹은 동그라미를 채워 넣는 공자(空字)로 그 기원 역시 상당히 오래되었다. 그러나 시간이 흐른 뒤 이런 피휘법의 의미를 제대로 이해하지 못해 빈칸을 없애고 앞뒤 글자를 합치면서 엉뚱한 결과가 나타나기도 하였다. 수 말엽 반란군의 우두머리였던 왕세충(王世充)[23]은 피휘를 위해 왕 충(王

充)이라 기록하였으나 후일 왕충(王充)으로 바뀌어 버렸다.

　세 번째 방법은 피할 글자의 마지막 획을 생략하는 결획(缺劃)으로 대략 당 고종(高宗) 때부터 활용되었다. 이 경우 처음에는 획을 생략하는 정도에 그쳤으나 시간이 흐르면서 서사법 자체를 바꾸어 버렸다. 예를 들어 황혼의 혼(昏)자 상부는 원래 민(民)이었으나 이세민의 이름을 피휘하기 위해 민을 씨(氏)로 바꾸었다. 엽(葉)자의 중간 세(世)도 운(云)으로 바꾸었다.

　국휘를 위해 인명, 지명, 관명, 서명, 물명, 간지의 글자를 바꾸는 경우는 수없이 많았다. 이로 인하여 그 뜻이 통하지 않아 오해를 불러일으키거나 웃지 못할 상황이 나타나는 경우 또한 비일비재하였다. 한신(韓信)의 모사(謀士)로 '천하삼분지계(天下三分之計)'를 내놓았던 괴통(蒯通)의 원래 이름은 철(徹)이나 한 무제 유철의 피휘를 위해 통으로 바뀌게 되었다. 남북조 시기의 인물인 장윤(張淵)의 본명은 대연(大淵)이었으나 당 고조 이연(李淵)의 피휘를 위해 대와 연 두 글자를 하나로 합쳐 윤으로 고쳐 쓰게 되었다.

　피휘를 위해 전대의 관명과 관서명을 바꾸는 경우도 있었다. 당 고종대에는 태종 이세민의 피휘를 위해 민부(民部)를 호부(戶部)로 바꾸었다. 피휘를 위해 책이름을 바꾼 경우도 있었다. 한 명제(明帝)의 이름은 장(莊)이다. 이에 한대에는『장자(莊子)』라는 책이름을『엄자(嚴子)』로 바꿔 불렀다. 동진의 8번째 황제인 간문제(簡文帝, 372년 1~9월 재위) 사마욱(司馬昱, 320~372)의 생모 간문태후(簡文太后)의 이름은 정아춘(鄭亞春)이다. 피휘를 위해『진서(晉書)』에서는『춘추(春秋)』를『양추(陽秋)』라 하였다. 마찬가지로 당에서는 태종 이세민의 피휘를 위해『제민요술(齊民要術)』을『제인요술(齊人要術)』로 고쳐 썼다.

---

23) 왕세충(?~621)의 원래 성은 지(支), 자는 행만(行滿)으로 서역 출신의 이민족이다. 현재의 섬서성 임동(臨潼) 동북인 신풍(新豊)에 거주하다 수 말엽 반란군에 가담하였다. 619년 국호를 정(鄭)이라 하여 칭제하고 연호를 개명(開明)으로 정하였다. 621년 이세민에 의해 정은 멸망하였고 같은 해 7월 왕세충은 독고수덕(獨孤修德)에게 피살되었다.

피휘를 위해 사물의 이름을 바꾼 경우도 있었다. 한 고조 유방의 황후인 여후(呂后)의 이름은 꿩을 뜻하는 치(雉)였다. 피휘를 위해 한에서 꿩은 야계(野鷄)로 고쳐 썼고 지금도 통용되고 있다. 마는 당 이전에는 서여(薯蕷)라 불렀다. 그러나 대종(代宗)24)의 이름이 예(豫)였던 관계로 서약(薯藥)이라 고쳐 불렀고, 송대에는 영종(英宗)25)의 이름이 서(曙)였던 관계로 다시 산약(山藥)으로 불렀다.

---

24) 당 대종(代宗, 762~779) 이예(李豫, 727~779)의 초명은 숙(俶)으로 숙종(肅宗, 757~762) 이형(李亨, 711~762)의 장자이며 당의 8번째 황제이다. 안사의 난 당시 천하병마원수(天下兵馬元帥) 명의로 장안(長安)과 낙양(洛陽)을 수복하는데 공을 세워 758년 황태자에 책봉되었다. 762년 즉위하였으며 다음 해 안사의 난이 평정되자 사회안정과 생산발전에 노력하였다.

25) 북송의 5번째 황제인 영종(英宗, 1063~1067) 조서(趙曙, 1032~1067)의 원래 이름은 조종실(趙宗實)로 송 태종 조광의(趙光義)의 증손이며 인종(仁宗, 1023~1063)의 양자였다. 1062년 황태자로 책봉된 뒤 조서로 이름을 바꾸었고 다음해 즉위하였다. 1066년 사마광(司馬光)에게 『자치통감(資治通鑑)』 찬수를 명하였다.

제3절 황위 승계제도

우의 아들 계가 선양의 전통을 파괴하고 천하를 자신의 것으로 만들어 버린 뒤부터 왕위는 반드시 우와 계의 후손이 계승하도록 강제하여 천하가 특정한 한 집안의 사유물이 되어버리는 가천하(家天下)의 시대가 열리게 되었다. 이로부터 아버지가 죽으면 아들이 계위하거나 혹 형이 죽으면 동생이 자리를 잇는, 세세대대로 동일한 시조의 부계(父系) 후손이 왕위를 계승하는 것이 법통으로 인정되었다.

진한 이후 황제제도의 건립은 전제군주통치의 확립과 점차적인 발전을 의미하는 것이다. 이 과정에서 황위의 계승문제는 황제제도 유지의 핵심문제가 아닐 수 없었다. 고대로부터 중국의 왕위 혹은 황위계승은 동성(同姓)간에 승계가 이루어지는 세습형과 이성(異姓)에 의해 대치되는 교체형의 두 가지 가운데 하나의 경우였다.

1. 동성 간 승계

동성 간 승계는 왕위 혹은 황위승계의 가장 근본적인 원칙으로 중국 최초의 왕조인 하로부터 시작하여 역대 왕조가 대체로 모두 이를 모범으로 삼았다. 주의 경우에는 희창(姬昌, 주 문왕)의 후손으로 희성을 가진 자만이 왕위를 계승할 수 있었고, 한에서는 유방의 자손만이, 명대에는 주원장의 후대만이 세세대대로 황제의 자리에 오를 수 있었던 것이다. 동성 간 황위세습은 크게 보아 아래 네 가지 형식 가운데 하나를 통해 이루어졌다.

1) 태자책립

황위승계는 세습을 원칙으로 하는데, 세습 가운데서도 아버지가 죽으면 아들이 승계하는 것이 가장 기본적이고 정상적인 방법이었다. 다만 역대 제왕들은 대부분 수많은 처첩을 거느린 관계로 자손도 엄청나게 많아 여러 형제들 간에 황위를 둘러싼 분쟁이 치열하게 전개되지 않을 수 없었다. 이에 선황제 재위 시 후임황위계승자를 미리 정하는 것이 황위세습제의 중심문제로 부각되었다. 자고로 역대 왕조에서 태자책립을 국가대사로 간주한 까닭도 바로 여기에 있는 것이다. 이를 반영하여 『한서(漢書)』의 「숙손통전(叔孫通傳)」은 "태자는 천하의 근본이다. 근본이 흔들리면 천하가 진동하게 된다"고 표현하고 있다. 태자책립의 기본법칙은 두 가지인데 하나는 '적자를 세우되 서자를 세우지 않는' 것이고, 다른 하나는 '능력에 상관없이 연장자를 우선으로 하는' 것이다.

종법제의 규정에 따르면 왕 혹은 황제의 정처 소생의 장자(적장자)를 태자로 삼고 정처 소생의 둘째아들부터 그 이하, 혹은 비빈(첩) 소생의 아들은 모두 서출 혹은 서자로 간주하여 왕위 혹은 황위계승자로 세울 수 없다는 것이 '적자를 세우되 서자를 세우지 않는' 규정이다. 만약 정처가 아들을 생산하지 못하면 여러 서자 가운데 가장 연장자를 태자로 삼되 현량(賢良)여부를 기준으로 삼지 않는다는 것이 '능력에 상관없이 연장자를 우선으로 하는' 법칙이다.

다만 종법제에 바탕을 둔 이상 두 가지 법칙은 법칙일 따름이어서 여러 가지 원인으로 인하여 실제집행에는 많은 문제가 있어 다양한 변통이 있을 수밖에 없었다. 일례로 진시황의 유언에는 큰 아들 부소(扶蘇)에게 자리를 물려주는 것으로 되어 있었으나 태감 조고(趙高)가 농간을 부려 부소를 자결하게 만들고, 이사(李斯)와 내통하여 둘째 아들 호해(胡亥)가 이세황제로 즉위토록 하였다.

한 고조의 적자 유영(劉盈)은 유방의 적처인 여후(呂后) 소생이다. 하지만 사람이 어수룩하고 유약하여 유방도 이를 지적하였지만 태자로 책봉되어 유방 사후 계위하였으니 이가 혜제(惠帝)이다. 8년간 옥좌를 지킨 혜제가 후사 없이 사망하여 모후인 여후가 정권을 행사하다 역시 8년 후 세상을 뜨게 되면서 황제의 자리가 비게 되었다. 원래대로라면 유방의 장자(서출) 유비(劉肥)의 아들 유양(劉襄)이 황장손의 자격으로 계위하여야 하였다. 그러나 대신들의 반대로 결국 고조의 후궁 박희(薄姬) 소생 유항(劉恒)이 계위하니 이가 문제(文帝)이다. 이처럼 황제제도 건립 초기 단계서부터 적자를 대신하여 서자가 황위를 계승하거나, 연장자 우선원칙이 지켜지지 않는 경우가 다반사였다.

후사가 없거나 있다 해도 아들을 대신하여 선황제의 동생이 계위하는 경우도 없지 않았다. 송 태조 조광윤 사후 제위를 세 아들 덕소(德昭), 덕방(德芳), 덕림(德林)이 아닌 동생 광의(光義)가 승계한 것이 대표적인 사례이다. 명 희종(熹宗)의 사후 아들이 없어 동생 주유검(朱由檢)이 계위하니 이가 숭정제(崇禎帝)이다. 심지어는 선황제 사후 후사는 물론 동부(同父)의 형제마저 없어 조카가 계위한 경우도 있었다. 명 무종(武宗) 사후 아들은 물론 동부의 형제마저 없어 제위를 육촌조카 주후총(朱厚熜)이 승계하여 가정제(嘉靖帝)가 되니 이것이 대표적인 사례이다.

2) 태자밀건

태자책립은 후계구도를 명확하게 한다는 이점이 있으나 후계구도에서 탈락한 여타 황자 및 후궁, 외척, 권신 등 그들과 관련된 이익집단의 불만을 자아내는 요인이 되기도 하였다. 다른 한편으로 태자가 책립된 뒤로도 선황제의 재위기간이 너무 길어 태자가 오래도록 등극하지 못하는 경우에는 궁정에 변고가 발생하게 되는 원인으로도 작용하였다. 중국역사상 최고의 명군 가운데 한 사람으로 꼽히며 재위기간이 가장 길었던 강희제 때에 실제 이런 일이 발생하였다

강희제는 슬하에 35명의 아들과 20명의 딸을 두었다. 강희의 첫 번째 부인인 효성황후(孝誠皇后)는 보정대신(輔政大臣)[26] 색니(索尼)의 손녀로 강희와의 사이가 매우 좋았다. 강희 13년(1674) 강희의 둘째 아들 윤잉(胤礽, 1674~1725)을 출산하는 과정에서 난산으로 효성황후가 사망하자 옛정을 잊지 못한 강희제는 다음해 윤잉을 태자로 삼았다. 이는 적자를 우선시하는 한족의 전통에 따른 것으로 만주족의 전통과는 맞지 않은 결정이었다.

총명하고 문무에 두루 능했던 윤잉은 강희의 사랑을 듬뿍 받으며 성장하였다. 강희는 당대 최고의 학자들을 윤잉의 스승으로 초빙하여 교육시켰고, 기회 있을 때마다 윤잉과 함께 사냥과 순시에 나서기도 하였다. 혹 강희가 직접 병사를 이끌고 출정할 경우에는 윤잉이 북경에 남아 정무를 대리하였으며, 중요한 사무는 황태자 자격으로 결정할 수 있도록 하였다.

---

[26] 즉위 시 강희제의 나이는 6세에 불과하였다. 이에 죽기 전 순치제는 색니(索尼) 등 4명의 대신에게 강희를 보필하도록 하였으니 이들이 이른바 '4보정대신'이다. 보정대신은 1669년 5월 강희제가 친정하기 전까지 8년 5개월 동안 황제를 보필하였다.

태자 윤잉의 주변에는 자연스럽게 장래를 보장받으려는 세력이 형성
되었다. 그 중심에는 색니의 아들이자 윤잉의 생모인 효성황후의 숙부
색액도(索額圖)가 있었다. 강희제도 초기에는 색액도를 총애하여 조야
에는 그의 권세를 능가할 자가 없었다. 그러나 시간이 지나면서 태자세
력이 커지자 필연적으로 부자 사이에 모순과 긴장이 발생하게 되었다.

강희 29년(1690) 친정(親征)에 나섰던 강희는 중도에 병에 걸리자 윤
잉과 셋째 아들 윤지(胤祉, 1677~1732)를 행궁으로 불렀다. 그러나 이때
윤잉이 전혀 자신의 병세에 대해 관심을 보이지 않자 기분이 상한 강희
는 윤잉에게 먼저 북경으로 돌아가도록 하였고, 이때부터 황제와 황태
자 간의 관계는 날로 악화되기 시작하였다.

강희 33년(1694) 예부에서 제사의식을 준비하면서 황태자의 방석을
봉선전(奉先殿) 문턱 안에 놓자 강희는 문턱 밖으로 방석을 치우도록
명하였다. 황제의 명대로 따랐다가는 태자에게 밉보이지 않을까 염려
한 예부상서 사목합(沙穆哈)은 훗날의 증거로 삼기 위해 유지(諭旨)를
문서로 기록할 수 있기를 청하였다. 이는 당시 대신들이 태자당(太子黨)
을 두려워하고 있었음을 보여주는 것이고, 이를 불쾌히 여긴 강희제는
사목합을 파직시키기에 이르렀다. 강희 36년(1697)에는 사사로이 태자
의 처소를 드나든 선방(膳房) 인원 화랍(花啦) 등을 사형에 처하였다.
부자간의 관계가 극도로 악화된 이 무렵부터 강희는 태자의 세력을 견
제하고 제거하기 시작하였다.

다음해 강희는 여러 황자들을 군왕(郡王)과 패륵(貝勒)에 봉하였다.
이때 장자인 윤제(胤禔, 1672~1735)는 직군왕(直郡王), 셋째 윤지는 성군
왕(城郡王)에 봉해졌다. 아울러 넷째 윤진(胤禛, 1678~1735), 다섯째 윤
기(胤祺, 1680~1732), 일곱째 윤우(胤祐, 1680~1730), 여덟째 윤사(胤禩,
1681~1726) 등을 패륵에 봉하였다. 작위를 갖게 된 여러 황자들이 자신
의 우호세력을 결집하여 태자의 자리를 노리게 되자 태자당은 불안감

에 휩싸이기 시작하였다.

강희 40년(1701) 연로한 색액도가 사직한 뒤 강희는 황태자를 데리고 남순(南巡)에 나섰다. 덕주(德州)[27])에 다다른 강희는 돌연 황태자가 병에 걸렸음을 이유로 남순을 포기하고 황태자를 덕주에 남겨놓은 채 가마를 돌려 북경으로 되돌아 갔다. 귀경 후 강희는 이미 사직한 색액도에게 덕주로 가 황태자를 시봉하라는 명령을 내렸다. 강희의 결정은 태자당이 뭔가 음모를 꾸미고 있다는 판단에 따른 것이었다. 이 와중에 색액도를 불러 심문하느라 두 달 가량 늦춰지기는 하였으나 예정대로 남순을 마치고 귀경한 직후인 42년(1703), 강희는 결당하여 국사를 농단한 죄목으로 색액도를 구금하도록 하였다. 이는 표면적인 이유일 뿐 진정한 원인은 태자와 색액도가 이미 강희의 신임을 잃었기 때문이었다. 노회한 강희는 즉시 색액도를 처형하였다.

47년(1708) 8월, 강희는 피서산장이 있는 열하에서 황태자의 잘못을 지적하는 상유(上諭)를 내리는 한편, 털끝만큼의 권력도 함부로 다른 사람에게 넘기지 않겠다는 의지를 강력하게 표시하였다. 이 무렵 열 여덟째 아들 윤개(胤祄, 1701~1708)의 병이 위중하여 급히 북경으로 되돌아오던 강희는 중도에 황태자를 폐하고 감금하여 부자간의 관계가 되돌릴 수 없을 정도로 악화되었음을 보여주었다.

황태자가 폐위되면서 다른 황자들 사이에 그 자리를 차지하기 위한 암투가 더욱 심화되었다. 윤제는 비록 강희의 아들 가운데 가장 나이가 많은 황장자였지만 서출인지라 황태자로 지목받지 못하고 있었다. 그는 황태자가 폐위된 이상 연장자 우선의 전통에 따라 자신이 다음 황관의 주인이 될 수 있으리라 은근한 기대와 야망을 갖고 강희에게 윤제를 죽일 것을 극력 진언하였다. 윤제의 진언에 강희는 이는 천리와 국법을

---

[27]) 산동성 북서부에 있는 교통요지로 대운하가 지난다.

모두 어기는 것이라고 진노하였고, 마침 셋째 아들 윤지는 윤제가 라마
(喇嘛)를 초빙하여 주술로 윤잉을 저주한 사실을 고발하였다. 결국 강
희는 윤제에게 내렸던 직군왕 작위를 박탈하고 종신감금을 명하였다.

여덟째 윤사도 능력이 뛰어난데다 사람을 잘 다룰 줄 알아 주변에 따
르는 자가 적지 않았고 개인적인 야심도 작지 않았다. 윤잉과의 관계가
좋지 않았던 그는 윤잉을 모함하는데 주저하지 않아 결국 강희에 의해
구금조치 되었다. 당시 윤사는 물론 셋째 윤지, 넷째 윤진, 다섯째 윤기
도 함께 구금당하였다. 강희 48년(1709) 7월에야 황태자를 비롯한 여러
황자들이 석방되기는 하였으나 장자인 윤제는 석방되지 못하였다. 첫
번째 태자폐위 조치 시 후일 옹정제로 즉위한 넷째 윤진도 함께 구금되
었던 것으로 보아 그 역시 태자쟁탈전에 적극 가담하였음이 분명하다.
그럼에도 공식적인 문서에는 당시 윤진의 언행과 관련한 어떠한 기록
도 남아 있지 않은데, 이는 아마도 즉위 후 옹정에 의해 의도적으로 삭
제되거나 폐기되었을 것으로 짐작된다.

윤잉을 폐위한 두 달 뒤인 1708년 10월, 강희는 대신들에게 태자책립
을 논의하도록 하였다. 이에 여러 신하들이 여덟째 윤사를 태자로 추천
하였다. 윤사가 평소 명망이 없지 않았으나 막상 신하들이 윤사를 추천
하자 이는 오히려 강희의 심기를 불편하게 하였고 윤사에 대한 의심이
커지게 만들었다. 다음해 7월 강희는 윤잉의 정신질환이 완치되어 거동
이 정상으로 돌아왔기 때문이라는 이유로 모두의 예상을 뒤엎고 윤잉
을 다시 태자로 삼았다. 강희의 조치는 대신들에게 커다란 혼란을 안겨
주고 공황상태에 빠지게 하였다. 그도 그럴 것이 강희가 공개적으로 다
음 태자를 추천하도록 하여 대신들이 윤사를 추천하였던 것인데, 강희
는 대신들이 사사로운 이익을 위해 윤사와 결탁한 것으로 간주하여 윤
잉을 다시 태자로 책립하였으니 윤사를 추천하였던 신하들은 극도로
불안해하지 않을 수 없었던 것이다.

비록 윤잉을 재차 태자로 정하였지만 사실상 강희와 윤잉의 관계는 이미 돌이킬 수 없는 지경에 이르러 있었다. 강희가 윤잉을 폐립했던 것은 창졸간의 결정으로 선후조치까지 염두에 둔 주도면밀한 계획의 결과는 아니었다. 하루빨리 황위를 차지하고 싶어한 윤잉의 병적심리도 윤제가 라마를 초빙하여 주술로 저주한 결과가 아닌 윤잉의 본심이었다. 그것을 증명하듯 복위 후 윤잉은 서둘러 자신의 우호세력을 재결집하기 시작하였고, 이를 경계한 강희는 태자 주변의 핵심인물 몇몇을 사형에 처하였다. 나아가 강희는 51년(1712) 9월말 윤잉의 광기가 완전히 낫지 않아 조종의 홍업(弘業)을 맡길 수 없다며 재차 폐위하였다.

태자의 책립과 폐위를 반복하는 과정에서 심신이 지친 강희는 이후 죽기 전까지 10년간 더 이상 태자책립을 공론화하지 않았다. 간혹 태자 책립을 논하는 대신들이 없지 않았으나 강희는 자신의 아픈 상처를 건드리는 그들을 처형하거나 유배형에 처하였다. 태자의 자리가 비어있는 상황이 계속되면서 여러 황자들 간의 눈치보기와 암투는 더욱 심화되었다. 다만 강희 말년 태자의 자리를 노리는 황자들에게 주어진 기회와 역량의 결합은 두 번째 태자폐위 후 상당한 변화가 있었다.

태자의 자리를 놓친 윤잉과 윤제는 종신금고에 처해져 근본적으로 계위의 희망을 가질 수 없었다. 노골적으로 태자자리를 노린 여덟째 윤사는 주변에 그를 옹립하려는 인물도 많았고 본인도 적극적으로 활동하였으나 이것이 오히려 강희의 의심을 자아내게 하는 이유가 되었다. 진노한 강희는 입에 담기 어려운 말들로 윤사를 꾸짖었고 이로써 부자관계는 극도로 악화되었다. 절망한 윤사는 아홉째 윤당(胤禟, 1683~1726), 열째 윤아(胤䄉, 1683~1741)와 합세하여 태자책립이 유력시되는 열 넷째 윤정(胤禎, 1688~1755)을 지지하고 나섰다.

윤정은 후일의 옹정제인 넷째 윤진과 동모 소생으로 어려서부터 강희로부터 군사적 재능을 인정받았다. 윤사와 관계가 특히 좋았던 그는 다른 형제들에 비해 나이가 어려 태자책립을 둘러싼 분쟁의 초기 단계에는 깊이 연계되지 않았다. 강희 57년(1718) 준가르(准噶爾)부족이 티베트와 하미(哈密)를 침공하자 강희는 윤정을 무원대장군(撫遠大將軍)으로 삼아 서북지역의 군무를 총괄하도록 하였다. 윤정이 막중한 임무를 부여받자 주변에서는 이를 강희의 후계구도와 연결시켜 해석하기도 하였다. 청해(靑海)와 감숙(甘肅)에 출정한 윤정이 큰 공을 세우고 있을 무렵 강희가 돌연 사망하였다. 긴박한 상황에서 북경을 떠나 있었던 관계로 등극이 유망해보였던 윤정은 황관을 넷째 형 윤진에게 빼앗기고 말았다.

즉위 후 자신과 황위를 다투었던 여러 형제들을 제거한 옹정제는 장차 태자책립을 둘러싼 분쟁이 재발하지 않을까 염려하지 않을 수 없었다. 언젠가 그는 건청궁(乾淸宮)에서 신료들에게 "공식적으로 태자를 책립하면 태자가 쉽게 교만에 빠지게 될 것이고, 그렇다고 태자를 책립하지 않으면 국본이 바로 서지 않을까 걱정된다"며 자신의 복잡한 심경을 표시하였다. 이에 옹정제는 황제가 생전 비밀리에 다음 계위자를 정한 뒤 그 이름을 종이에 적어 작은 상자에 담아 건청궁의 가장 높은 곳, 순치제가 직접 쓴 '정대광명(正大光明)'편액 뒤에 보관한 뒤 선황제 사후 공개하도록 하였다. 이후 청대 황위계승은 옹정제가 창안한 밀건법을 따르게 되었다.

3) 양위

중국역사상 황제가 특수한 상황에서 부득이 생전에 태자에게 자리를 넘겨주고 자신은 태상황이 되는 경우가 있었으나 그 사례는 많지 않았다. 양위의 첫 번째 사례는 북제 무성제(武成帝, 561~565) 고담(高湛, 537~569)이다. 고담은 북제 신무제(神武帝) 고환(高歡)의 9째 아들이자 북제의 4번째 황제이다. 동위의 대승상으로 16년간 정권을 장악했던 아버지 고환이 죽고 형 고양(高洋)이 북제의 황제가 된 뒤인 550년, 고담은 장광왕(長廣王)에 봉해졌고 561년 형 효소제(孝昭帝)의 유언에 따라 황제의 자리에 올랐다. 재위기간 간신들에 둘러싸여 음란함에 빠지고 종실과 대신들을 닥치는 대로 주살하여 북제의 국세는 날로 쇠퇴해져 갔다. 565년 3월 혜성이 출현하자 다음달 태사관(太史官)이 이는 새로운 지도자가 출현할 징조라고 진언하였다. 이에 고담은 '하늘의 뜻에 따른다'는 명분으로 4월 24일 아들 고위(高緯)에게 옥새를 넘기고 천통(天統)으로 개원하는 한편 대사령을 내렸다. 그러나 태상황이 된 뒤에도 4년간 군국의 대사를 전결하였던 고담은 천통 4년 12월 10일(569년 1월 13일) 업궁(鄴宮)[28] 건수당(乾壽堂)에서 32세의 젊은 나이에 사망하였다. 그의 사인은 과도하게 주색(酒色)을 탐한 탓으로 알려지고 있다.

당 초기, '현무문의 변'이 발생한 뒤 고조 이연은 차남 이세민을 황태자로 삼고 두 달 뒤 양위하였다. 당 현종 이융기는 말년에 아첨을 일삼고 유능한 신하를 배척하기로 유명한 이임보(李林甫) · 양국충(楊國忠) 등을 재상으로 삼고 양귀비를 총애하며 주색에 빠져 정사를 멀리 하였다. 양국충의 전횡은 결국 안록산(安祿山)과 사사명(史思明)이 연합한 반란군에 의해 장안이 함락되는 변고로 이어졌다.

창졸간에 장안을 탈출한 현종과 양국충 일행이 현 섬서성 평현의 서쪽 마외파(馬嵬坡)에 다다랐을 때 호위병들이 반란을 일으켰다. 양귀비를 죽여 천하에 사죄하라는 반란군의 요구에 현종은 태감 고력사(高力士)를 보내 양귀비를 자진토록 하였다. 이로부터 얼마 뒤 현종은 문무관리들의 압력에 못 이겨 하는 수 없이 당시 45세이던 태자 이형(李亨)에게 양위하고 자신은 태상황이 되었다.

청 옹정제 사후 넷째 아들 홍력(弘曆)이 계위하니 이가 건륭제이다.

---

[28] 현 하북성(河北省) 임장(臨漳) 업남성(鄴南城) 유지(遺址) 내.

즉위한지 얼마 지나지 않았을 때 건륭은 향을 살라 하늘에 고하며 "만약 재위 60년이 되면 아들에게 자리를 넘겨주겠다"고 약속하였다. 이는 할아버지 강희의 재위기간인 61년을 넘기지 않겠다는 표시였다. 건륭은 전후 세 차례 후계자를 비밀리에 정하였으나 첫 번째와 두 번째 태자로 지목되었던 황자들은 요절하고 열 다섯째 옹염(顒琰)이 세 번째로 태자에 지목되었다.

건륭 60년(1795) 9월, 건륭은 명년에 퇴위할 것임을 공표하였고, 다음 해 정월 내선대전(內禪大典)을 거행하여 옹염에게 양위하였다. 건륭은 양위 후에도 짐을 자칭하였으며 신료들도 황제를 '만세'라 칭하고 태상황을 '만만세'라 칭하였다. 양위 후 가경 4년(1799) 89세로 세상을 떠나기까지 건륭은 장장 4년간 더 사실상의 황권을 행사하였다.

4) 찬위

천하를 호령하는 지고무상의 자리인 황위는 존귀한 만큼 노리는 사람도 많았다. 이런 연유로 중국역사상 황위를 차지하기 위해 부자와 형제간에 피비린내 나는 상쟁을 벌인 사례가 적지 않았다. 널리 알려진 예로 수 양제 양광은 병중에 있던 부친 문제 양견을 시해하고 황제의 자리를 차지하였다. 오대십국시기 양 태조 주온(朱溫, 일명 주전충)은 셋째 아들 주우규(朱友珪)에게 시해되었다. 주우규도 등극 1년만에 동생 주우정(朱友貞)에게 죽임을 당하였다. 명확한 증거가 있는 것은 아니지만, 북송 태종 조광의도 형인 태조 조광윤을 시해하고 황제의 자리를 차지하였다.

명 태조 주원장의 넷째 아들 주체(朱棣)는 '정난지변'을 발동하여 조카 건문제 주윤문(朱允炆)을 죽이고 황제의 자리를 차지하였다. 명 영종(英宗) 주기진(朱祁鎭)도 동생인 대종(代宗) 주기옥(朱祁鈺)을 죽이고 황관을 되찾았다. 이처럼 황제의 자리를 차지하기 위한 황실구성원 간 상쟁의 역사는 수없이 많지만 가장 전형적인 사례는 당 태종 이세민이 연출한 '현무문의 변'이다.

수나라 말엽 각지에서 농민반란이 일어나자 태원유수(太原留守) 이연(李淵)도 반란을 일으켜 여타 할거세력을 각개격파한 뒤 전국을 통일하여 당을 건국하였다. 이연은 태목황후(太穆皇后)와의 사이에 건성(建成), 세민(世民), 현패(玄覇), 원길(元吉) 네 아들을 두었다. 당조의 건국 과정에서는 건성과 세민이 큰 역할을 하였는데, 특히 세민은 태원에서 처음 기병할 때부터 중심에 서서 활약하였고 첫째와 둘째 아들에 대한 고조의 신망도 두터웠다. 건국 직후 고조는 적장자인 건성을 태자로 삼고 세민은 진왕(秦王)에 봉하였으며, 이미 사망한 현패에게는 위왕(衛王)을 추증하고, 막내 원길은 제왕(齊王)에 봉하였다. 이후 태자 건성은 수도 장안에 머물며 중추의 업무를 담당하느라 별다른 전공을 세우지 못하였다. 반면 세민은 여전히 전장에 나가 혁혁한 전공을 세워 당 왕조의 기초를 닦는데 크게 기여하였다. 부하들의 절대적인 신뢰를 받는 세민의 전적(戰績)을 심히 만족스럽게 여긴 고조는 부단히 그에게 중임을 맡기고 정병을 거느리도록 하여 자연스럽게 세민은 상당한 군권을 장악할 수 있었다.

군사방면에 두각을 나타낸 세민의 주된 활동범위는 군대와 전장에 있었지만 그의 정치적 안목과 식견도 대단하였다. 세민은 전쟁이 끝난 뒤에는 결국 무공은 문치에 미치지 못할 것임을 간파하고 있었다. 이에 어느 정도 통일사업이 마무리된 무덕 4년(武德, 621)부터는 당시 '18학사(學士)'로 불리던 다수의 문인과 정치가들을 주변에 끌어 모으기 시작하였다. 이들 가운데 방현령(房玄齡)과 두여회(杜如晦)는 이후 세민의 정치활동에 중요한 역할을 하였다.

태자 건성 또한 비범한 인물은 아니었다. 그는 태원기병 후 좌령군대도독(佐領軍大都督) 신분으로 장안을 함락시키는 공을 세웠다. 뿐만 아니라 돌궐의 지지를 받는 유흑달(劉黑闥)을 제거하여 당의 천하통일에 큰 장애물을 제거하기도 하였다. 고조 즉위 후 건성은 태자의 신분으로 장안에 머물게 되어 출정의 기회는 갈수록 줄어들었지만 그가 거느렸던 군대 중에도 용장들이 적지 않았다. 한편 건성은 후방에 장기 주재하는 기회를 이용 왕공귀족과 관계를 돈독히 하여 정치실력면에서는 세민을 훨씬 앞서 있었다.

양대집단의 형성과 발전에 따라 건성과 세민 간 모순도 덩달아 증폭되었다. 다만 당 건국 초기에는 통일전쟁이 여전히 진행중이었던 관계로 형제 간 갈등이 아직 크게 두드러지지는 않았다. 그러나 통일 후 그동안 잠재되어 있던 모순이 신속하게 표면화되었다. 둘 사이 갈등과 모순의 초점은 당연히 황위계승문제에 있었다. 누구에게도 뒤지지 않는 휘황한 전공을 세운데다 천하의 인심을 얻고 있다고 자부한 세민은 황위를 차지하겠다는 웅대한 야심을 숨기지 않았다. 건성은 비록 태자의 자리에 있기는 하였지만 날로 증대되는 세민의 기세와 압력에 자신의 지위가 흔들리고 있다는 불안감을 감출 수 없었다. 결국 두 사람은 서로 상대방을 제거하지 않고는 자신의 지위를 보전할 수 없다는 극단의 인식을 갖게 되었고, 그 결과는 골육상쟁으로 이어졌다.

통일전쟁이 막바지에 이를 무렵 건성은 장차 황태제(皇太弟)로 책립하겠다는 약속을 담보로 막내동생 원길을 자기편으로 끌어들인 다음 공모하여 세민을 독살하려 하였으나 실패하였다. 이 사건을 계기로 두 파 간의 투쟁은 막후에서 막전으로 옮겨지게 되었다. 무덕 7년(624) 이후 전 중국의 통일이 완성되자 건성과 원길은 장안성내 자신들의 무장세력을 확대하기에 급급하였다.

형과 동생의 행동에 일찍부터 고도의 경각심을 갖고 있던 세민도 이에 맞서 자신의 무장역량을 강화하고 건성의 주변인물들을 매수하여 장래에 대비하였다. 결국 무덕 9년(626) 6월 4일(양력 7월 2일) 세민은 장안성 태극궁(太極宮)의 북문인 현무문(玄武門)에서 태자 건성과 제왕 원길을 죽이는 정변을 일으켰다. 사후 세민은 대전으로 가 고조에게 형과 아우가 반란을 일으켜 그들을 처결하였음을 알리고 모든 것은 부황의 잘못이라 협박하였다. 모든 병권을 세민에게 주고 유폐된 고조는 사흘 뒤 세민을 황태자로 삼고 2개월 뒤 내선대전(內禪大典)을 거행하여 양위하였다.

2. 이성 간 교체

황위의 이성 간 교체란 황위가 동성 간에 계승되지 않을뿐더러 대규모 농민기의 혹은 이민족의 침입에 의해 이루어진 것도 아닌 외척, 권신, 후궁에 의해 주도된 정권교체 형식을 말한다.

중국역사상 외척 혹은 권신이 황위를 탈취한 사례는 수 없이 많았다. 왕망(王莽)이 전한을 찬탈하고, 조비(曹丕)가 후한을 대신하였으며, 사마염(司馬炎)이 위를 이은 것이 대표적인 경우이다. 이외에도 남조시기 유유(劉裕)가 동진을 대신하고, 소도성(蕭道成)이 송을 대신하였으며, 소연(蕭衍)이 제를 대신한 것도 이성 교체의 사례이다. 무측천이 당을 찬탈하여 대주(大周)라 국호를 바꾼 것도 여기에 포함된다. 이성 간 교체의 경우 대부분 선양의 명의를 빌렸으나 실제로는 무력을 앞세운 강제적 교체였다는 공통점을 찾을 수 있다.

1) 왕망의 찬위

왕망은 한 원제 유석(劉奭)의 황후인 왕정군(王政君)[29]의 친정조카이다.

외척인 왕씨는 전후 18명이 후(侯)에 봉해지고 5명이 대사마대장군(大司馬大將軍)이 되어 상서(尚書)의 일을 관장할 정도로 대단한 권세를 누렸다. 어려서부터 총명하고 기회를 포착하는데 남다른 재주를 보였던 왕망은 숙부 왕봉(王鳳)이 죽기 전 원후와 원후 소생인 성제(成帝)에게 앞일을 부탁한 덕분에 기원전 33년 궁문을 관리하는 황문랑(黃門郞)이 되었다. 이후 왕망은 자신의 위세를 높이기 위해 당시의 명사들과 널리 교유하였다. 주변인물들이 원후와 황제에게 왕망을 침이 마르도록 칭찬한 덕분에 기원전 16년에는 봉읍(封邑) 1,500호를 영유하는 신도후(新都侯)가 되었다. 이와 더불어 관직도 기도위(騎都尉), 광록대부(光祿大夫)를 거쳐 수화 원년(綏和, 기원전 8년)에는 마침내 재상에 해당하는 대사마의 자리에 올라 실권을 장악하였다.

 기원전 6년 애제(哀帝)가 즉위하여 그의 조모와 모친의 본가 외척들이 정권을 장악하자 배척당한 왕망은 조정에서 밀려났으나 세력은 여전히 상당하였다. 왕망의 지휘와 조종을 받은 대소관리 수백 명이 상소하여 왕망의 덕망을 칭송하자 조정에서는 낙향해 있던 왕망을 다시 장안으로 불러 올렸고, 그 얼마 뒤 애제가 사망하였다. 애제가 후사 없이 사망하자 원후는 황제 사망 당일 미앙궁(未央宮)에 당도하여 옥새를 거두어들이는 한편 왕망을 대사마에 임명한다는 조서를 내렸다. 9세의 평제(平帝)를 옹립한 왕망은 원후의 비호 아래 주목(州牧)과 2천석 이상 녹봉을 받는 관리의 임명권을 손에 넣고 중앙과 지방의 실권을 장악하였다.

---

29) 왕정군(기원전 71~서기 13)은 양평후(陽平侯) 왕금(王禁, 기원전 99~기원전 42)의 차녀로 한 원제(元帝, 기원전 49~기원전 33 재위) 유석(劉奭, 기원전 74~기원전 33)의 황후이자 한 성제(成帝, 기원전 33~기원전 7 재위) 유오(劉鷔, 기원전 51~기원전 7)의 생모이다. 시호는 효원황후(孝元皇后)이다. 중국역사상 수명이 가장 길었던 황후 가운데 한 명으로 61년간(기원전 49~서기 13)황후, 황태후, 태황태후의 자리를 지켰다. 이는 63년간(1654~1717) 황후와 황태후의 자리를 지켰던 청 순치제의 두 번째 황후 효혜장황후(孝惠章皇后)에 이은 두 번째 기록이다.

서기 6년인 원시(元始) 6년 평제가 병으로 사망하자 왕망은 두 살에 불과한 유자영(孺子嬰)을 태자로 삼았다. 원후는 왕망을 '섭황제(攝皇帝)'로 삼아 천자의 권한을 행사하도록 하자는 신하들의 건의를 받아들이지 않을 수 없었다. 이때부터 신하와 백성들은 왕망을 만세로 칭하기 시작하였고, 왕망은 연호도 '황제를 대신하여 정사를 돌본다'는 의미에서 거섭(居攝)으로 바꾸었다. 이 무렵 왕망이 장차 한을 대신할 것으로 짐작한 투기분자들이 천명설(天命說)과 참위설(讖緯說)을 이용 각종 낭설을 유포하여 왕망이 황제가 되어야 한다고 부추겼다. 시기가 성숙하였다고 판단한 왕망은 거섭 3년(서기 8) 12월 1일 원후를 강박하여 옥새를 손에 넣고 황제의 자리에 올라 국호를 신(新)으로 바꾸고 연호를 시건국(始建國)으로 정하였다.

2) 조비의 퇴위강요

군벌들 간의 혼전이 극에 달하고 있던 후한 말년, 권신 조조는 헌제(獻帝)를 볼모로 잡고 천하를 호령하였다. 스스로 승상, 위공, 위왕을 봉한 조조는 두 딸을 입궁시켜 귀인(貴人)으로 봉하게 한 뒤 결국에는 헌제를 강박하여 두 딸을 황후에 봉하게 하였다. 이로써 조조는 권신과 외척이라는 두 가지 신분을 동시에 지니게 되었다. 조조는 말년에 손권(孫權)이 칭제하기를 청하였지만 끝내 한을 대신하지 않고 건안 25년(建安, 220) 정월 66세로 낙양에서 사망하였다.

조조의 정실인 정씨(丁氏)는 자식이 없었고 첩 유씨(劉氏) 소생의 아들 조앙(曹昂)은 전장에서 사망하였다. 이어 첩 변씨(卞氏)와의 사이에 조비(曹丕), 조창(曹彰), 조식(曹植), 조웅(曹熊) 네 아들을 두었다. 후일 조조는 정실인 정씨를 폐하고 첩 변씨를 계실로 삼았다. 위왕에 봉해진 뒤 조조는 조비를 세자로 정하였다. 조조가 낙양에서 사망할 당시 업

(鄴)[30]에 유수(留守)하고 있던 조비는 부친의 사망소식을 접하자 스스로 위왕의 자리를 잇고 황제를 강박하여 이를 인정하는 조서를 내리도록 하였다.

부친을 안장한 뒤 조비는 자신의 심복들을 국도인 허창(許昌)[31]으로 보내 헌제의 퇴위를 강요하였다. 그간 정권을 농단하던 조조가 죽자 이제 자신이 친정할 수 있을 것으로 믿고 연호도 건안 25년을 연강(延康) 원년으로 고쳤던 헌제는 뜻밖의 퇴위압력에 눈물을 흘리지 않을 수 없었다.

얼마 뒤 허창에 당도한 조비는 중신들과 함께 헌제의 퇴위를 정식으로 요구하였다. 핍박에 못이긴 헌제가 선위(禪位)조서를 내리자 조비는 짐짓 등극을 극구 사양하는 척 하면서 뒤로는 사람을 보내어 헌제에게 옥새를 내놓을 것을 강요하였다. 정권찬탈을 위한 모든 준비가 마무리되자 조비는 연강 원년 10월 28일 대전(大典)을 갖고 한을 대신하여 황제에 등극하여 연강 원년을 황초(黃初) 원년으로 개원하는 한편 국호를 위로 정하였다.

---

30) 업(鄴) 유지의 범위는 현 하북성(河北省) 임장현(臨漳縣)의 서부와 하남성(河南省) 안양시(安陽市)의 북부 일대까지를 포함하나 유지의 중심은 임장현 경내, 현성 서남 20km 지점 장하(漳河) 기슭이다. 이곳은 안양시에서 북으로 18km, 한단시에서 남으로 40km 가량 떨어진 곳에 위치하고 있다. 업이라는 지명은 황제의 손자인 전욱의 손녀 여수(女修)의 아들 대업(大業)이 이곳에 거주하였다는 이야기에서 비롯된다. 제 환공대에 처음으로 업성을 수축하였다 하며 전국시대에는 위(魏)에 속하여 문후(文侯, 기원전 445~396 재위)는 이곳을 배도(陪都)로 삼았다. 후한 말년인 204년, 조조는 원소(袁紹)를 격파하고 업성을 점령한 뒤 이곳을 업도(鄴都)로 정하였다. 한을 대신하여 천하의 주인이 된 조비(曹丕)는 낙양을 수도로 삼았다. 위는 낙양과 더불어 장안(長安), 박주(亳州), 허창(許昌), 업성(鄴城)을 '오도(五都)'로 정하였다. 이후 업성은 오호십육국과 남북조시기 후조(後趙), 염위(冉魏), 전연(前燕), 동위(東魏), 북제(北齊)가 도읍으로 삼아 '육조고도(六朝古都)'라는 이름을 얻게 되었다.

31) 현 하남성(河南省) 허창시(許昌市). 196년 조조가 헌제를 낙양에서 이곳으로 안치시킴으로써 후한의 마지막 수도가 되었다

3) 사마염의 찬위

한을 대신하여 위를 세운 문제(文帝) 조비가 등극 7년만에 사망하자 아들 조예(曹睿)가 계위하니 이가 명제(明帝)이다. 208년부터 조조의 수하에서 일을 맡았던 하남 세가대족 출신 사마의(司馬懿, 179~251)의 권세가 이때부터 더욱 커졌다. 군사적 재능이 있을 뿐만 아니라 모략에도 뛰어나 대장군, 태위 등 요직을 맡았던 사마의는 촉한(蜀漢) 제갈량(諸葛亮)의 진공을 막아 정치적 명망도 대단하였다. 사마의는 직권을 이용하여 주변에 세족관료들을 모아 무시할 수 없는 세력을 형성하였다.

경초 3년(景初, 239) 명제가 사망하여 나이 어린 조방(曹芳, 232~274)이 계위하자 사마의와 종실 조상(曹爽, ?~249)이 정치를 보좌하였다. 사마의의 권세가 대단하여 자신에게 불리할 것을 염려한 조상은, 명제대에 축출되었던 이른바 청담명사(淸談名士)들을 대거 중용하고 사마의를 배척하였다. 시세의 흐름이 자신에게 불리하다고 판단한 사마의는 병을 핑계로 조정의 일에 간여하지 않았으나 은밀하게 대책을 강구하였다.

가평 원년(嘉平, 249), 사마의는 조상이 조방을 모시고 명제능을 참배하러 간 틈을 이용하여 낙양에서 정변을 일으켜 조상과 그의 친신을 모두 제거하였다. 이로써 위나라의 모든 군정대권은 사마씨의 수중에 들어가고, 군주인 조방은 허수아비에 불과한 존재가 되었다. 가평 3년 사마의가 병사하자 두 아들 사마사(司馬師, 208~255)와 사마소(司馬昭, 211~265)가 연달아 집정하였다.

사마사는 조방을 폐위하고 조모(曹髦, 241~260)를 고귀향공(高貴鄕公, 254~260 재위)으로 옹립하였으나 얼마 뒤 사망하였다. 이에 동생 사마소가 조모를 볼모로 정치를 농단하였다. 자신의 전횡에 조모가 비상한 수단을 강구하고 있다는 기밀을 탐지한 사마소는 사병을 궁중에 파견하여 조모를 시해하였다. 사마소가 옹립한 원제(元帝, 260~265) 조환(曹

奐, 246~302)은 연호를 경원(景元)으로 바꾸고 사마소를 상국(相國), 진공(晉公)에 봉하였다.

후일 촉을 멸하는데 큰 공을 세운 사마소는 진왕(晉王)에 봉해졌고 그를 따르는 무리들은 다투어 황제의 자리에 오르기를 청하였다. 사마소는 아직 오나라를 평정하지 못하였음을 이유로 등극을 마다하였으나 한편으로는 큰 아들 사마염을 부상국, 진 세자로 책립하였다. 함희 2년(咸熙, 265) 사마소가 병사하자 사마염이 진왕의 작위를 세습하였다.

사마염은 위의 사도(司徒)인 하증(何曾)을 진의 승상에, 표기장군 사마망(司馬望)을 진 사도에 임명하는 등 이미 황제와 다름없는 권력을 행사하여 조환은 명의상의 황제일 따름이었다. 일이 이 지경에 이르자 조환은 낙양성 남쪽에 수선단(受禪壇)을 세우고 함희 2년 12월 27일 사마염에게 황제의 자리를 물려주었다. 수선의 의식을 마치고 궁으로 돌아온 사마염은 국호를 진, 연호를 태시(泰始)로 정하였다.

제2장
궁궐과 궁중예제

제1절 궁궐

　유구한 역사를 가진 중국에는 역대로 수많은 왕조가 출현하였다. 이들 왕조는 예외 없이 특정 도시를 수도로 정하고 도성 건조를 국가의 대사로 간주하여 이를 위해 많은 노력을 경주하였다. 도성은 행정의 중심일 뿐 아니라 통치자의 기상(氣象)이 구체적으로 표현되는 곳이었다. 그렇다면 통치자의 기상은 어디에 드러나는가. 이는 다름 아닌 궁정, 정원과 같은 궁정 건축군에 그대로 표출되었다.

　『설문해자(說文解字)』는 "궁(宮)은 곧 실(室)이다"고 해석하고 있다. 이를 현대 중국어의 의미대로 해석한다면, 궁은 곧 사람이 거주하는 건물을 의미하는 것이다. 따라서 선진(先秦)시대에는 신분의 높낮이나 귀천에 상관없이 사람이 거주하는 공간을 모두 궁이라 칭하였다. 그러나 진한 이후에 이르러 역대의 왕조에서는 도교의 사원을 궁이라 칭한 이외에는, 궁은 황제가 정무를 보고 거주하는 지방을 지칭하는 명칭으로 굳어져 궁정 혹은 궁액(宮掖)이라 칭하고, 여타의 건축물은 감히 궁이라 칭하지 못하였다.

　궁정이야말로 봉건왕조 가천하(家天下)의 실질을 가장 잘 보여주는 곳이다. 궁정은 국가정무의 결정장소일 뿐만 아니라 모든 법령도 이곳에서 출발하였다. 따라서 궁정은 정치의 심장이라 할 수 있으며 동시에 황제의 집인 것이다. 중국 역대 황제들은 국가를 자기 가족의 소유물로 간주하였다. 이처럼 가족과 국가의 결합이라는 특징을 표출하기 위해 역대 왕조의 궁정은 모두 도성의 가장 좋은 자리에 상당한 면적을 차지하였다. 또한 통치권의 존엄을 드러내 보이기 위해 제왕이 거주하고 정무를 처리하는 궁정은 모두 거대한 규모와 화려한 장식에 치중하였다.

1. 궁궐건축의 원칙

궁정건축 체계는 선진시대에 이미 그 틀이 정해져 궁정, 종묘, 사직단 등 건축물은 모두 예제에 맞추어 규획과 배치가 이루어졌다. 이후 역대 왕조는 다소간의 변통이 없는 것은 아니었지만, 큰 틀을 벗어나지 않고 모두 이를 답습하였다. 선진시대에 마련된 궁정건축 예제의 요점은 좌북면남(坐北面南)의 방위표준, 전전후침(前殿後寢)의 사용원칙, 좌묘우사(左廟右社)의 배치방법, 삼조오문(三朝五門)의 건축규모에 벗어나지 않는 것이다.

1) 좌북면남

『역경(易經)』과 『장자(莊子)』등 고서의 기록에는 모두 군주가 조회에 임할 시에는 좌북면남의 방위를 잡는 것으로 되어있다. 1960년대 중국 사회과학원의 발굴대가 낙양 동쪽 언사(偃師) 이리두(二里頭)의 하(夏) 문화 유적지를 발굴하는 과정에서 대형 궁정 건축지를 발견하였다. 그 결과에 따르면 당(堂), 무(廡, 행랑), 문(門), 정(庭) 등으로 이루어진 이리두건축군의 배치는 상당히 엄격한 배치구조에 따라 주건축물과 부속건물의 구분이 분명하였다. 그 규모나 특징 및 지층자료를 종합한 결과

이 건축물 유지는 하 왕조 후기 왕궁의 일부분으로 판명되었다. 약 1만 ㎡에 이르는 건축물은 기본적으로 좌북면남의 방위를 차지하고 있었다. 이리두 유적의 발굴로 『역경』과 『장자』의 기술이 정확하다는 것이 밝혀지게 되었다.

한편 역대 왕조 궁정건축의 실례를 보더라도 좌북면남의 원칙은 궁정 건축 시 준수된 중요한 원칙의 하나였음을 알 수 있다. 예를 들어 한 미앙궁(未央宮) 정전(正殿)의 유지, 당 태극궁(太極宮)과 대명궁(大明宮), 송 대경전(大慶殿), 명청의 대전(大殿)은 모두 좌북면남의 방위를 지키고 있다. 이처럼 중국 역대 왕조의 궁전이 모두 같은 방위를 고수하고 있는 이유에 대해서는, 대체적으로 북반구의 중간쯤에 위치한 중국의 지리적 환경과 관계가 있어 채광과 보온을 우선시한 결과라는 것이 공통된 의견이다.

2) 전전후침

상은 여러 차례 수도를 옮겼는데 최후의 도읍지는 현 하남성 안양시 서북의 소둔촌(小屯村)이었다. 이곳 궁전 유적지의 발굴결과로 보면 당시 궁전건축물의 배치는 대략 북, 중, 남 3구역으로 되어 있었음을 알 수 있다.

북구(北區)에서는 대소 15개 건축물의 터가 발견되었는데 평면은 방형, 장방형, 요(凹)자형 등으로 상당히 다양하며 방위는 남향, 동향으로 중간에 사람이나 동물을 묘장한 흔적이 없는 것으로 보아 은 왕실의 주거구역이었던 것으로 보인다.

중구(中區)는 남북으로 약 200m에 달하며 대소 21곳의 건축 유지가 발굴되었는데 북구에 비해 건물의 배치가 정돈되어 있다. 중구에는 세 개의 문이 있었던 것으로 보이는데 첫 번째 문은 맨 남쪽에 위치하고

그 밑 부문에 생인(牲人)과 생축(牲畜)을 매장하였다. 또한 각 문의 유
지 밑에는 4~5명의 생인이 창과 방패를 쥔 채로 매장되어 있었으니, 이
곳은 종묘와 정무처리 기구의 소재지였을 것으로 추측된다.

남구(南區)는 중구의 서남쪽, 즉 좌북면남 방위의 우측에 위치하며
규모는 비교적 작은 편으로 17곳의 건물 유지가 발굴되었다. 남구 건축
군의 중심은 맨 북쪽에 위치하는 방형 건축물이다. 그 남쪽에는 남북이
길고 동서가 좁은 두 개의 길다란 건물 유지가 좌우로 대칭을 이루고
있으며, 그 중간부분에 횡으로 기지(基址)가 나 있는 것은 문지(門址)였
던 것으로 추측된다. 여타 건축물은 방형 기지의 양측에 대칭을 이루며
자리하였는데 주목을 끄는 부분은 구내에 생축은 동쪽, 생인은 서쪽에
질서정연하게 매장되어 있다는 것이다. 이로 미루어 보건대 남구는 왕
실의 제사지였던 것으로 보인다. 남구의 건축군은 북구나 중구에 비해
늦게 축조된 것으로, 이는 은의 왕궁이 순차적으로 조성되었음을 보여
주는 것이다.

상 궁정 유지의 특징은 전체적인 모습이 대략 자오선과 평행된 종축
선을 따라 주종이 결합되어 비교적 큰 건축군을 형성하고 있다는 것이
다. 이와 같은 배치방법은 후대 각 왕조 궁정 건축에서 일반적으로 이
용되었던 전전후침 및 종심(縱深)의 대칭 배치방법과 매우 유사한 까닭
에 이러한 건물 배치법이 상대에 처음 시행된 것이라는 주장은 크게 지
나치지 않을 것이다.

이른바 전전은 정무를 처리하는 장소인데 전각은 모두 궁정 전체 건
축군의 남쪽에 위치하여 붙여진 것으로 전조라고도 한다. 반면 왕과 후
비 등 왕족의 침궁은 모두 궁정의 북쪽, 곧 전전의 후면에 위치하였다.
여기에서 전후는 좌북면남의 방위를 기준으로 한 것이다. 북경의 자금
성을 예로 들자면, 오문 이북 건청문 이남의 3대전(大殿)을 중심한 전각
이 전조에 해당하고, 건청문 이북의 궁전은 후침 혹은 후궁이라 한다.

3) 좌묘우사

『주례(周禮)』「고공기(考工記)」에 이르길 "국도(國都)의 건설에 있어 도성은 각 면의 길이가 9리에 이르는 방형을 취하며 각 면마다 3개의 문을 둔다. 성내의 동서와 남북으로는 각기 9개의 가도(街道)를 두는데 남북을 잇는 각 가도의 폭은 마차 9대가 비켜갈 수 있는 넓이[32]로 한다. 천자의 궁실은 성의 중앙에 두되 궁궐의 외벽과 궁전의 문은 모두 남향으로 한다. 왕궁의 좌측에는 종묘를, 우측에는 토지신과 오곡신을 모신 사직단을 둔다. 궁궐의 북쪽 담 밖은 시장을 두어 궁시(宮市)라 한다"고 되어있다.

「고공기」의 묘사를 통해 궁실을 주체로 구성된 상당히 거대한 고대 도성건축의 전체적인 배치상황을 살펴볼 수 있다. 주대 구체적인 도성 구획은 호경(鎬京) 유지에 대한 고고학적 발굴을 기다려야겠지만, 춘추전국시기 조나라의 수도였던 한단(邯鄲) 왕성(王城) 유지를 통해 보이듯 춘추전국시대 소규모 제후국의 도성도 모두 왕궁을 주체로 전체적으로 잘 계획된 도성의 모습을 보여주고 있는 것으로 보아 「고공기」의 기록은 신뢰할 수 있다 하겠다.

「고공기」에는 좌묘우사의 배치원칙에 관해 언급하고 있다. 이후 역대 왕조는 모두 도성 건축 시 이 원칙을 준수하였으니, 명청의 예를 보더라도 고제(古制)에 맞추기 위해 태묘(太廟)를 천안문(天安門)과 단문(端門) 사이의 동광장에, 사직단은 서광장에 배치하여 대칭을 이루도록 하였다.

---

[32] 보통 고대 마차의 폭 6척(尺) 6촌(寸)에 바퀴머리를 포함하면 합계 8척이 기준이었다. 따라서 남북을 잇는 각 가도의 폭은 7장 2척이 되는 셈이다.

4) 삼조오문

『시경(詩經)』「대아(大雅)」, 『주례(周禮)』「천관(天官)」, 『좌전(左傳)』
등에는 모두 주나라의 궁실이 '오문, 삼조'[33]의 형태를 갖추고 있었다는
기록과 더불어 그에 대한 묘사가 이어지고 있다.

오문에 대해 정현(鄭玄)은 "왕궁에는 문이 다섯 있어 밖으로부터 고
문(皐門), 치문(稚門), 고문(庫門), 응문(應門), 노문(路門)이라 한다"고 해
석하였다. 이는 주 천자가 거주하는 궁실은 밖으로부터 안쪽으로, 즉
남으로부터 북으로 총 5개의 문이 있고 각 문의 사이에는 건물이 들어
서 있다는 의미이다. 이와 같은 궁실 배치는 방어를 위한 현실적인 고
려 이외에 예제에 따른 존숭의 의미도 포함하고 있다.

5개의 문 사이에 존재하는 각 건축물의 배치와 용도에 관해서는 『주
례(周禮)』「추관(秋官)」에 언급되어 있는데 정현은 이를 "천자와 제후는
모두 외조 하나, 내조 둘의 삼조를 두는데 노문 안쪽의 내조는 연조(燕
朝)라고도 한다"고 해석하였다.

사전적 의미에 따르면 본시 신하가 군주를 알현하는 것을 조라 하였
다. 여기에서 파생된 의미로 군주가 신하를 만나 국사를 논하는 곳도
역시 조라 하였으며, 내 혹은 외로 소재 위치를 구분하였다. 역시 정현
의 해석에 따르면 외조는 고문(庫門) 밖 고문(皐門) 안에 위치한다. 곧
외조는 궁실의 맨 바깥문과 세 번째 문 사이에 위치하여 궁궐에 들어가
자마자 그리 멀지 않은 곳에 위치하였다. 이곳에서는 추관(秋官) 대사
구(大司寇) 휘하의 관원들이 모여 정무를 관리하고 의결하였다.

---

[33] 삼조의 이름은 시대에 따라 변화가 있었다. 고대에는 외조(外朝), 치조(治朝),
연조(燕朝)를 삼조라 하였으나 당에서는 대조(大朝), 상조(常朝), 입합(入閤)이
라 칭하였다. 송에서는 대조(大朝), 상참(常參), 육참(六參) 및 삭망참(朔望參)
이라 하였다.

내조는 두 곳으로 나뉘는데 노문 밖에 위치한 것을 치조(治朝)라 칭하였다. 이곳은 천자가 거처하는 침궁에서 멀지 않은 곳으로 하관(夏官) 대사마(大司馬) 휘하의 관료들이 관리하는 곳으로 매일의 조회가 거행되는 곳이다. 한편 노문 이내, 곧 내정에서 거행되는 조회를 연조(燕朝)라 하는데 이는 천자가 종실의 혼례나 관례를 거행하거나 제후(諸侯)와 군신(群臣)을 위해 연회를 베푸는 일종의 의례활동의 공간이다. 삼조오문의 제도는 후대의 왕조, 특히 수 이후 역대 왕조에 답습되어 궁정건축의 배치양식에 큰 영향을 끼쳤다.

삼조오문의 궁정건축 양식은 실제로는 시대에 따라 많은 변화가 있었다. 전국시대 이후 역대 왕조의 도성건축에서는 삼조오문의 궁정건축 체계가 제대로 지켜지지 않았다. 수대에 장안 대흥성(大興城) 건축과정에서 삼조오문제도가 회복되었다. 단명한 수를 이은 당 장안성 건축의 기본구조는 대흥성의 그것과 크게 다르지 않아 장안성에는 승천문(承天門), 태극문(太極門), 주명문(朱明門), 양의문(兩儀門), 감로문(甘露門)의 오문과 외조 봉천문(奉天門), 중조 태극전(太極殿), 내조 양의전(兩儀殿)의 삼조가 두어졌다. 원의 대도(大都) 궁성은 삼조오문의 건축규제를 취하지 않았다. 명의 남경 궁전은 다시 삼조오문의 규제를 채용하여 홍무문(洪武門), 승천문(承天門), 단문(端門), 오문(午門), 봉천문(奉天門)의 오문과 봉천전(奉天殿), 화개전(華蓋殿), 근신전(謹身殿) 삼전(조)을 두었다. 1421년 성조(成祖)가 북경으로 천도하면서 남경은 유도(留都)로 정해졌다.

명 성조가 추진한 북경 궁궐의 건설은 기본적으로 남경의 것을 모방하였다. 청 역시 북경을 도성으로 삼았는데 순치제대에 대명문(大明門)을 대청문(大淸門), 봉천전(奉天殿)을 태화전(太和殿)으로 바꾸고 건청궁(乾淸宮)을 일상정무 처리장소로 바꾼 외에는 별다른 변화를 주지 않았다. 명대 자금성의 오문은 대명문(大明門), 천안문(天安門), 단문(端門),

오문(午門), 태화문(太和門)이었다. 청대 오문은 대청문(大淸門)이 아닌 천안문부터 시작하여 단문, 오문, 태화문과 건청문을 포함하였으며 삼전은 태화전(太和殿), 중화전(中和殿), 보화전(保和殿)을 칭하였다.[34] 곧 청대에는 천안문 밖을 외조, 오문 이내를 치조라 하였다. 이처럼 삼조 오문의 구체적 위치와 명칭은 왕조에 따라 차이가 있었다.

2. 황실 정원

기록에 따르면 주 문왕이 조성한 영유(靈囿)는 중국 최초의 왕실전용 정원이었다. 문왕은 영유 안에 높이 2장(丈)[35] 주위가 약 1백보(步)[36]에 이르는 영대(靈臺)를 쌓고, 또한 물을 끌어들여 이곳을 영소(靈沼)라 하였다. 유, 대, 소의 결합은 자연풍광과 인공적인 구조물이 하나로 융합된 형식으로 이후 인문경관을 중시하는 중국 원림(園林) 조경법의 기초가 되었다. 이후 주 왕실과 각 제후들은 모두 원림 가운데 누대를 쌓아 경관을 조성하였다. 비록 이러한 누대는 모두 봉화대 혹은 천문대 등

---

[34] 청대 3전의 기능을 보면 태화전은 중요 정령의 반포, 천자등극, 대조회, 황제 생신축하 등 행사가 열리는 장소였다. 중화전은 대조 전 황제가 휴식을 취하는 장소였으며, 보화전은 연회 및 전시(殿試)가 거행되는 장소였다.

[35] 1장(丈)의 길이는 시대에 따라 달랐다. 상대(商代)의 1장은 오늘날 미터법으로 환산하면 169.5cm로 당시 성인 남자의 신장 정도에 해당하여 여기서 장부(丈夫)라는 칭호가 생겨나게 되었다. 주(周)와 진(秦)에서는 약 231cm, 한(漢)에서는 213.5—237.5cm 사이였다. 삼국시기 1장은 242cm, 남조에서는 약 258cm, 북위에서는 309cm, 수에서는 296cm, 당에서는 307cm였다. 송원시기 1장은 316.8cm 가량이었고 명청대에는 311cm였다.

[36] 1보(步)의 길이 역시 시대에 따라 차이가 있었다. 상대 1보의 길이는 미터법으로 환산하면 84.75cm에 달하였고, 주에서는 159.28cm, 진에서는 138.6cm였다. 한에서는 대략 106.75~118.75cm, 삼국시기에는 121cm, 남조에서는 129cm, 북위에서는 154.5cm였다. 수에서는 148cm, 당에서는 153.5cm, 송원대는 138.4cm, 명청대는 155.5cm에 상당하였다.

실제적인 목적을 위한 것이기는 하였지만, 이러한 조형물을 통해 풍경
미를 증가시키려는 의도가 작용했음을 부인할 수는 없을 것이다.

　춘추전국시대 여러 패자(覇者)들은 일단 득세하면 궁실 전용의 정원
을 조성하는데 한결같은 노력을 쏟았다. 예를 들어 오왕 부차는 패자의
자리에 오르자 기존의 오동원(梧桐園)이 양에 차지 않아 백성을 동원하
여 3년간에 걸친 공사 끝에 주위가 5리에 이르는 고소대(姑蘇臺)를 완
성하고 비빈과 궁녀 수천을 거느리고 주야로 이곳에서 음주와 가무를
즐겼다고 한다.

　한 무제는 기존의 장락(長樂), 미앙(未央) 두 곳의 궁전 이외에 새로
이 건장궁(建章宮)을 수축하고 뱃놀이를 위해 태액지(太液池)를 조성하
였다. 전하는 바에 따르면 태액지 안에는 영주(瀛州), 봉래(蓬萊), 방장
(方丈) 등 신선이 산다는 세 곳의 산을 상징하는 인공섬을 만들었다. 또
한 무제는 호수에 비치는 달빛을 관상하기 위해 영아지(影娥池)를 만들
고 수백 명이 탈 수 있는 달맞이 배를 만들어 달 밝은 밤 궁녀들이 노
젓는 배를 타고 달구경을 했다고 한다.

　한대 가장 유명한 황실전용의 원림으로는 상림원(上林苑)을 들 수 있
다. 주위가 300리에 이르는 상림원에는 이궁이 70곳, 호수가 6곳에 3천
여 종에 이르는 각종 초목과 헤아릴 수 없는 동물을 사육하여 가을과
겨울 동안 황제의 사냥터로 이용되었다.

　상림원의 남쪽에 조성된 곤명지(昆明池)는 원래 수군의 훈련을 위해
만들었으나 후일 뱃놀이 장소로 변하였다. 전하는 바에 따르면 곤명지
근방에는 계수나무로 기둥을 세운 파전(波殿)이 있어 바람이 불면 그
향기가 사방을 진동시켰다 한다. 이상으로 미루어 보건대 한은 역대 중
국왕조 가운데 원림의 조성에 가장 많은 노력과 경비를 쏟아 부은 왕조
로 기록될 수 있을 것이다.

　특히 한의 원림 가운데 가장 규모가 컸던 상림원은 사냥, 휴식, 저수,

생산을 겸비한 종합적 원림이었다. 한편 태액지 가운데 조성된 3곳의 산(섬)은 후대 왕조 황실원림의 조성 형식인 일지삼산(一池三山)의 모델이 되었다. 뿐만 아니라 태액지라는 명칭은 당과 청 두 왕조 황실원림의 명칭으로 그대로 이용되기까지 하였다.

위진(魏晉) 이래의 심미적인 요소를 가미한 당의 원림은 자연미와 인공미의 조화를 추구하는데 모아졌다. 여산(驪山) 아래 조성된 화청궁(華淸宮)은 당대 장안 부근에 조성된 여러 이궁 가운데 가장 대표적인 곳이었다. 한 이후 온천으로 유명한 여산에 이궁을 처음 수축한 것은 태종이었으나 현종대에 화청궁으로 이름을 바꾸고 대대적인 개수를 통해 궁전과 관아 및 성벽을 새로 쌓았다. 현종대에 새로 지은 궁전은 비상전(飛霜殿)이라 이름하였는데, 궁성의 동쪽은 황제의 침궁과 연화탕(蓮花湯)이라 불린 현종의 목욕탕 및 부용탕(芙蓉湯)이라 불린 양귀비의 욕실이 있었다.

청은 한과 더불어 역대 왕조 가운데 황실 원림의 조성에 매우 심혈을 기울인 또 다른 왕조의 하나였다. 다만 강희 중엽 이전까지 청조는 정권의 공고화에 여념이 없어 새로운 원림 건설에는 눈을 돌릴 여력이 없었고 원, 명대에 남겨진 정원의 유지에 급급하였다.

정국이 안정된 강희 후기부터 청조는 원림 조성에 나서 창춘원(暢春園), 향산(香山) 정의원(靜宜園), 승덕(承德) 피서산장(避暑山莊)이 속속 완성되었다. 옹정대에 완성된 청 황실의 세 번째 원림인 원명원(圓明園)은 화려한 건축, 정교한 장식, 자연경관과 인공을 적절하게 배합한 조형미로 인하여 원림중의 원림이라는 찬사를 받게 되었다. 이로써 청대에는 북경에만도 원명원, 창춘원, 만수산(萬壽山), 청의원(淸漪園), 옥천산(玉泉山) 정명원(靜明園), 향산 정의원 등 이른바 삼산오원(三山五園)을 갖게 되었다. 곧 청조는 황실 원림의 규모와 수량면에서 역대 중국 왕조의 최고봉을 이루었다.

제2절 외조와 내정

1. 외조의 권한과 직무

외부와 격리된 황궁에서 생활하는 황제가 정무를 처리하기 위한 가장 편한 방법은 궁궐의 가장 남쪽 궁문(곧 고문(皐門))안에 대신들이 정사를 논하고 주접(奏摺)을 준비할 기구(장소)를 마련해주는 것이다. 이와 같은 황제의 지근거리에서 정무를 처리하는 기구와 인원을 외조라 한다. 문헌기록에 따르면 주 천자의 외조는 고문(皐門) 안 고문(庫門) 밖에 위치하였다. 한의 경우는 미앙궁 정전의 가장 북쪽 제일 고층의 선실(宣室) 및 동서 양쪽 회랑이 황제가 정무를 처리하는 장소로 승상을 주축으로 하는 몇몇 아서(衙署)는 정전 뒷면의 북궁문(北宮門) 내에 위치하였다. 곧 이 지역은 국가의 법정 최고행정기구가 위치하여 황제의 조령은 이곳을 통해 천하에 전달되었다.

당의 중앙관서는 황성의 남쪽 정문인 주작문(朱雀門) 안의 한가운데인 천가(天街) 양측에 위치하였다. 황궁이 소재한 궁성은 황성의 북쪽에 위치한 관계로 중요한 아서는 모두 천가의 북쪽 끝, 궁성에 가까운 곳에 배치하였다. 당의 궁실은 태극궁(太極宮), 동궁(東宮), 액정궁(掖庭宮) 등으로 이루어져 있었는데 그 가운데 태극궁이 궁실건축군의 중심을 이루며 태극전이 정전이었다.

매월 삭망이면 태극전에서는 내조의식이 거행되었다. 태극전의 양쪽 회랑밖에는 문하성, 중서성과 홍문관 등 조령과 문서를 작성하는 기관들 및 황제의 고문기구가 위치하여 황제의 정무처리를 도왔다. 태극전 북쪽의 양의전(兩儀殿)은 황제가 일상적인 정무를 처리하고 국가대계를 결정하는 곳으로 내조가 업무를 보는 곳이기도 하였다. 양의전 뒷편의 감로전(甘露殿), 신룡전(神龍殿)은 바로 황제의 침궁이다. 궁성의 남쪽 정문은 승천문(承天門)으로 국가의 중요한 경전(慶典)이 이곳에서 행해지는데 이런 경우에는 황제도 직접 참가하였다. 승천문에서 황제가 참가한 가운데 벌어지는 경전은 예의(禮儀)를 위주로 한 외조활동의 하나였다. 곧 승천문은 궁성 내에서 황제가 활동할 수 있는 가장 남쪽 한계선으로 이곳에서 남쪽으로 발을 옮기면 황궁을 벗어나게 되는 것이다.

송의 수도 동경(東京, 현 개봉시)은 외, 내, 궁성의 3중으로 이루어져 있었으며 황제와 그 가족이 거주하는 궁성은 내성의 중앙에 위치하였다. 궁성의 남쪽 중앙에는 선덕루(宣德樓)가 있고 그 북쪽 남북으로 이어지는 중심선의 남쪽 끝은 외조의 밀집지역이었다. 이 가운데 가장 남쪽에 있는 대경전(大慶殿)은 9칸으로 황제가 정무를 보는 곳이며, 자신전(紫宸殿)은 남북중심선의 서쪽에 위치하며 이와 평행되게 배치된 문덕(文德)과 수공(垂拱) 두 전당은 매일의 조회와 연회의 장소로 이용되었다. 황제의 침궁과 황실정원은 외조 제전(諸殿)의 북쪽에 위치하였다.

입관 이래 명의 제도를 답습하던 청조는 1658년 내삼원(內三院)을 내각으로 개편하여 정무를 총괄하도록 하고 대학사에게는 전각의 이름을 더하였다. 내각의 업무처리 장소는 궁내의 문화전(文華殿)과 무영전(武英殿)이었다. 1729년 황제의 통치권을 강화하고 군사적인 필요에 부응코자 보화전(保和殿) 서북쪽 귀퉁이의 융종문(隆宗門) 안에 군기방(軍機房)을 두고 기무를 관장토록 하였으며, 1732년 군기방을 판리군기처(辦理軍

機處)로 개명하였다. 다만 판리군기처는 정식기구가 아니었으며 독립된 아서도 없고 소속 관리도 없는 편제 이외의 임시기구에 불과하였다.

판리군기처가 성립된 이후 왕대신회의와 강희대에 성립된 남서방(南書房)이 폐지되었다. 이후에도 내각은 존재하기는 하였으나 일반적인 행정사무만을 관장하는 기구로 전락하였고 6부도 권한이 축소되어 황제와 군기처의 명을 받아 일반 행정업무를 처리하는데 불과하였다.

이상은 각 왕조의 정무처리 상황을 개괄적으로 살펴본 것이고 이제부터 외조의 직장에 대해 본격적으로 살펴보도록 하자. 여기에서 말하는 외조는 최고정무장관이 영도하는 실제정무집행기구를 말하는데, 이 장관의 명칭은 각 왕조마다 차이가 있었지만 개괄적으로 재상 혹은 승상이라고 할 수 있다.

중국 재상제도의 변화과정은 크게 3시기로 나누어 살펴볼 수 있다. 그 첫 단계는 진한시기로, 대체로 이 시기 황제들은 재상의 권력을 존중하였기에 재상은 백관을 거느리고 외조를 장악하여 마음 놓고 시정을 펼칠 수 있었다. 곧 이 시기 황권과 상권(相權)은 상호보완적인 관계에 있었다. 황제는 재상에 대한 예우와 신뢰를 나타내기 위해 국가정무 처리에 관한 대권을 완전히 재상에게 일임하였다. 재상 또한 황제에 대한 존숭과 공정함을 나타내기 위해 처리하는 모든 업무는 반드시 사전에 황제에게 일일이 재가를 얻었다. 혹 황제의 사전 승낙 없이 일을 처리한 경우에는 사후에라도 반드시 황제의 추인을 구하였다.

전한 중엽 이후 상권이 너무 비대해짐을 우려한 황제들은 근신을 중용하여 마침내 재상제도가 본래의 모습을 잃어가기 시작하였으며 후한대에 이르러 결국 상서, 중서, 문하의 3성제도로 발전하게 되었다. 전한대에 처음 설치된 상서의 권한은 후한대에 더욱 막중하여 남북조시기에 이르면 상서성의 권한이 극도로 팽창되어 당시의 최고행정기구로 변화되었다. 상서성의 장관은 상서령이라 하며 이 직을 맡은 자는 모두

가 원로중신들이었다.

중서의 기원 역시 전한대로 문한(文翰)의 기관을 장악하였다. 위 문제 조비 즉위 후 중서성으로 개칭하였는데 정직(正職)을 감(監), 부직(副職)을 령(令)이라 하였으며 기밀을 관장하였다. 남조의 양, 진에 이르러 명문망족 출신의 중서감, 령이 실제 정무처리에 별다른 효과를 발휘하지 못하자 황제들은 한문(寒門) 출신의 중서사인(中書舍人)을 중용하였다. 당시 중서성은 기밀을 장악하여 황제와 가장 가까이에서 정무를 처리하고 모든 조령이 중서성을 통해 전해졌기에 마침내 상서성을 대신하여 중앙의 최고결정기구로 변하였다.

문하성의 장관은 시중이라 하며 진(秦)대부터 이같은 관직이 존재하였다. 애초 문하시중의 직무는 황제의 마차, 의복, 일상집기를 관리하는 것이었다. 직무관계상 황제의 지근거리에서 활동하며 점차 상서의 주접을 접할 기회를 갖고 기밀에 참여하면서 권세가 점차 더해갔다. 결국 진(晉)에 이르러 독립된 문하성이란 기구가 성립되고 시중을 그 수령으로 하였다. 동진 이후 문하의 권력은 점차 확대되어 중서의 권한을 침식해 들어갔으며 북조의 경우에는 시중의 권한이 특히 막강하였다. 이 무렵 문하성은 이미 상서, 중서와 어깨를 나란히 하게 되었고 그 가운데서도 문하의 권한이 제일 막강하였다.

진한대 승상의 권한이 막강하였기에 황제들은 상권을 억제할 방안을 강구하게 되었고 결국 내조의 힘을 키워 외조를 견제하기 시작하였다. 처음에는 상서로 하여금 승상의 권한을 대체하도록 하고 뒤이어 중서로 상서를 대치하였으며, 최후에는 문하의 힘을 빌려 중서의 권한을 분산시켜 결국 수당대에 이르러 중서 출명, 문하 봉박, 상서 봉행의 3성제도가 확립되었다

3성제의 시행은 종래 재상 한 사람에게 집중되어 있던 권력을 3부분으로 나누어 3개의 대등한 기구에 분산시킨 것이다. 당 태종은 이처럼

3개의 기구가 서로를 견제하는 제도가 정무의 집행에 이롭지 못함을 간파하고 상호 의견교환을 위해 문하성의 정사당(政事堂)에 모여 공동으로 정무를 논하도록 하였다. 현종의 개원(開元) 연간 정사당은 중서문하로 개칭하였으며 그 아래 이방(吏房), 추기방(樞機房), 병방(兵房), 호방(戶房), 형례방(刑禮房)을 두어 각 방면의 행정사무를 관장토록 하는 재상제도를 대표하는 기관으로 하였다.

수당의 3성제도는 황권의 절대성이 한층 강화되는 계기가 되었다. 곧 3성이 서로 견제하는 과정에서 황권은 더욱 증강되고 상권은 점차 유명무실하게 되어 이로부터 황권이 극도로 강화될 수 있었다.

송 초, 지방의 권한을 중앙으로 집중시키는 데 총력을 기울인 조광윤은 다시 중앙의 권력을 황제 한 사람에게 집중시켜 재상의 권력은 완전히 소실되고 황제전제체제가 굳어지게 되었다. 곧 황제는 국가를 개인의 재산으로, 재상을 황제의 노복 정도로 간주하였다. 송대 재상의 정무처리는 사전에 반드시 황제의 의견을 구한 이후 구체적인 시행방법을 강구하고, 결정된 사항을 재차 황제에게 보내 잘못된 점이 있나 없나 심사를 거친 연후에 최종적으로 확정하도록 하였다. 결국 재상은 문서 작성자 수준에 불과하게 되었을 뿐만 아니라, 이때부터 재상은 군사와 재정문제는 물론이고 관리에 대한 고찰(考察)이나 용인(用人)의 권한마저 박탈되어버렸다.

명청 양대는 황제전제체제가 극도로 발전된 시기로 모든 대소정무는 황제 일인에 의해 전단되었다. 주원장은 이선장(李善長), 호유용(胡惟庸)의 상권을 빼앗기 위해 터무니없는 죄목으로 호유용을 살해하고 3만여 명을 처단하였으며 이때부터 재상을 아예 폐지하고 자신이 직접 6부를 지휘하였다. 곧 황권과 상권이 하나로 결합되어 더 이상 권력이 분산될 염려는 하지 않아도 되었다. 청은 명의 제도를 이어 받아 내각학사는 이름만 남았을 뿐 실제권한은 아무 것도 없었다.

이상에서 살펴보았듯이 외조의 직권은 진한 이래 점차 약화되어 명청대에 이르러서는 황제의 자문에 응하는 관원 정도로 격하되었다.

2. 내정의 직무

한대 황궁을 외정과 내정으로 구분하였는데 내정은 후궁(後宮)이라고도 하였으며 황제의 거처이다. 후궁에는 황제를 비롯한 황후와 각종 명호의 비빈, 황제의 자식들이 거주하고 이들 황실가족보다 훨씬 많은 수의 태감과 궁녀가 있어 황실의 일상생활을 보살폈다.

후궁에 거주하는 전체 인구 가운데 황제와 그 가족은 그다지 많지 않았으나 이들의 사치스러운 생활은 엄격한 등급에 따른 예의규칙에 맞추어졌다. 따라서 역대 왕조의 내정에는 황실의 생활을 위한 각종의 황실 전용 기구와 그에 상응하는 시설이 갖추어졌다. 예를 들어 한의 미앙궁 내에는 동직실(東織室)과 서직실(西織室)이 있어 황실에서 필요로 하는 각종 옷감을 전문으로 제작하였다. 직실과 밀접한 관계를 갖는 폭실(暴室)은 전문적으로 황실에서 사용하는 옷감의 염색만을 담당하였다. 직실과 폭실에서 일하는 장인의 수가 적지 않았기에 이들의 출입을 위해 미앙궁의 서북쪽 귀퉁이에는 특별히 작실문(作室門)을 두기도 하였다.

겨울철 미앙궁의 난방은 탄을 이용하고 여름에는 얼음을 이용하여 더위를 식혔다. 아직 인공으로 얼음을 만들지 못하였던 당시 황실에서 여름에 사용하는 얼음은 모두 겨울철에 따로 지하창고에 보관해 두었다가 여름에 사용하였다. 황실전용의 얼음창고는 능실(凌室)이라 불렀으며 이곳을 관리하는 자는 능인(凌人)이라 하였다.

『주례(周禮)』「천관(天官)」의 기록에 따르면 이미 주대에 능인이 얼음의 채취와 보관을 맡았으며 한의 궁실에서도 이 전통이 그대로 이어졌다. 미앙궁의 능실은 규모가 상당히 커 얼음을 보관할 뿐만 아니라 여타 궁중에서 필요로 하는 식품까지 보관하는 대형 냉장고와 같은 구실을 하였다.

송대는 궁실의 생활사에 관한 자료가 비교적 많이 남아있다. 기록에 따르면 송의 황성인 대경전(大慶殿) 안 동문 부근에는 육상(六尙)[37] 가운데 궁정의 음식만을 전문적으로 담당하는 상식이라는 기구가 있어 조리가 모두 여기에서 이루어졌다. 황제가 믿을 수 있는 내시 4명이 총괄하는 이곳의 정식근무인원만도 1,069명에 이를 정도로 그 규모는 대단했던 것으로 알려진다.

내물료고(內物料庫)라고도 칭하는 공비고(供備庫)는 쌀, 면, 꿀, 대추, 콩과 같은 물건을 전담하고 선덕십물고(宣德什物庫)는 여타 궁중의 생필품을 정해진 수량에 맞게 분배하였다. 차와 술은 한림사(翰林司)에서 관장하였으며 의료와 보약은 어의원에서 관장하였다.

육상국 가운데 상식은 이미 언급한 대로이고 나머지 다섯의 직무를 살펴보면 상약은 진단과 조제, 상온은 술과 식초의 제조, 상의는 의복과 관, 상사는 궁중에서 쓰이는 천막의 제작과 보관, 상련은 궁내의 마차와 안장 등을 관리하였다. 황제가 즐기는 완상품이나 후비의 장식품 및 기타 공예품은 제작소에서, 쓰고 남은 물품이나 현금의 보관은 내장고에서 관장하였다. 봉신전(奉宸殿)에는 오대십국의 궁중에서 획득한 금은보석 등 귀중품이 보관되었고 천장각(天章閣)과 보문각(寶文閣)은 송조 역대 황제들의 시문, 도서, 문물을 수장하였다.

궁중에서 복역하는 자들은 내시성(內侍省)과 입내내시성(入內內侍省)

---

37) 상관(尙冠), 상의(尙衣), 상식(尙食), 상욕(尙浴), 상석(尙席), 상서(尙書) 등으로 황실에서 쓰는 물건을 전문으로 맡는 기구이다. 수에서는 전내성(殿內省)에 속하고 상식(尙食), 상약(尙藥), 상의(尙衣), 상사(尙舍), 상승(尙乘), 상련(尙輦)의 여섯 국이 있었다. 당에서는 전중성(殿中省)이라 고쳤다. 송에서는 상승(尙乘) 대신 상온(尙醖)을 설치하고 육상이라 하였다

에 소속되었는데 이는 각기 전성(前省), 후성(後省)이라고도 하였다. 둘 가운데 후성이 전성에 비해 황제와 황실에 더욱 가까이 접근할 수 있어 궁전 내에서 시중을 들었다. 이들은 비록 하는 일이 하찮은 것이었지만 황실의 신임을 받을 수 있었다. 여타 물건을 운반한다든가 하는 일은 내시성의 소관사항이었다. 궁중에 출입하는 사람들의 관리는 내동문사(內東門司)가 맡았는데 그들은 내정 인원의 명부를 관장하였다.

궁중에서 다량으로 소모되는 소모품의 제작과 공급은 궁성 밖의 제사(諸司)가 담당하였다. 예를 들어 법주고(法酒庫)는 술 빚는 누룩과 제사용 술의 양조를, 우양사(牛羊司)는 제사용 가축을 담당하였다. 치즈나 버터와 같은 상식용의 유제품은 유락원(乳酪院)이, 공봉고(供奉庫)·잡물고(雜物庫)·시매사(市買司)와 같은 기구는 주로 구매를 담당하여 궁중에서 필요로 하는 물품을 때에 맞추어 공급하였다.

동서의 작방(作坊)은 병기와 깃발 및 황제 출정 시 사용하는 천막의 제조를, 궁성과 태묘의 보수유지는 수내사(修內司)가 담당하였다. 문사원(文思院)은 상계(上界)와 하계(下界)로 구분되었다. 상계는 금은보석을 이용한 집기와 장식물 제작을, 하계는 구리·철·나무와 같은 재료를 이용한 물건 제작을 맡았다.

황실에서 이용하는 옷감의 제조는 금능원(錦綾院), 옷 만드는 일은 재조원(裁造院)이 맡았으며 외제사(外諸司) 가운데는 곡식·차·주차세(舟車稅) 및 건물임대료 징수를 담당하는 부문도 있었다.

한 가지 흥미로운 것은 외제사 가운데 저당소(抵當所)라는 부문이 있었다는 것이다. 저당소는 황제가족을 대신하여 민간에 담보를 잡고 대출해주는 대신 이자를 받는 전당포와 같은 기구로『송사(宋史)』의 기록에 따르면 이자율은 2할에 달하였다.

이상 살펴본 송 궁실의 내외제사는 구체적인 직무를 갖고 있는 것에 한정한 것이고 태감과 궁녀는 제외한 내용이다. 이것만 보아도 황실의

살림 규모를 충분히 짐작해 볼 수 있을 것이다. 덧붙여 말하자면 송 내
정의 제사는 명조의 내부(內府) 아문에 비하면 규모면에서 아무것도 아
니라는 사실이다.

제3절 궁중예제

예는 본래 신에게 제사를 지내 복을 기원하는 일종의 의식활동을 의
미하였다. 『설문해자(說文解字)』에 따르면 예는 애초 신을 섬기는 의식
에서 출발하여 모든 예의를 총칭하는 의미로 확대되었다. 이와 같은 신
을 섬기는 의식은 씨족사회시대에 이미 출현하였다. 후일 국가가 형성
되고 전쟁, 회맹, 연회와 같은 국가의 모든 활동이 신에 대한 제사와 연
계되면서 예의 개념과 성질이 바뀌게 되어 점차 계급사회의 통치수단
으로 변질되었다.

통치집단 내부의 질서를 조정하고 종법제도를 공고히 하기 위해 원
래의 예에 보충과 수정을 가하여 법정의 전장제도로 굳어진 것이 주공
단(旦)이 만든 『주례(周禮)』이다. 그 내용은 매우 광범위하여 사회와 국
가의 거의 모든 부분, 심지어는 개인의 언행까지 상세하게 규정하고 있
다. 주례는 한마디로 정치, 경제, 사회, 교육, 사법 등 각 방면 행위규칙
의 모범으로 고대국가기구가 정상적으로 움직여가기 위해서는 반드시
지켜야 할 준칙을 규정한 것으로 볼 수 있다.

춘추 이후 사회적 변혁이 심화되면서 고대의 예제도 차츰 자취를 감
추게 되었다. 후일 예가(禮家)에서 남겨진 것들을 정리하고 그 의의를
밝혀 계통적으로 예를 분류하였으니 길(吉), 가(嘉), 군(軍), 빈(賓), 흉

(凶)의 5개 유형으로 이를 오례(五禮)[38]라 합칭하였다.

이후 역대의 중국왕조는 시대의 변천에 따라 예의 의미도 조금씩의 변화가 있기는 하였으나, 기본적으로는 청대에 이르기까지 고대 예의 전통관념을 준수하였다. 『청회전(淸會典)』에 이르는 전례(典禮)가 바로 『주례(周禮)』에서 시작하여 면면이 이어져 내려온 오례를 지칭하는 것이다.

궁중의 모든 전장제도(典章制度)에 관한 전례는 너무 복잡한 관계로 일일이 열거할 수는 없고, 길례와 가례 가운데 중요한 것 몇 까지만 살펴보도록 하겠다.

1. 봉선(封禪)과 환구제천(圜丘祭天)

고대중국에서는 오례 가운데 길례가 중요시되었으며, 길례 중에서도 제천의식은 가장 중요한 위치를 차지하였다. 선진(先秦)시기 천신(天神), 지지(地祇), 인귀(人鬼=조상)에 대한 제사는 모두 길례로 간주되었다. 그 가운데 천신에 대한 제사는 세 가지 제사법이 있는데 인사(禋祀)라 하여 상제에게 제사지내는 것이 그 하나요, 일월성신을 제사지내는 실시(實柴)가 그 두 번째, 마지막이 바람과 비를 관장하는 별에 제사지내는 유요(槱燎)이다.

이 세 가지 제사는 비록 명칭은 상이하나 모두 장작을 불태워 연기를 일으키고 불 속에 살아있는 짐승이나 비단을 던지는 똑같은 방법으로 진행되었다. 후세의 제왕들이 등극할 때, 특히 제위를 찬탈한 황제들은

---

38) 길례(吉禮) : 천, 지, 조상에 대한 제사. 가례(嘉禮) : 등극(登極), 책봉(冊封), 대혼(大婚), 연연(筵宴), 조하(朝賀) 등. 군례(軍禮) : 대열(大閱), 친정(親征), 명장(命將), 개선(凱旋) 등. 빈례(賓禮) : 외국사신 접견, 국내 각급 관원 혹은 사서(士庶) 알현 시의 예절. 흉례(凶禮) : 황제로부터 사서(士庶)에 이르기까지의 장례.

모두 장작을 태우고 연기를 날려 정권이 바뀌었음을 하늘에 고하였다.

지지에 제사지내는 방법도 역시 세 가지로 첫째가 혈제(血祭)라 하여
사직(社稷)과 오사(五祀)³⁹⁾, 오악(五嶽)⁴⁰⁾을 제사모시는 것으로 희생의
피를 땅에 뿌리는 것이다. 두 번째는 산림과 천택에 제사지내는 것으로
그 방법은 생체(牲體) 혹은 옥백(玉帛)을 땅에 묻거나 강물에 던져 넣는
것이다. 세 번째는 사방의 소신(小神)을 제사하는 것으로 생체를 토막
내어 제사지냈다.

고대에는 천, 지에 대한 제사는 각기 따로 지내었으나 진시황이 천하
를 통일한 뒤 이러한 제사방법을 폐하고 봉선이라 하여 천지를 한꺼번
에 제사지내게 되었다. 여기에서 봉은 제천을 의미하고 선은 제지를 의
미하며 동시에 진행되었다.

봉의 제사의식은 모두 오악의 하나인 태산에서 거행되었다. 이는 태
산이 동악으로 동방은 생명을 주관하며 만물의 시원을 이루고 음양이
교체하는 곳이라 믿었기 때문이다. 선의 제사의식이 행해지는 곳은 일
정하지 않아 태산 부근의 운운산(雲雲山), 정정산(亭亭山), 양보산(梁甫
山), 사수산(社首山), 숙연산(肅然山) 그리고 강남의 회계산(會稽山)에서
도 거행되었다. 진시황 이후 비록 봉선이 동시에 진행되었다고 하나 고
대와 마찬가지로 제천은 제지보다 중시되어 봉의 의식이 선의 의식보
다 장중하였다.

봉선의 구체적인 의식절차는 매우 복잡하고 신비로워 각 왕조마다 차
이가 있었다. 애초 진시황은 봉선을 준비하는 과정에서 유생과 박사 70
여 명을 태산 아래 모아놓고 봉선의 예의에 대해 자문을 구했다. 그러나
각각의 의견이 다르고 실행하는데도 어려움이 있어 스스로 봉선의식을

---

39) 목(木)·화(火)·금(金)·수(水)·토(土).
40) 동악=태산(泰山), 서악=화산(華山), 남악=형산(衡山) 북악=항산(恒山), 중악=숭
    산(嵩山).

정하였다고 한다. 곧 진시황은 수레를 타고 태산의 남쪽 비탈을 따라 정
상에 올라 비석을 세워 공덕을 찬양하고 난 뒤, 태산의 북쪽을 따라 하
산하여 양보산에서 선을 거행하였다. 진시황이 봉선을 행한 과정은 매
우 비밀리에 진행되어 후세에 전혀 자세한 기록이 남아있지 않다.

진시황은 일봉일선(一封一禪)을 행하였으나 한 무제는 이봉이선(二封
二禪)을 행한 것으로 전해진다. 무제 역시 봉선 전에 유생들을 모아놓
고 구체적인 내용에 대해 토론을 벌이게 하였으나 이를 자세히 알고 있
는 유생이 없자 진시황과 마찬가지로 스스로 봉선의식을 정하였다. 무
제는 먼저 양보산에서 제지를 행한 뒤 태산 아래 동쪽기슭에 넓이 1장
2척 높이 9척의 제천단을 세우고 그 아래에 옥첩서(玉牒書)를 묻었다.
제천의식이 끝나자 무제는 소수의 대신만을 데리고 태산 정상에 올라
재차 하늘에 제사를 올렸다. 다음날 태산의 북쪽비탈을 따라 하산한 무
제는 태산 아래 숙연산에서 재차 제지의 예를 올렸다.

한 차례 봉선을 행하기 위해 소요되는 시간과 경비가 너무 막대하여
여러 가지 폐단이 많았던 것으로 전해진다. 따라서 당 태종이 봉선을
계획하자 신하 가운데 국력 소모를 이유로 반대하는 자가 있었고, 결국
당 태종은 봉선을 포기하였다. 그러나 봉선을 행하여 만천하에 태평성
세를 과시하려는 황제도 적지 않아 진시황과 한 무제 이외에도 후한 광
무제, 당 고종, 당 현종, 송 진종이 봉선을 행하였다. 계획은 하였으나
실제 거행하지는 못한 황제로는 삼국시대 위의 명제, 남조의 송 문제,
양 무제, 수 문제, 당 태종, 송 태종 등이 있었다.

남송 이후 황제의 봉선은 형식상 폐지되었으나 실제로는 여전히 그
전통이 남아 있었다. 곧 이후의 황제들은 봉선과 교사(郊祀)를 하나로
합쳐 더 이상 멀리 태산까지 행차할 필요는 없었던 것이다. 명 성조는
영락 18년(1420) 북경의 남쪽 교외에 천지단을 세우고 하늘과 땅을 함
께 제사 모셨다. 명 세종 가정(嘉靖, 1522~1566) 연간인 1530년 다시 천

과 지를 따로 제사 모셔 북쪽 교외에 방택단(方澤壇, 즉 지단(地壇))을 세우고 남쪽 교외에 세워진 환구(圜丘)를 천단이라 개칭하여 천단에서는 제천, 기곡, 기우의 제사만을 지내도록 하였다.

청대, 천단에서 올리는 제천의식은 모든 제사 가운데 가장 중요하고 의식이 장중하였다. 황제들은 아주 특별한 경우가 아니면 모두 직접 천단에서 거행되는 제사에 참석하였다. 당시 제천의식은 매년 동지에 거행되었다. 제사 사흘 전부터 황제는 궁중에서 재계(齋戒)하면서 복잡한 준비과정을 거치고 제사 전날 옥련(玉輦)을 타고 천단의 재궁(齋宮)에서 하루 동안 재계한 뒤 제사 당일 친히 천단에 올라 의식을 집행하였다.

환구는 원형단으로 명 가정 9년(嘉靖, 1530) 처음 건조되었다. 건물은 상, 중, 하 3층으로 구성되어 있으며 단의 바닥은 청백석을 깔고 주위는 백옥으로 조각한 난간을 둘렀다. 단의 동서남북 사방에는 계단이 있어 제사 시 황제와 문무관원들은 이 계단을 통해 올라갔다. 이때 204명으로 구성된 악대(악사, 가수, 무용수 포함)가 연주와 춤을 추게 되며 영신(迎神), 진조(進俎), 독축문(讀祝文), 3차례의 헌작(獻爵), 수제육(受祭肉), 송신(送神) 등 복잡한 의식을 행한 뒤 황제가 신하들을 거느리고 여러 차례 삼궤구고(三跪九叩)[41]를 올리면 제사는 끝나는 것이다.

2. 종묘제사

역대의 제왕들은 모두 천하를 자신의 개인재산으로 간주하였다. 이들은 자신에게 천하를 물려준 조상들에게 감사하며 그들의 영혼을 극진히 대접하였다. 따라서 종묘제도는 종법통치의 표현이자 황권통치의

---

41) 한 번 무릎을 꿇을 때마다 세 번 머리를 조아리는 행동을 세 번 반복하는 인사법.

정신적 지주이며 국가권력의 중요한 표지라 할 수 있을 것이다. 이러한 연유로 역대 군주들은 장중하고 복잡한 의식을 마련하여 종묘에 제사 지냈다.

선진시기 종묘제사는 월제(月祭), 사시제(四時祭), 은제(殷祭) 등 그 종류가 상당히 많았다.

월제는 매월 초하루에 거행되며 조묘(朝廟)라고도 칭하였다. 조묘는 고삭(告朔) 혹은 시삭(視朔)의 예와 밀접한 관계를 가지고 있다. 고대의 제도에 따르면 주 천자는 매년 여름에서 가을로 접어들 무렵 각 제후국에 역서(曆書)를 배부하였다. 역서에는 명년 혹은 후년에 윤달이 있는지 여부, 매달 삭일은 어느 날인지 등이 기록되어 있으며 제후는 역서를 태묘에 모셔두게 된다.

매월 초하루 제후들은 양 한 마리를 잡아 친히 종묘에 제사를 올리게 되는데 이를 고삭 혹은 고묘라고 하였다. 제사에 이어 제후는 피변(皮弁, 흰 사슴가죽으로 만든 모자)을 쓰고 태묘에서 정사에 관한 보고를 듣는데 이를 시삭이라고 하였다. 시삭이 끝난 뒤 제후는 재차 종묘에 제사를 올리는데 이를 월제라 하였다.

이상에서 알 수 있듯이 고삭, 시삭과 월제 이 세 가지 활동은 같은 날 연속적으로 행해졌다. 다만 시간이 지나면서 국군(國君)은 더 이상 종묘에서 고삭이나 시삭을 행하지 않고 양 한 마리를 잡아 형식적인 월제를 지내게 되어 고삭, 시삭, 월제가 하나로 합쳐지게 되었다.

사시제는 춘하추동의 각 계절에 맞추어 올리는 제사로 각 계절마다 제사의 명칭이 달랐다. 하와 상대에는 봄에 지내는 제사를 약제(礿祭), 여름에 지내는 제사는 체제(禘祭), 가을에 지내는 제사를 상제(嘗祭), 겨울에 지내는 제사는 증제(烝祭)라 하였다.

은제는 규모가 가장 큰 제사로 5년에 한번 거행되는 종묘대제~제제, 3년에 한번 모든 조상의 신주를 한꺼번에 제사지내는 대합제(大合祭)인

겹제(祫弟)로 나뉘었다.

이상 언급한 각종의 제사활동은 모두 복잡하게 정해진 나름의 의식이 있어 일반적으로는 예의에 정통한 상(相)이 제사준비와 실제진행을 담당하였다. 『논어(論語)』「팔일(八佾)」편에 '자입태묘, 매사문(子入太廟, 每事問)'이라 하였듯 공자처럼 박학다식한 사람도 종묘제사의 구체적인 절차에 대해서는 자세히 알지 못할 정도로 그 의식은 매우 복잡하고 까다로웠다.

진한 이후의 종묘제사는 기본적으로 옛 제도를 그대로 답습하였으나 절차에 있어서는 약간의 변화가 있었다. 청의 경우, 입관 전 이미 홍타이지(皇太極)에 의해 관외에 태묘가 설치되어 고정적으로 사계절의 시작에 맞추어 제사를 올리고 선제(先帝)의 생신이나 기일, 청명, 세모에는 따로 제사를 바쳤다. 또한 매달마다 천신(薦新)이라 하여 새로 나온 곡식이나 과일 혹은 절기에 맞는 새로운 식물을 먼저 올리는 제사를 행하였다.

입관 이후 순치제는 명의 태묘를 청의 태묘로 바꾸었으나 예의는 명의 제도를 그대로 답습하였다. 곧 사맹시향(四孟時享)이라 하여 매년 맹춘(孟春, 정월 상순), 맹하(孟夏, 4월 초하루), 맹추(孟秋, 7월 초하루), 맹동(孟冬, 10월 초하루)에 제사를 올리고 세모에는 겹제를 바쳤다. 사맹시향을 바치기 전 황제는 재계하고 제사 당일 직접 태묘에 나아가 희생과 과일을 올리고 향을 살라 조상에게 제사를 올렸다.

매년 제석(除夕)에 올리는 겹제는 태묘 중전과 후전의 신주를 모두 전전으로 옮기고 황제가 직접 제사에 참가하였다. 건륭 37년(1772) 이미 62세에 이른 건륭제는 자신의 나이를 생각하여 직접 태묘에 제사 올리는 것이 실례가 될 것으로 간주하고 이때부터 겹제의 경우에는 8명의 친왕과 황자에게 제사를 위임하였다. 다만 60년(1795) 황위를 아들에게 물려주기로 결정한 건륭제는 85세의 고령에도 불구하고 마지막으로 태묘의 제사를 주관하여 조상에 대한 지성의 뜻을 표하였다.

3. 등극대전

가례의 일종으로 이 의식의 거행은 새로운 통치의 개시를 의미하였기에 역대 각 왕조의 황제들에 의해 행해진 궁정전례 가운데 가장 중시된 부분이다.

순치로부터 선통에 이르기까지 10명에 이르는 입관 이후 청의 황제들은 모두 등극대전을 거행하였다. 다만 첫 번째인 순치의 경우는 이미 입관 전 즉위하였기에 북경에서 행한 등극의식은 비교적 간단하였다. 예친왕(睿親王) 도르곤(多爾袞)이 지휘한 선두부대가 북경을 점령한지 이미 5개월 정도가 지나 정국이 어느 정도 안정되었으나 전란으로 불탄 황극전(皇極殿)의 보수가 마무리되지 않은 탓에 10월에 거행된 순치의 등극대전은 황극문(皇極門, 후일 태화문으로 개칭)에서 거행되었다. 임시로 마련된 보좌에 순치가 앉고 제왕(諸王), 패륵(貝勒), 패자(貝子), 공(公) 등은 금수교(金水橋) 북쪽에 도열하였으며 문무백관은 금수교 남쪽에 도열한 채 의식이 진행되었다. 왕공과 백관이 무릎 꿇고 하표(賀表)를 올린 뒤 대학사가 이를 낭송하고 군신이 삼궤구고의 예를 올리는 것으로 의식은 마감되었다.

가경제는 부친 건륭제로부터 황위를 양위받은 까닭에 가경제의 즉위대전은 등극이라 하지 않고 수수대전(授受大典)이라 하였다. 여타 8명의 황제인 강희, 옹정, 건륭, 도광, 함풍, 동치, 광서, 선통도 모두 등극대전을 거행하였는데 그 가운데서도 건륭의 등극대전이 가장 전형적이었다.

1735년 8월 23일, 재위 13년만에 옹정제가 급작스레 원명원에서 사망하자 당일 영구(靈柩)는 황성으로 옮겨져 건청궁 안에 안치되었다. 옹정의 넷째 아들인 황위계승자 홍력(弘曆)은 건청궁 남쪽 행랑에 위치한 상서방(上書房)에 의려(倚廬)[42]를 마련하고, 홍력의 생모인 희귀비(熹貴妃)는 건청궁 동난각(東暖閣)에서 상을 맞이하였다. 9월 3일, 등극대전의 준비가 마무리되자 예부상서가 즉위를 주청하였다. 백색 효복을 입은 홍력은 먼저 옹정의 영구 앞에서 곧 수명(受命)하게 되었음을 고하고, 삼궤구고의 예를 마친 뒤 측전(側殿)에서 황제 예복으로 갈아입고 황태후궁에 가서 삼궤구고의 예를 올렸다. 이때 건청궁에는 장막이 내려져 잠시 상사(喪事)가 중단됨을 표시하였다.

건청궁 좌측문을 나선 홍력은 금교(金轎)를 타고 앞뒤로는 호위와 대신들이 인도하는 가운데 보화전에 도착, 금교에서 내린 뒤 중화전의 옥좌에 착좌하였다. 이때에 전례를 주관하는 각급 관원들은 새 황제에게 삼궤구고의 예를 올렸다. 예를 마치면 관원들은 차례로 자신들의 자리를 잡아 위치를 정하고 예부상서는 재차 황제에게 즉위할 것을 주청하였다. 곧이어 새 황제는 태화전으로 자리를 옮겨 보좌에 즉위하게 되는데, 이 순간에는 응당 주악이 베풀어져야 하나 상중이기 때문에 악대는 자리만 차지하고 있을 뿐 연주는 하지 않고 오문 위의 종과 북을 울릴 뿐이었다.

건륭이 보좌에 즉위한 뒤 계단 아래 어도 양측에 위치한 명편교위(鳴鞭校尉)가 채찍을 세 번 때리고 나면[43] 명찬관(鳴贊官, 사회자)의 구령에 맞추어 백관은 북쪽을 향해 삼궤구고의 예를 올렸다. 백관이 예를 올릴 때 규정대로라면 아악이 연주되어야 하나 역시 상중이라 연주하지 않고, 백관의 하표도 올리기만 할 뿐 낭독하지는 않았다. 등극대전

---

[42] 부모의 상중에 상주가 거처하는 막.
[43] 채찍은 실을 꼬아 만들며 채찍을 때리는 이유는 대전(大典)의 질서를 정숙(整肅)하고 백관에게 전례의 시작 혹은 끝을 알리기 위해서이다.

의 마지막에는 조서를 반포하고, 반포가 끝난 뒤 건륭제는 단응전(端凝殿)으로 돌아가 다시 상복으로 갈아입고 의려를 지켰다.

4. 조서반포

가례의 일종인 반조(頒詔)전례는 통상 정사(政事) 및 대전례(大典禮)와 동시에 진행되었다. 등극대전 시의 조서반포는 새로운 황제가 하늘로부터 명을 받고 조상의 뜻을 이어 천하에 군림하는 천자의 자리에 오르게 되었음을 알리는 의미를 지니며, 동시에 시정강령과 대사령을 반포하여 그 의식이 매우 장중하였다. 등극 외에도 황제의 친정, 황후책립, 선황제의 사망 및 휘호(徽號)나 존호(尊號)를 올릴 때도 모두 조서를 반포하였다. 조서반포는 황제가 천하의 모든 신민에게 특별한 사실을 알리는 행위였기에 관련의식 또한 매우 복잡하고 장중하였다.

청대 조서반포와 관련한 의식절차는 다음과 같이 진행되었다. 조서를 반포하는 날, 예부와 홍려시(鴻臚寺)[44]의 관원은 사전에 태화전 안 동쪽에 조서를 올려놓을 황안(黃案, 황색 탁자)을 놓아두고 단폐(丹陛)의 상변 정중앙에도 황안을 놓아두었다. 이와 동시에 난의위(鑾儀衛)[45]는 황개(黃蓋)[46]와 운반(雲盤, 구름문양이 장식된 쟁반)을 단폐 안에 놓아둔다. 한편 예부 소속 관원은 오문 밖에 용정(龍亭)[47]과 향정(香亭)[48]

---

[44] 조회, 빈객, 길흉 등 국가의 큰 전례의식을 담당하는 기구.

[45] 총부는 자금성 동남에 위치하였으며 황제와 황후의 가마행렬 및 의장을 담당한 궁정기구이다. 순치 원년인 1644년 설치될 당시에는 명의 제도를 이어받아 금의위(錦衣衛)라 하였으나 다음해 난의위로 이름을 바꾸었다.

[46] 황색 휘장이 세 겹 달린 긴 우산 형태의 의장용 물품.

[47] 황제가 내린 조서·옥책·금보 등을 옮길 때 사용하던 소형 가마.

[48] 향로를 놓아두는 작은 정자 모양의 운반용 기구.

각 1대를 준비해 두고, 공부에서는 천안문 성루의 정중앙에 금봉(金鳳, 금황색 칠로 장식한 목조 봉황)을 미리 안치해 두고 동시에 성루의 가장 동쪽 칸에 조서를 놓을 황안이 구비된 선조대(宣詔臺)를 가설하는 등 만반의 준비를 갖추도록 하였다.

조서반포를 위한 모든 사전준비가 완료되면 모든 대학사는 조복(朝服)을 갖춰입고 엄숙한 표정으로 조서를 받쳐 들고 태화전 내 동쪽에 마련된 황안 위에 올려놓는다. 이때 음악에 맞추어 황제가 입장하여 태화전의 보좌에 착석하고 백관이 황제에게 축하의 말을 전하며 삼궤구고의 예를 갖추면 역시 음악이 연주되었다. 간단한 의례를 마치면 내각 학사는 조서에 옥새를 찍게 된다. 이어 본격적인 조서반포 의식이 시작된다.

태화전 처마 밑에서 무릎을 꿇고 대학사로부터 조서를 건네받은 예부 당관은 중간계단의 왼쪽을 통해 단계의 정중앙에 이르러 조서를 황안 위에 올려두고 일궤삼고의 예를 행한다. 이어 무릎을 꿇어 조서를 받쳐 들고 일어나 계단을 내려와 무릎을 꿇은 채 운반을 받쳐 들고 있는 예부 사관(司官)에게 건네준다. 예부 사관이 조서가 담긴 운반을 받쳐 들고 기립할 때 난의위 소속 인원들이 황개를 펼쳐 길을 인도하여 태화문을 나서게 되고, 문무백관은 그 뒤를 따라 천안문 방향으로 이동한다.

행렬이 오문 밖에 이르면 미리 그곳에 대기하고 있던 용정에 조서를 안치하고 일행은 일궤삼고의 예를 행한다. 간단한 의식을 마치면 난의위 소속 인원이 용정을 매고 음악에 맞추어 이동한다. 이때 행렬의 맨앞에는 의장대가 길을 인도하고 향불을 피운 향정이 전면에, 용정이 그 뒤를 따라 천천히 단문을 거쳐 천안문 뒤편에 이르게 된다. 동쪽계단을 이용하여 성루에 올라 선조대 위의 황안에 조서를 내려놓은 뒤 용정과 향정은 성루 아래로 내려 보내 천안문 앞 정중앙에 대기하게 된다. 선조대 위 황안에 조서가 놓여지는 순간 문무백관과 의식에 초대받은 사람들은 금수교(金水橋)⁴⁹⁾ 남쪽에 북쪽을 향해 두 줄로 도열하여 다음 의식을 기다리게 된다.

천안문 성루 위에서 모든 준비가 완료되면 선조관이 선조대에 올라 서쪽 방향을 향해 서고, 홍려시 관원이 조서반포의 개시를 알리면 문무백관과 의식에 참가하는 모든 인원은 무릎을 꿇고 선조관이 낭독하는 만주어와 한문으로 된 조서의 내용을 경청한다. 낭독이 끝나면 선조관은 조서를 황안 위에 올려놓고 퇴장하며 홍려시 관원은 백관을 이끌고 삼궤구고의 예를 행한다. 이어 조서는 타운(朶雲)⁵⁰⁾에 담겨 성루 정중앙에 미리 마련된 금봉 앞으로 옮겨지게 된다. 이어 두루마리 형태로 말아놓은 조서를 금봉의 입에 매단 뒤 색실로 금봉을 묶어 천안문 성루 정중앙에서 밑으로 천천히 내려 보내면 성루 아래 대기하고 있던 예부 사관이 타운으로 조서를 접수하게 된다.

타운에 담긴 조서는 다시 용정으로 옮겨지게 되고 주악대의 연주와 의장대의 인도하에 금수교를 건너 대청문(大淸門)⁵¹⁾을 나선 뒤 동쪽과 북쪽 방향으로 돌아 예부아문에 이르게 된다. 장안좌문(長安左門)⁵²⁾을 통해 미리 아문 앞에 당도하여 대기하고 있던 예부상서는 무릎 꿇어 조서를 접수한 뒤 관아 안에 모시고 삼궤구고의 예를 취한다. 이어 조서

---

⁴⁹⁾ 천안문과 천안문광장 사이의 다리.
⁵⁰⁾ 사방에 구름문양이 새겨진 원형 나무쟁반.
⁵¹⁾ 명 영락 연간에 처음 세워졌다. 건립 당시 황성의 정남문으로 기능하였는데 명대에는 대명문이라 불렸으나 청 순치 원년인 1644년 대청문으로 이름을 바꾸었다. 신해혁명 후인 1912년에는 다시 중화문으로 이름이 바뀌었다가 중화인민공화국시기인 1959년 천안문광장 확장을 위해 헐리게 되었다. 모택동 사후 문이 있던 자리에 모택동기념당이 들어섰다.
⁵²⁾ 명 영락 18년인 1420년에 건립되었다. 원래 대청문 안 동북방향, 현재의 노동인민문화궁 정문 부근에 있어 현재의 중산공원 정문 앞 부근에 있던 장안우문과 함께 자금성에서 중앙관아로 통하던 중요 통로였으나 1952년 해체되었다

를 열람한 뒤 황색종이에 여러 부를 등사하여 각지로 보내 천하에 조서의 내용을 알리게 된다. 이로써 번잡하면서도 장중한 조서반포 의식이 막을 내리게 되는 것이다.

제3장

정무

제1절 상조(常朝)와 어문청정(御門聽政)

　고대 황제가 참가하는 조회는 두 가지가 있었다. 그 하나는 백관, 제후 및 외국사신을 맞는 조회로 흔히 대조라 하였다. 대조는 의식이 매우 장중한 전례로 등극, 원단, 동지, 황제의 생일 등 특별한 날에 행해졌으며 이는 일종의 의식으로 일반적으로는 대조의 장소에서 국정을 처리하는 경우는 없었다.

　다음으로 상조를 들 수 있다. 이는 황제가 매일 혹은 며칠에 한 번 이른 아침에 주요관원을 회견하고 조령반포, 중대 정치활동 결정 등 일상정무를 처리하는 것을 말한다. 그러나 황제의 일상적인 통치활동이 이것만으로 끝나는 것은 아니다. 왜냐하면 모든 국가대사가 상조에서 전부 결정되는 것은 아니기 때문이다.

　황제가 상조에서 처리하는 정무는 크게 두 부류로 나눌 수 있다. 첫째는 일상정무로 황제는 최고의 영도자이자 최후의 결정자로 각급 관원들이 제도에 규정된 각기의 업무를 처리한 이후에 황제는 마지막 단계에서 업무를 점검하기만 하면 되는 것이다. 이른바 일상정무란 바로 이러한 관례적인 통치활동을 말한다. 다른 하나는 비상성(非常性) 정무로 외족의 침입, 내부반란 등 국가에 혼란한 상황이나 천재, 혹은 관원들이 해결할 수 없는 문제가 발생하여 황제의 최종적인 결정이 필요하거나 기존제도에 변경이 필요한 경우를 말한다. 이러한 경우 황제는 왕왕 주요관원과 상의를 거쳐 결정을 내리게 된다. 황제가 일상정무를 처리하는 것을 문헌상에서는 근정(勤政)이라 표현하고 있다.

1. 명대의 상조어문

어문청정이란 황제가 직접 궁문에 나아가 조정회의를 주재하며 내각 및 각 부·원(部·院) 대신의 보고를 듣고 협의하여 결정을 내리고 이런 내용을 유지(諭旨) 형식으로 공포하고 실행하는 과정을 말한다. 어문청정은 역대 중국황제들이 정무를 처리하는 가장 일반적인 방식 가운데 하나였다. 어문청정은 대부분 이른 아침에 거행되었기에 조조(早朝)라고도 하였다.

일찍이 한과 당에서도 어문청정을 거행한 예가 없지 않았지만, 관례화된 것은 명 태조 때부터이다. 1380년 승상제를 폐지하고 상권과 황권을 한 손에 장악한 주원장은 신하들에게 자신의 뜻을 효과적으로 전달하고 자신의 위엄을 드높이기 위해 의정(議政)의 범위를 확대하여 매일 아침 봉천문 앞 광장에서 어문청정을 거행하였다.

명대에는 상조와 어문청정이 동시에 봉천문에서 거행되었기에 이를 합쳐 상조어문(常朝御門)이라 칭하였다. 『명회전(明會典)』에 기록되어 있는 상조어문의 의식은 다음과 같이 진행되었다.

이른 아침 조회의 시작을 알리는 북소리가 울리면 문무백관은 오문의 좌우 액문(掖門) 밖에 줄을 지어 대기하였다. 종이 울리면 문이 열리고 신하들은 차례에 맞추어 좌우 액문을 통해 들어와 금수교(金水橋)를 건너 봉천문 단지(丹墀)53) 양측에 서로 마주보며 서게 된다. 황제가 등장하여 보좌에 앉으면 명편교위는 봉천문 앞의 어도 양측에서 채찍을 울려 정숙을 요하게 된다. 뒤이어 홍려시관의 구령에 맞추어 백관은 삼궤구고의 예를 올린다.

황제에 대한 예가 끝나면 관원들은 다시 동서로 나누어 서고 만일 사은(謝恩)이나 견사(見辭)가 있을 시에는 홍려시관이 해당자의 성명을 부르고 호명된 사람은 오문 밖에서 예를 올리게 된다. 이어 각 아문별로 순서대로 소관업무를 보고하고 보고가 끝나면 어사(御史)와 서반(序班)의 규의(糾儀, 실의(失儀)한 자에 대한 규찰)가 이어지고 마지막으로 정편(靜鞭)이 울리면 황제는 궁으로 돌아가고 백관은 서열대로 퇴조하게 되는 것이다.

조반(朝班)[54]의 순서는 서패(序牌)라는 표지가 있어 그 위에 큰 글자로 품계를 적어 단지 좌우의 목책(木柵)위에 올려놓는다. 대저 문관은 동쪽, 무관은 서쪽에 도열하는데 공후(公侯)가 맨 앞 다음은 부마, 뒤이어 백(伯), 맨 마지막으로는 1품 이하의 각급관원이 도열하며 문관과 무관이 모두 이와 같은 형태로 도열하였다. 혹 소관업무에 관한 보고를 올릴 경우 해당 관원은 열의 마지막에 서있다 어전에 나와 무릎 꿇고 상주를 올리게 되어 있으며 열 가운데를 오갈 수는 없었다.

명대 조회 시의 규정은 매우 엄하여 조반 내에서 잡담을 한다거나 기침 혹은 가래를 뱉는 경우, 또 퇴반 시 어교(御轎)와 나란히 걸어가는 등의 행위는 모두 실의(失儀)로 규정되어 어사 혹은 서반 관원이 즉시 규찰하여 보고계통을 통해 황제에게 보고되어 상응한 처분을 요청하였다. 다만 4품 이상의 한림원학사와 영칙관(領勅官)은 현장에서 직접 규찰하지 않았으나, 후일 금의위의 교위(校尉)까지 규의에 관여하면서는 더욱 엄격하게 집행되었다.

---

[53] 붉은 칠로 칠한 뜰, 단폐(丹陛)라고도 한다.
[54] 백관이 조견(朝見)시 열을 맞추는 위치.

경태(景泰, 1450~1456) 초년 와랄(瓦剌)과의 전쟁이 발생하면서 필요에 의해 오조(午朝)제도가 도입되어 황제는 좌순문(左順門)[55]에서 조회를 가졌다. 좌순문은 남쪽을 향해 나있어 문무관원과 주사(奏事)관원은 모두 좌측 액문 내에 순서대로 도열하였다가 어문(御門)의 순서대로 출반(出班)하여 주사하였다. 만일 기밀을 요하는 경우에는 일반 주사가 끝난 뒤 단독으로 황제를 알현할 수 있었다.

상조어문 활동은 명대 전기에는 비교적 정규적으로 거행되었으나 가정 21년(嘉靖, 1542) 궁녀가 황제를 목졸라 죽이려 기도한 임인궁변(壬寅宮變) 이후 가정제는 조회에 모습을 드러내지 않게 되었다. 융경(隆慶, 1567~1572), 만력(萬曆, 1573~1619)은 정사를 게을리하여 만력 후기에 이르러서는 조신(朝臣)들이 반차(班次)를 잘 몰라 이 문제로 서로 조회에서 다투는 현상까지 발생하였다.

2. 청대의 어문청정

청조는 기본적으로 명의 제도를 답습하였으나 상조와 어문청정이 같은 날 진행되지는 않았다. 청대 상조는 태화전에서, 어문청정은 건청문에서 거행되었다. 입관 후 첫 번째 황제인 순치제 때는 어문의 예가 많지 않았으나 강희 연간부터는 어문청정이 제도로 굳어져 점차 완비되었다.

청조 정부 각 부문의 주장(奏章)은 황제에게 올려진 이후 대부분 그에 대한 유지(諭旨)가 하달되는데 만일 유지가 내려지지 않는 경우에는

---

55) 명대 고궁의 좌순문은 영락 18년(1420) 세워진 현재의 협화문(協和門)으로 자금성 태화문(太和門) 동쪽 회랑의 정중앙에 위치하고 있다.

내각으로 보내지게 된다. 내각에 일정분량의 주장이 모이게 되면 황제는 특별히 날을 잡아 어문청정을 거행할 것을 내각에 전하고, 내각은 이에 맞추어 즉각 각 아문에 통보하면 각 부·원의 당관은 반드시 황제에게 보고해야 할 접본(摺本)을 작은 나무상자에 담아 정해진 시간에 주청을 올렸다.

어문청정 시 건청문의 수령태감은 사전에 건청문 정중앙에 보좌를 준비하였다. 보좌 앞에는 황안 하나를 준비하고 보좌 뒤에는 병풍을 친다. 황안의 좌측에는 주청자가 꿇어앉을 수 있도록 방석이 마련된다.

여명이 되면 건청문 시위(侍衛)가 보좌의 좌우에 시립하고 각 대신과 시위가 단계 아래 좌우에 마주보고 서서 황제가 행차하기를 기다린다. 이때 주사(奏事)관원과 배주관(陪奏官)은 미리 조방(朝房)에 집결하고 시위가 주청을 올리라는 명을 전달하면 백관은 순서에 따라 건청문의 단지 동쪽에서 서쪽을 향해 서고 기거주관(起居注官), 한림(翰林), 과도관(科道官)은 단지의 서쪽에서 동쪽을 향해 선다. 이때 황제는 건청궁에서 가마를 타고 나와 건청문의 보좌에 자리한다. 기거주관은 곧 서쪽 계단을 이용 서쪽 기둥아래 동쪽을 향해 서고, 상서 한 사람이 주청이 담긴 나무상자를 들고 동쪽 계단을 이용 황안 앞에 나아가 무릎을 꿇고 공손하게 황안 위에 나무상자를 올려놓고 일어나 빠른 걸음으로 자신의 자리로 돌아가 다시 무릎을 꿇고 주청할 내용을 아뢴 뒤 좌측의 계단을 통해 물러난다. 여타 각 아문의 주청도 역시 같은 절차를 밟아 황제에게 아뢰게 된다.

백관의 주청이 모두 끝나면 만주족 내각학사 1인이 접본이 들어있는 함을 들고 동쪽 계단을 통해 황안 앞에 나아가 꿇어앉고 대학사, 내각학사가 차례로 계단을 통해 올라가 꿇어앉으며 기거주관은 보좌의 우측(즉 황제의 발 뒤편)에 동쪽을 향해 서게 된다. 이때 만주족 내각학사는 상자를 열고 접본을 꺼내어 차례로 황제에게 보고하고 매번 주사가 끝날 때마다 황제는 그에 맞는 성지를 내리고 대학사, 학사는 그 자리에서 황제의 유지대로 일을 처리한 뒤 각 관원들은 동서 양측의 계단을 통해 내려오고 황제는 건청궁으로 돌아가는 것으로 어문청정은 끝을 맺게 된다.

어문청정은 반드시 건청문에서만 행하는 것이 아니고 황제가 궁 밖에 머물 경우에는 황제의 거처에서 진행하기도 하였다. 강희제는 주로 창춘원(暢春園)에 기거하였기에 어문청정 역시 창춘원에서 주로 거행되었다. 옹정, 건륭, 가경, 도광, 함풍 등은 주로 원명원의 근정전에서 어문청정을 거행하였다.

근정으로 유명한 강희제는 거의 매일 어문시사(御門視事)하였는데, 당시 오삼계(吳三桂)의 반란사건이라든지 제정러시아의 변경침략 등 중대사건이 발생할 경우에는 모두 어문청정 시 그에 상응하는 결정이 내려졌다. 후일 사회가 안정되고 정무가 줄어들자 어문청정의 횟수도 상대적으로 감소하여 2~3일에 한번 혹은 3~5일에 한번 등 부정기적으로 진행되었다.

사전에 예정되었던 어문청정도 기후변화에 따라 연기되는 경우도 있었다. 옹정 4년(1726) 4월 18일 저녁부터 내리기 시작한 비가 다음날 아침까지 계속되었다. 이에 당시 원명원에 머물고 있던 옹정제는 관원들이 원명원까지 거동하는데 불편할 것을 염려하여 4월 19일로 예정되었던 어문청정을 연기하였다.

어문청정 시 황제는 가끔 신하들에게 시은(施恩)하거나 물품을 하사하는 경우가 있었다. 각 아문의 대신들은 어문이 있는 날은 새벽부터 일어나 급히 오문 밖에 모여 기다렸다가 주사가 끝난 뒤에는 다투어 각자의 아문으로 돌아가 공무를 처리해야 하였기에 상당히 어려움이 많았다. 신하들의 어려움을 헤아린 강희제는 특별히 유지를 내려 대신 가운데 60이 되었거나 그 이상인 자는 집에서 아침을 먹고 어문에 참가할 수 있도록 하였다. 강희 41년(1702) 5월 15일의 어문청정이 끝난 뒤 강희제는 만한(滿漢)대학사, 상서, 시랑에게 황제의 친필이 담긴 부채 하나씩을 하사하였다. 건륭 16년(1751) 6월 9일 어문청정 뒤 황제는 제왕대신을 태액지(太液池)로 초청하여 함께 연꽃을 관상하였다.

어문이 있는 날 대신들은 절대 지각하거나 결석하지 못하도록 하였다. 건륭 14년(1749) 12월 17일 어문 시 공부상서 삼화(三和)가 결석하자 화난 건륭제는 그를 시랑으로 강등시켜 버렸다. 도광 26년(1846) 12월 10일의 어문청정에는 20여 명이 지각하는 사태가 발생하자 도광제는 이들 모두에게 감봉처분을 내리기도 하였다. 함풍 이후의 동치, 광서연간에는 자희태후가 실제 정무를 처리한데다 열강의 침략이 거세져 어문청정도 더 이상 거행되지 않고 무산되기에 이르렀다.

제2절 일상시사

일상시사란 황제가 평시에 처리해야하는 정무를 일컫는 것이다. 고대에는 승상이 백관의 장으로서 황제를 보좌하여 전국의 정무를 총괄하였다. 진한대는 황제제도가 이제 막 건립된 단계로 중앙의 관제는 삼공구경(三公九卿)제로 각 관원이 직접 황제의 명을 받았다.

진시황은 매일 120근에 달하는 주장(奏章)을 살펴볼 정도로 사무의 대소에 상관없이 모든 문제를 친히 결정하였다. 그러나 시간이 지나면서 국가기구가 증가하고 정무도 번잡해지면서, 황제 한 사람의 힘으로 모든 정무를 처리한다는 것은 불가능하게 되었다. 따라서 한대에 이르러 승상을 위주로 황제를 보좌하여 전국의 정무를 처리하는 통치핵심이 등장하게 되었다.

당시 전국의 모든 주장은 전부 승상부에 집중되었다. 승상부에는 백관이 모여 회의하는 조회전(朝會殿)이 있어 이곳에서 승상은 백관과 더불어 정무를 처리하고, 주요 관원과 연명으로 황제에게 상서하여 비준을 받은 연후에 정책을 시행하였다. 따라서 한대 승상은 그 지위가 존귀할 뿐 아니라 권한 또한 막강하여 승상의 청구에 대해 황제가 거절하는 경우는 거의 없었다. 승상이 대면을 원할 경우 황제는 일어서서 승상을 맞이하였고 함께 앉아 국사를 의논하였다. 그러나 후한 중엽에 이르러서 이러한 모습에 변화가 일기 시작하였으니, 이때부터 황제는 내정(內廷)에 비서격인 상서령을 두고 천하의 장주를 열람하고 심의하여 승상의 권한을 침점하였다.

수대에 이르러 3성 6부제가 형성되면서 상서성 아래의 6부가 전국의 정무를 분담하고, 중서성은 정령을 기초하는 말하자면 황제의 비서와 같은 역할을 수행하고, 문하성이 조령 출납과 조령의 심사권, 봉박권을 갖게 되었다. 이로써 원래 승상 한 사람이 가지고 있던 권한이 3분되고 황제는 3성의 장관과 의논 및 정책결정을 행하고 대량의 실제사무는 3성 소속의 각 기구가 맡아하게 되었다.

당대에 이르러 행정효율을 높이기 위해 중서와 문하 두 성이 연합하여 사무를 보게 하고 그 관서를 정사당(政事堂)이라 칭하였다. 황제는 매일 상조 후 3성의 장관을 불러 공동으로 국정을 논하고 그 옆에는 기거주관이 있어 황제와 재신(宰臣)간의 대화를 기록 정리한 시정기(時政記)를 만들어 비치하였다.

송대부터는 군사방면의 사무를 처리하는 추밀사(樞密使)라는 직책이 새로 생겨났다. 추밀사와 동중서문하평장사(同中書門下平章事, 재상), 참지정사(參知政事, 부상), 삼사탁지사(三司度支使, 계상)를 합하여 '재집(宰執)'이라 하였으며 이들이 군정의 중요업무를 분장하였다. 당시 추밀사의 관서를 추부(樞府)라 하여 중서성과 함께 이부(二府)라 칭하였다. 이 기구는 최고의 국무기관이었기에 후일 정사당과 이부를 합칭하여 정부(政府)라 하였다.

송대의 제도는 명대에 이르러 큰 변화가 일어나게 되었다. 태조 주원장은 중서성을 폐지하여 승상을 두지 않고 본인이 직접 6부를 관장하였다. 따라서 주원장은 자신이 모든 장주를 친히 비열하고 군정대사의 경우도 스스로 결정하여 대신들은 다만 그의 결정대로 시행할 따름이었다. 이는 마치 진시황이 천하의 모든 사무를 혼자서 결정했던 것과 흡사하였다. 이밖에 주원장은 통정사사(通政使司)를 두어 황제를 위해 장주문서를 처리하도록 하고, 육과급사중(六科給事中)으로 하여금 6부의 행정을 감찰하고 봉박할 권리를 갖게 하였다.

영락제 이후 관품이 비교적 낮은 한림원관(翰林院官)을 오문 내의 문연각(文淵閣)에 머물며 기무를 관장토록 하니 이를 내각이라 칭하였다. 내각의 구성원을 대학사라 칭하며 그 우두머리를 수보(首輔) 혹은 내각수보라 하였다. 황제는 이들 친신들과 은밀하게 국정을 의논하여 관품이 높은 대신들도 배제되기 일쑤였다.

선덕(宣德, 1426~1435)연간에 이르러 황제가 장주를 처리하는 방법에도 변화가 일어나게 되었다. 즉 이때부터 내각대신들이 장주에 따로 메모를 붙여 초보적인 처리의견을 제출하였는데 이를 표의(票擬)라 하였다. 황제가 이를 보고난 뒤 승인하게 되면 궁내 사례감(司禮監)[56]의 병필태감(秉筆太監)이 붉은 글씨로 비어(批語, 황제의 의견)를 적게 되는데 이를 비주(批硃) 혹은 비홍(批紅)이라 하였다. 중대한 사안이 있을 경우 황제는 내각대신을 불러 토론하고 직접 유지를 내려 처리하고 이런 경우에는 비답(批答)하지 않았다. 명대 후기에 이르러 표의권은 내각수보에게, 비주는 태감의 손에 농단되어 황제의 정책결정이 이 양자의 견제를 받는 경우가 많아졌다.

청대 초기에는 여전히 내각을 두고 표의를 관장토록 하였으나 옹정대에 군기처를 두어 내각의 권한을 대치하였다. 청대 황제가 일상적으로 처리한 정무는 크게 접, 본의 비열과 신하를 불러 의견을 묻는 소견(召見) 등이었다.

---

56) 황성 내 일체의 예의(禮儀), 형명(刑名)을 관장한 태감기구의 중추.

1. 접 · 본 비열(摺 · 本批閱)

접은 주접(奏摺)을 의미하는 것으로 관원들이 황제에게 기요사건이나 자신의 일을 보고할 때 쓰는 문서를 칭하는 것이다. 주접은 제도적으로 도장을 찍지 못하도록 규정되어 있었다. 전달방식에 있어서도 내각의 표의를 거칠 필요 없이 주갑(奏匣)에 담아 직접 황제에게 올려졌다. 황제의 비열을 거친 주접은 주갑과 함께 원 제출자에게 되돌려지고 황제의 비시대로 집행하면 그만이었다.

본은 제본(題本)을 칭하는 것으로 관원이 황제에게 보고하는 일반문서로 기요에 속하지 않는 것이다. 제도에 따르면 제본은 반드시 소속 아문의 관인을 날인한 연후에야 유효하였다.

각 부 · 원의 대신 및 기타 관원이 제출한 접과 본은 반드시 외주사처(外奏事處)와 내주사처(內奏事處)를 거치도록 하였다. 내외의 주사처는 황제와 신하 간 의사소통의 통로로 외주사처는 건청문 밖 동편에, 내주사처는 건청궁 서쪽 회랑 월화문(月華門) 남쪽에 위치하였으며 둘 다 어전대신이 관장하였다.

내주사처의 구성원은 모두 태감으로 주사태감(奏事太監), 수시태감(隨侍太監), 기당태감(記檔太監), 사령태감(使令太監) 등등으로 직책이 구분되었다. 외주사처의 주사관은 6부와 내무부의 관원 가운데 선발되었으며 영반시위(領班侍衛), 몽고시위(蒙古侍衛), 장경(章京), 필첩식(筆帖式)[57] 등 관원으로 구성되었다.

황제가 비열한 주접과 제본을 통틀어 주장(奏章), 장주(章奏), 소본(疏本) 혹은 소(疏)라 하였다. 주사처가 주접과 제본을 받아 황제에게 전하

---

57) 필첩흑(筆帖黑)이라고도 하며 전사(轉寫)라는 의미를 가진 만주어의 음역(音譯)이다. 원래 입관(入關) 전 각 관청에서 문서를 담당하는 하급관리를 칭하였다. 입관 후 필첩식의 주요 업무는 만한(滿漢) 주장의 번역을 담당하는 것이었다.

고 황제의 유지를 전하는 과정을 살펴보면 대략 다음과 같았다.

매일 자정, 각 부·원은 주갑을 지참한 필첩식 한 명을 동화문(東華門, 1420년 세워진 자금성의 동문)에 파견한다. 필첩식은 문이 열리길 기다려 주사관에게 자신은 모서(某署) 혹은 모아(某衙)에서 파견된 자임을 알려 등록을 마친 뒤 주사관의 인도아래 외주사처에 주갑을 전한다. 건청문이 열리면 외주사처는 주갑을 내주사처에 전달하고 주사태감은 이를 황제에게 올려 비열을 받게 된다.

대략 새벽 두 시경 건청문 계단 위에 백사등(白紗燈)이 걸리고 얼마 후 내주사처의 태감이 황제에게 전해졌던 주접을 받쳐 들고 문밖에 나서 각 아문의 심부름꾼에게 주접을 돌려주게 된다. 이때 각 주접에는 의의(依議), 지도료(知道了), 영유지(另有旨) 등의 설명이 붙어있게 된다. 이처럼 주접의 전달과정은 매우 간단하면서도 질서정연하게 이루어졌다.

한편 내주사처는 황제에게 선패(膳牌)[58]를 올리는 임무도 담당하였다. 선패란 황제가 식사할 때 황제에게 올리는, 황제를 뵙기를 청하는 대신들의 명단이 적힌 패를 말한다. 청의 제도에 따르면 황제를 뵙기를 원하는 문무관원은 황제의 식사시간에 패를 올려 대면하거나 주사를 청하도록 하였다. 이때 종실과 왕공은 홍색 패를, 부도어사(副都御史) 이상의 문관과 부도통(副都統) 이상의 무관은 녹색 패를 이용하게 되어 있었다. 외지에 근무하는 관원의 경우는 안찰사(按察使) 이상의 문관과 부도통·총병(總兵) 이상의 무관은 모두 같은 패를 이용하였다. 황제는 패를 본 이후 인견 여부와 주사 허락 여부를 결정하였다.

선패는 얇은 나무판으로 만들어 그 위에 흰 칠을 하였는데 폭이 1촌, 길이는 1척을 넘지 않고 상단 약 1촌 정도에 신분에 맞추어 홍색이나

---

58) 선패의 정식 명칭은 재패(齋牌)이나 대부분의 경우 황제의 저녁식사가 끝난 뒤 올려졌기에 선패라고도 칭하게 되었다.

녹색의 칠을 하였으며 제출 시 그 위에 관직과 성명을 기재하도록 하였다. 외관뿐만 아니라 내관도 황제를 뵙고자 할 때는 선패를 이용하여야 하였다.

만일 황제가 패를 받은 당일 해당 인물을 불러보고자 할 때는 패를 남겨두고 이 경우 내주사처는 진견의 선후와 차례를 해당자에게 통보하였다. 만일 관원이 이틀 연속하여 황제를 뵐 경우 입전(入殿) 시 다음 날 다시 패를 올리도록 하였다. 황제의 소견은 식사 후에 이루어지나 지점은 고정된 것이 아니고 황제가 식사하는 장소에 따라 소견의 장소도 달리하였다.

2. 소대신공(召對臣工)

선패를 올리는 것은 신하가 황제를 배알하길 원하는 경우이고, 소대신공은 황제가 신하를 불러들여 의견을 나누거나 지시하는 경우를 말한다. 내정에 근무하는 일부 왕공과 대신들은 수시로 소대하였으나 외정 각 부·원의 대신과 지방관의 소견은 청대의 경우 건청궁 혹은 건청궁의 서쪽에 위치한 양심전(養心殿)에서 이루어졌다.

건청궁은 순치, 강희 두 황제가 침소와 업무처리장소로 이용하던 궁전이었다. 강희제가 사망한 후 옹정제는 월화문 밖의 양심전에서 27개월간 수효(守孝)하였다. 상이 끝난 뒤 본래 건청궁으로 돌아가 정무를 처리해야 하였으나 침궁을 양심전으로 옮기고 여전히 그 곳에 머물렀다. 이후 역대 황제들은 모두 양심전에서 일상정무를 처리하고 관원들을 소대, 인견하였다.

양심전은 순치황제가 병사한 장소로 강희 연간에는 궁정의 어용물품을 만드는 공방으로 사용되기도 하였다. 옹정제가 건청궁에서 양심전으로 처소를 옮기면서 공방이 하나 둘씩 이전하고 건륭 연간 대대적인 개보수가 진행되었다. 이후 황제가 신하들을 소견하고 정무를 처리하며 독서와 학습을 행하는 다기능 건축군으로 확대되어 마지막 황제 부의가 출궁할 때까지 청대 8명의 황제가 이곳을 처소로 삼았다.

양심전은 전전과 후침으로 구분되는데 후전 5칸은 황제의 침궁으로 이용되었다. 전전 3칸 가운데 중간의 한 칸은 황제가 신하를 소견하거나 정무를 처리하는 장소였다. 전전의 정중앙에는 보좌가 있고 그 뒤에는 병풍, 앞에는 어안(御案)이 마련되었다. 옹정제가 친필로 쓴 '근정친현(勤政親賢)' 편액이 걸린 서쪽 칸은 서난각(西暖閣)이라 불렀는데 황제가 군기대신을 소견하던 장소이다. 동난각(東暖閣)이라 불린 동쪽 한 칸은 수렴청정이 이루어진 장소이다. 함풍제가 사망한 뒤 자안(慈安), 자희(慈禧) 두 황태후가 이곳에서 수렴청정하였다. 청정 시 어린 동치제는 동난각의 정중앙에 서쪽을 향해 앉아 단 한마디 말도 꺼내지 않고 동치의 뒤에는 장막이 드리워져 좌(남쪽으로 자안) 우(북쪽에 자희)에 두 황태후가 앉아 청정하였다.

소견은 신하에게는 더 없는 영예로 간주되었으며 통상 단독으로 이루어지고 관계된 예절도 그리 복잡하지 않았다. 다만 특수한 경우에는 단체로 소견이 이루어지는 경우도 있었다. 예를 들어 1875년 1월 9일(양력) 동치제가 사망하자 11일 자안, 자희 두 황태후는 순친왕(醇親王)과 공친왕(恭親王) 등 제왕과 어전대신 등 29명을 소견하여 새 황제를 결정하였다.

3. 인견서료(引見庶僚)

인견관원이라고도 칭하며 이와 같은 제도는 한대에 처음 생겨나 이후 역대의 왕조가 모두 답습하였다. 청의 제도에 따르면 경관(京官) 5품 이하, 외관(外官) 4품 이하는 최초 임용, 승진, 인사발령, 일정연한의 임기가 찬 경우에는 모두 주관 아문의 인도아래 건청궁(혹은 양심전)에 나아가 황제를 배알하도록 하였다. 이러한 의식을 일반적으로 인견이라 한다. 이때 문관은 이부 당관이 인솔하고 무관은 병부 당관이 인솔하며 부정기적으로 진행되었다.

인견 이전, 먼저 인견단이라는 명단을 올리고 인견 시 이부 혹은 병부 당관이 먼저 어좌 옆에 나아가 예를 올렸다. 인견을 받는 관원들은 전 밖의 계단 아래 무릎 꿇고 자신의 성명, 이력을 말하고 황제는 일일이 이들을 관찰하고 어떤 경우에는 몇 마디 질문을 던지기도 하였다. 이때 황제는 인견단 위에 각각의 인물에 대한 자신의 인상이나 평가를 기록하였다.

4. 어전전려(御前傳臚)

려(臚)의 사전적 의미는 윗사람이 아랫사람에게 말을 전한다는 뜻이다. 어전전려는 과거제도의 시행과 밀접한 관련이 있다. 과거시험의 마지막 단계인 전시(殿試) 후 황제가 직접 성적순에 따라 급제자의 이름을 하나하나 호명하는 것을 전려라 하였다. 전통시대 중국의 가장 중요한 인재선발방법이었던 과거의 최종합격자는 일반적으로 3년에 한 번 배출되었다. 따라서 특별한 경우가 아니면 어전전려도 3년에 한 차례 행해졌다.

1) 문과진사 전려

수당 이후 과거제도의 형식과 절차는 왕조마다 약간씩의 차이가 없지 않았으나 과거는 나라에 필요한 인재를 선발하는 가장 중요한 형식이었다. 명청시기 정식의 과거시험은 향시, 회시 및 전시 세 단계로 나누었다. 매3년마다 각 성성(省城)에서 한 차례 실시되는 향시는 소정의 시험과정을 거친 생원(生員)과 감생(監生)이라면 누구나 응시할 수 있었다. 향시 합격자는 거인(擧人)이라 칭하였다. 각 성의 향시에 합격한 거인들은 다음해 봄 경성으로 가 예부가 주관하는 회시(會試)에 참가할 수 있었고 합격자는 공사(貢士)라 칭하였다. 공사는 명경(明經)이라고도 불렀다.

회시합격자는 같은 해 전시를 치렀다. 전시는 황제가 직접 문제를 정하고 시험을 주관하였으며 청대 초기에는 태화전, 건륭 54년(1789) 이후는 보화전이 시험장이었다. 시험이 끝나면 황제는 8명의 대신으로 하여금 채점을 진행하도록 하였다. 채점이 끝나면 성적순으로 상위 10명의 답안지를 미봉하여 황제에게 제출하였다.

양심전 서난각에서 직접 답안지를 열람한 뒤 황제는 채점을 맡은 대신들을 불러 최종 석차를 정하였다. 답안지를 받아 물러난 대신은 미봉된 답안지를 개봉한 뒤 상위 10명을 건청궁(혹은 양심전)으로 인도하여 황제를 알현하도록 하였다. 황제는 성적에 따라 1갑 3명, 2갑 7명의 이름을 차례로 호명하는데 이를 소전려라 하였다.

소전려가 끝나면 대신은 답안지를 홍본방(紅本房)으로 가져가 답안지 상단에 붉은 글씨로 석차를 기록하였다. 이어 답안지를 내각으로 가져가 과거시험 최종합격자의 이름을 쓴 방을 완성하였다. 전시는 성적에 따라 3등급으로 구분하였다. 1갑 3인은 성적순으로 장원(壯元), 방안(榜眼), 탐화(探花)라 칭하였으며 이들에게는 진사급제(進士及第)의 칭호가 내려졌다. 2갑은 정원이 없으며 이들에게는 진사출신(進士出身), 역시 정원이 없는 3갑에게는 동진사출신(同進士出身)이라는 칭호가 내려졌다. 소전려 다음날 황제는 태화전에서 응시자들에게 최종결과를 공지하였는데 이를 대전려라 하였다.

대전려 당일 아침 전시합격자들은 모두 궁내에 모여 초조하게 결과가 선포되기를 기다렸다. 의식이 시작되면 전려관이 성적순으로 호명하였는데 간혹 황제가 직접 이름을 부르는 경우도 있었다. 이름이 불려지면 층층이 하달되어 마지막으로 계단 아래의 시위 6~7명이 동시에 이름을 불렀다. 태화문 앞 광장에 모여 있던 전시합격자들은 자신의 이름이 호명되면 순서대로 나와 열을 맞춰 섰다. 호명이 모두 끝나면 합격자들은 황제의 은혜에 감사하는 예를 올리고 물러났다. 이어 황제도 옥좌에서 내려와 궁으로 돌아가면 모든 의식이 마무리되었다.

2) 무과진사 전려

명청대 과거제도에서는 전문적으로 무예인을 선발하는 무과가 따로 마련되어 있었다. 사실 무과는 당 무측천시대부터 이미 존재하고 있었으며 이후 역대 왕조에서도 모두 시행하였으나 부정기적이었다. 명대에 이르러 문과고시의 체례를 모방하여 무과향시와 무과회시의 제도가 정착되었다. 청대에도 명의 제도를 답습하였다. 무과합격자의 명목도 문과와 동일하였으나 다만 앞에 '무(武)'자를 더하여 구분하였다.

청대 무과고시는 강희 29년(1690) 이후부터는 매년 10월 18일을 전후하여 시행되었다. 당시 무과고시는 내장(內場)과 외장(外場)으로 구분하였다. 내장은 태화전에서 시행되는 필기시험이다. 내장 다음날에는 무공을 시험하는 외장이 자광각(紫光閣) 앞 광장에서 진행되었다. 외장의 시험과목은 평지 활쏘기, 말 타고 활쏘기, 칼 쓰기 등 여러 기술적 항목과 용맹함을 측정하는 내용이 포함되었다.

시험이 모두 끝나면 황제는 직접 1갑 3명, 2갑 5명, 3갑 전열 10명 등 총 18명의 합격자를 정하여 명단을 병부상서에게 건넸다. 황제가 궁으로 돌아간 뒤 병부 당관은 합격자 명단을 밀봉하여 내각에 전하고 이곳에서 최종합격자의 이름을 쓴 방이 제작되었다. 다음날 황제가 태화전에서 합격자 명단을 발표하는 전려가 있게 되는데, 의식절차는 문과와 동일하였다.

5. 구결(勾決)

고대 황제들은 휼형(恤刑)이라 하여 중죄인이라도 함부로 처형하지 않고 사형결정에 매우 신중을 기하였다. 구결은 구도(勾到)라고도 하는데 매년 가을 황제가 친히 안건을 심의하여 해당자의 이름 앞에 홍색 갈고리 표시를 한 자는 처형토록 하였다. 구결 의식은 건청궁 내의 무근전(懋勤殿)[59]에서 거행되었기에 무근전 구결이라는 이름이 붙여졌다.

명청대의 형법에 따르면 사형수에 대한 심리는 각 주현에서의 초심을 거쳐 성에 보고되고, 각 총독과 순무의 판단을 거쳐 중앙의 삼법사(三法司, 형부, 도찰원, 대리시)의 회심(會審)을 거치도록 하였다. 회심에서는 먼저 중급 관원들이 법률조항을 참작하여 형량을 정하는데, 이 과정만도 몇 차례에 걸칠 정도로 매우 조심스럽게 심리하였다. 다시 9경(6부와 도찰원, 통정사사, 대리시당관)의 회의를 통과한 이후 안건은 황제에게 넘겨져 최종적인 심리를 거치도록 하였다.

---

[59] 황제가 독서하거나 주본을 비열하고 서화를 감상하던 곳으로 황제 어용의 도서와 필묵을 보관하였다. 전 내에는 건륭제 친필의 '기명유밀(基命宥密)' 편액이 걸려 있었다.

구결 날자는 반드시 흠천감에 의해 정해져 내각이 황제의 유지를 받아 행해졌다. 형부는 사전에 각 성에서 올라온 범인의 명단을 올리고 각 도(道) 어사는 부본을 열람토록 하였다. 구결 당일 여명 내각대학사, 대학사, 학사, 형부상서, 형부시랑, 한림 기거주관원은 모두 건청문 밖에 집합하고 무근전 태감은 어좌와 황안을 준비하고 황안 위에는 문구(文具)를 준비하였다. 또한 황안 보다 약간 낮은 책상 두 개를 준비하여 하나는 어안 앞에 다른 하나는 어안 우측에 놓고 그 위에는 붉은 붓과 붉은 벼루를 놓아두었다.

사시(巳時)가 되면 황제는 소복(素服)차림으로 무근전의 어좌에 자리하고 대학사 등 관원들은 상복(常服)차림으로 입장하여 어안 앞과 어안 우측의 낮은 책상 앞에 무릎을 꿇고 앉았다. 이어 내각학사가 주갑을 열고 차례로 안건을 황제에게 보고하여 처형할 것인가 살릴 것인가 결정하도록 하였다. 이름 앞에 표시가 된 자는 대학사가 붉은 먹으로 갈고리 표시를 하는데 이의 경우에 해당하는 자는 처형이 확정되는 것이다.

그러나 어떤 안건의 경우는 당장 결론을 내리지 않고 다음해에 다시 심리하거나 판결을 번복시키는 경우도 있었다. 구결이 끝나면 내각학사는 명부를 거둬 함 속에 넣고 대학사는 구결 판결서를 들고 물러났다. 황제가 궁으로 돌아가면 대학사는 구결본을 홍본처(紅本處)에 넘겨 해당자를 처형하도록 하였다.

6. 정신(廷訊)과 정장(廷杖)

1) 정신

정얼(廷讞) 혹은 정국(廷鞫)이라고도 부르는 정신은 황제가 조당(朝

堂)에서 직접 대신이나 범인을 심문하는 것을 말한다. 정신의 예는 그다지 많지 않았으니, 이는 조당 자체가 심판장소가 아니고 황제 역시 심판관이 아니기 때문이다. 그러나 황권이 지고무상했던 명청 양대에 황제는 자신이 하고 싶은 대로 무엇이든지 거리낌이 없었기에, 자신이 판단하여 중대하다고 생각되는 사안에 대해서는 법을 관장하는 여러 기구를 제쳐두고 직접 심리하는 경우도 없지 않았다.

명말 숭정제는 직접 조당에서 오창시(吳昌時)를 정신하고 고문한 적이 있었다. 숭정 말년 내각의 우두머리인 주연유(周延儒)가 권력을 앞세워 다량의 뇌물을 수수할 때 오창시도 그에 빌붙어 악행을 마다하지 않았다. 얼마 뒤 주연유가 파직당하고 오창시도 내관(內官, 태감)들과 결탁했다는 이유로 탄핵을 당하게 되었다.

평소 외관과 내관이 내통하는 것을 가장 금기시하였던 숭정제는 1643년 7월 25일 대소신료들을 중좌문(中左門)에 모아놓고 직접 오창시를 심문하였다. 처음 오창시를 탄핵했던 어사와의 대질에서도 자신의 죄를 인정하지 않자 화가 난 숭정제는 대신들의 만류에도 불구하고 태감으로 하여금 고문을 가하게 하여 오창시는 허벅지뼈가 부러져 혼절하였다. 이후 금의위감옥에 갇힌 오창시는 몇 개월 뒤 참형에 처해졌다.

청의 경우에는 가경 연간인 1813년 10월 8일 천리회(天理會) 회당이 궁성을 습격한 일이 있어 그 수령인 임청(林淸)·유진정(劉進庭) 등에 대해 가경제는 친히 서원(西苑)에서 정신을 갖고 당일로 이들을 능지토록 결정하였다.

2) 정장

정장은 조정에서 대신을 매질하는 야만적인 행위로 금, 원대부터 시작되었다. 특히 원대 대신들이 정장을 당한 경우는 수없이 기록에 보이 명대에도 전대의 악습이 이어졌으며 오히려 더욱 심해지는 경향이었다. 명대에는 관직의 고저나 신분의 존비에 상관없이 조금이라도 황제를 노하게 하는 경우는 즉시 끌어내려 곤장을 때리고 매질이 끝나면 팽개쳐져 죽더라도 그걸로 끝이었다. 명대 조신(朝臣)들에 대한 매질은 금의위 소속 교위가 맡았고 사례감 태감이 이를 감독하였다. 정장은 주로 오문 밖에서 이루어졌다.

형을 집행할 때 관원들은 붉은 옷을 입고 오문 밖 서쪽 계단 아래 도열하였는데 좌측에 태감, 우측에 금의위관 각 30명이 배치되었다. 그 아래로 금의위 교위 100여 명이 손에 몽둥이를 들고 도열하였다. 태감이 성지(聖旨)를 읽고 나면 한 사람이 매 맞을 관원의 상체를 마포로 묶어 좌우로 움직이지 못하게 고정시키고 한 사람은 양다리를 붙잡는다. 매 맞을 엉덩이 부분은 발가벗겨지고 머리와 얼굴은 땅바닥에 쳐박힌다. 형 집행을 감독하는 사례태감이 명령을 내리면 교위들이 일제히 복창하고 매질이 시작된다. 매질이 끝나면 4명의 교위가 포대기에 담아 끌어냈다.

성화(成化, 1465~1487) 이전 정장을 당하는 자는 하의를 벗기지 않고 두툼한 솜으로 만든 방석을 엉덩이에 대어 다만 시욕(示辱)에 그쳤으며 피가 나고 살이 터지는 경우는 없었다. 그러나 정덕(正德, 1506~1521) 초년 조정대신들을 몹시 싫어한 사례태감 유근(劉瑾)이 득세하면서부터 하의를 벗기고 방석도 없애 정장을 당하는 이들은 육체적으로도 큰 고통을 당하게 되었으며 이후 이것이 관례로 굳어졌다.

정덕, 가정(嘉靖, 1522~1566)대에는 한꺼번에 백 명이 넘는 대신이 집단으로 정장을 당한 경우가 있었고, 심지어는 관복을 입은 채로 매를 맞는 경우도 있었다. 정장을 당하는 이들은 대부분 사전에 자신이 정장의 대상임을 알고 매를 맞기 전 약을 먹어 최소한 맞아서 죽는 일이 생기지 않도록 대비하였다. 갑작스레 곤장을 맞게 되면 피가 위로 몰려 10대로도 사망하는 경우도 있었다. 곤장을 맞고 혼절한 사람은 소변을 먹이면 살아난다는 말이 있었다. 숭정(崇禎, 1628~1644)연간 곤장 100대를 맞은 강채(姜埰)가 혼절하자 그의 동생 강해(姜垓)가 형의 입안에 소변을 부어넣어 살려냈다는 기록도 보인다.

곤장의 강도는 순전히 매를 때리는 교위와 감형태감의 손에 달려 있었다. 매질하는 금의위 교위는 감형태감의 신발 끝을 보고 강약을 조절하였다. 만일 감형태감의 양쪽 신발 끝이 밖으로 향한 팔자(八字)를 그리면 매 맞는 자는 최소한 죽음은 면할 정도로 매질을 당하게 되고, 감형태감의 신발 끝이 안으로 모아진 팔자를 그리면 목숨을 부지하기는 어려워진다.

제3절 황제 일상언행의 기록

1. 금중기거주

기거주의 정식명칭은 기거주책(起居注册)으로 중국 고대에 전문적으로 제왕의 언행을 기재한 책자이다. 그 체례는 편년체로 매일 기록하여 매달 책으로 묶는데, 기록된 내용 가운데 어떤 것은 기거주관이 전정(殿廷)에서 직접 보고 들은 사실(史實)을 기록하고 어떤 부분은 당시의 관문서에서 발췌한 것들이다.

중국에서 기거주책의 형식으로 제왕의 언행을 기록한 것은 아주 오래 전부터로 통상 상·주시기 '좌사기동(左史記動), 우사기언(右史記言)'의 제도와 연관지어 왔다. 그러나 기거주라는 명칭이 처음 출현한 것은 대략 한대부터인 것으로 알려져 있다. 즉 전한 무제대에 금중기거주가 있었다고 하나 이 책은 후세에 전해지지 않기 때문에 정확한 내용을 파악해 볼 수는 없다.

『후한서(後漢書)』에 다시 기거주 편찬에 관한 내용이 있는 것으로 보아 늦어도 후한대에 기거주가 출현하였음을 알 수 있다. 이후 위(魏)에서는 기주(記注)만을 책임지는 관직이 설치되어 기거령사(起居令史)라 하였다. 당송대에는 기거사인(起居舍人), 기거랑(起居郎) 등이 있어 각기 중서성과 문하성에 예속되었다. 명청대에는 한림사신(翰林詞臣)이 기거주관을 겸임하였다. 이로 보건대 한 이후 청대까지 약 2천 년간 황제의 기거와 언동에 관한 기재는 비록 중간에 단절된 경우는 있었으나 대체로 연속되어 왔음을 알 수 있다. 다만 연대가 오래되고 왕조의 교체가 빈번하여 역대 왕조의 기거주책은 전해지는 것이 거의 없고, 오직 청대의 기거주책만이 비교적 완전하게 지금까지 전해지고 있다.

『실록(實錄)』과 『대청회전(大淸會典)』등 관찬서의 기록에 따르면 청조는 입관 이전 이미 홍타이지의 기거를 기록했던 것으로 보인다. 그러나 청대 정식으로 기거주관(起居注館)이 설치된 것은 강희 9년(1670)의 일이다. 『흠정대청회전사례(欽定大淸會典事例)』의 기록에 따르면 강희 7년 내비서원(內秘書院), 8년 급사중(給事中)이 기거주관의 설치를 주청하자 9년에 이르러 마침내 기거주관을 태화문 서쪽 회랑에 설치하였다고 기록되어 있다. 이후 청이 멸망할 때까지 약 200여 년간 오직 강희 57~61년(1718~1722) 일시 기거주관이 철폐된 것을 제외하고는 여타 기간에는 시종 기주가 이루어져 비록 완전하지 않음에도 불구하고 현재까지 발견된 기거주책만도 12,000여 책에 이른다.

청대 기거주책의 기록체계는 엄격한 규정이 있어 어떤 일을 기록해야할지, 어떤 일은 기록하지 말아야할지, 심지어는 기주의 순서와 기술할 분량까지 명백히 규정하였다. 곧 조회, 제사, 전례, 일강(日講), 유지(諭旨), 제(題), 주(奏), 관원인견, 근견(覲見), 소견(召見), 고급관원의 승천(升遷), 파면, 휴가, 사망, 황제와 대신간의 문답 등 황제의 모든 기거언동에 대해 어떤 것을 전부 기록할지 요약할지 혹은 기록하지 말아야할지 정해진 규칙이 있었다. 그러나 전체적으로 보아 강희제, 특히 강희 18년(1679) 이전의 기주는 비교적 간략함에 비해 옹정 2년(1724) 이후부터 건륭, 가경에 이르면서 기거주책의 내용은 하루하루 증가하여 강희제 때 매달 1책(冊)에 불과하던 분량이 매달 2본(本)으로 증가하였다.

청대 기거주책의 기록과 편사(編寫)를 담당한 관원은 명대와 마찬가지로 한림원(翰林院), 첨사부(詹事府)의 일강관원이 담당하였다. 따라서 이들을 통칭하여 일강기거주관이라 하였다. 『청조회전(淸朝會典)』의 기록에 따르면 일강기거주관은 만주 8인, 한인 12인으로 구성되었다.

강희 연간의 예를 들면 매일 만, 한 각 1인의 기거주관이 황제의 지근거리에서 기록을 담당하였는데 필요에 따라 간혹 인원이 증원되기도 하였다. 이들은 황제가 참가하는 조회, 경연, 임옹(臨雍)[60], 경적(耕籍)[61], 제사 등에 동행하여 보고 들은 바를 그대로 기록하였다. 기거주관은 근무시간이 끝나면 매일 그날의 초고를 작성하는데, 이 과정에서 잘못 기록하는 일이 없도록 필요시에는 원시자료를 직접 참고하기도 하였다.

매일의 기록은 그날의 담당 기거주관이 말미에 자신의 서명을 넣고, 이렇게 한 달 동안 모아진 내용은 책으로 묶어 일정한 시기가 되면 이를 모아 편찬하였다. 일반적으로는 해가 바뀌면 전 해의 기거주책을 편정(編定)하고 책의 맨 뒤에는 편찬관의 발(跋, 책 후미에 책의 개술과 평론을 적는 것)이 더해지고 한 페이지씩 건너뛰어 장정선에 한림원의 도장을 찍었다. 이렇게 하여 연말에 황제에게 올려진 기거주책은 내각에 수장되었다. 다만 최초의 원고는 한림원에 남겨지는데 이로 미루어 기거주책은 일반 관찬서와 달리 가장 원시적인 사료의 성질을 지니고 있음을 알 수 있다.

내정(內廷)의 비적(秘籍)으로 간주된 기거주책은 내각에 보관되어 유관관원 이외에는 누구도 함부로 볼 수 없으며, 심지어 명의상으로는 황

---

[60] 제왕이 친히 벽옹(辟雍)에 행차하는 것을 말한다. 벽옹은 주 천자가 세운 태학으로 후세에는 대대로 예의를 강습하는 장소로 중시되었다.

[61] 매년 봄 농사 시작에 맞추어 천자나 제후가 의식을 행하고 직접 제사용 곡물을 심어 권농의 뜻을 펼쳐 보이는 행위를 말한다.

제 본인도 자신의 언행을 기록한 기거주책을 열람할 수 없었다. 예를 들어 강희 22년 한림원이 강희 21년의 기거주책을 올리자 황제가 9경에게 명하여 그 내용을 심사하려 하였으나 9경의 반대로 뜻을 이루지 못하였다. 그보다 앞서 당 문종(文宗, 827~840)도 두 차례 기거주를 열람하려다 거절당하였다.

기거주책이 내정의 비적으로 간주된 까닭은 기거주관이 가장 지근거리에서 가장 생생하게 보고 들은 그대로 황제의 언행을 상세하게 기록하고 있기 때문이었다. 기거주책은 가장 생생하고 직접적인 사료로서의 가치를 지녔기에 후일 『실록(實錄)』을 편찬하는 과정에서도 가장 중요한 자료이자 편사의 근거로 활용되었다.

2. 내기거주

내기거주는 소기거주(小起居注)라고도 칭하며 제사, 황제 집안의 연회, 문안(問安), 행행(行幸), 후비(后妃)와의 양성관계) 등 황제의 금중 생활기거를 전문으로 기록하였다. 명대에는 문서방(文書房)태감이 기록을 담당하였고 청대에는 궁전감관사(宮殿監管事)태감이 기록을 담당하였다. 내기거주의 내용은 궁정생활 중의 사소한 것을 기록하였기에 그 사료적 가치는 기거주책에 비할 바가 아니나 특별한 경우에 있어서는 기록으로서 상당한 효용을 발생하는 경우도 있었다. 그 가장 대표적인 예가 명 신종(神宗, 1573~1619)대에 발생하였다.

6세에 태자로 책봉되어 10세에 부친 목종(穆宗, 1567~1572)이 사망하자 황제의 자리를 계승한 주익균(朱翊鈞)은 다음해 만력(萬曆)이라 개원하였다. 16세에 왕씨와 결혼하였으나 황후와의 관계가 원만하지 못하였고 왕 황후는 소생이 없어 정실임에도 불구하고 냉대를 당하였다. 모친 이 태후와 정이 깊었던 신종은 자주 자녕궁(慈寧宮)[62]에 들러 모친에게 문안인사를 올렸다.

　19세 되던 해 어느 날 자녕궁에 문안차 들렀다 궁녀 왕씨의 자태에 반한 신종은 강제로 관계를 갖고 이후 이 일을 잊고 있었다. 수개월이 지난 뒤 왕씨의 얼굴색이 변하고 행동이 이전에 비해 이상한 것을 감지한 이 태후의 추궁으로 왕씨는 황제와의 관계를 이실직고하였다. 비로소 사건의 전말을 알게 된 이 태후는 기회를 보아 황제에게 왕씨와의 관계를 물었으나 황제는 완강하게 이를 부인하였다. 이에 태후는 문서방태감에게 내기거주를 가져오게 하여 왕씨가 말한 모월 모일의 내용을 살피니 과연 "모월 모일 황제가 궁녀 왕씨와 관계했다"는 내용이 명백하게 적혀 있었다. 결국 황제의 아이를 가진 왕 씨는 재인(才人)으로 봉해지고 만력 10년 8월 황장자를 출산한 뒤 공비(恭妃)로 봉해졌다. 이 황장자가 바로 후일의 광종(光宗, 1620) 주상락(朱常洛)이다.

---

[62] 자금성 내 건청문 앞 광장 서쪽에 있는 융종문(隆宗門) 뒤편(서쪽)에 위치하며 명 가정 15년인 1536년 세워져 명청대에 황태후의 거처로 사용되었다

제4절 새보(璽寶)와 책보(冊寶)

황제의 인장을 새보라 하며, 황후 및 비빈의 책봉과 더불어 수여되는 증서와 인장을 책보라 한다. 황제의 인장은 공장(公章)과 사장(私章)으로 구분되는데 새보는 공장에 속한다. 당 이전에는 새라 칭하였고 그 이후부터는 보라 칭하였다.

무릇 황제가 국가를 대표해서 발포하는 조서 혹은 기타 문자를 통해 내리는 명령서에 사용되는 인장이 바로 새보이다. 황권의 상징인 새보는 또한 보새(寶璽), 어새(御璽), 어보(御寶), 옥새(玉璽) 혹은 국보(國寶)라고도 칭하였다. 황후 책립이나 비빈을 책봉할 때 수여하는 책보는 신분의 상징물일 뿐 실제상 사용처는 거의 없었다.

1. 새보의 연혁

새보라는 이름이 처음 선보인 것은 진나라 때이다. 천하를 통일한 진시황은 전제주의적 중앙집권체제를 완성하고 자신의 인장을 새라 칭하였다. 유방이 함양을 함락하자 자영(子嬰)은 스스로 부(符)[63]와 새를 유방에게 바치니 이는 정권을 이양한다는 상징적 의미를 지닌 것이다.

진시황이 쓰던 새의 형태에 대해서는 역사서의 기록이 모두 일치한다. 즉 남전(藍田)에서 생산된 옥으로 만들어진 시황의 새는 리호(螭虎, 이무기와 호랑이)를 새긴 손잡이가 달려 있었으며, 글씨는 이사(李斯)가 쓴 소전(小篆)이 새겨져 있었다. 그러나 새겨진 글의 내용에 대해서는 여러 가지 설이 분분하다. 어떤 이는 '수명우천, 기수영창(受命于天, 旣壽永昌)'이라 새겨져 있었다 하고, 어떤 이는 '수천지명, 황제수창(受天之命, 皇帝壽昌)'이라 적혀 있었다고 하는데, 총 8자가 새겨져 있었음에는 의견을 같이하나 자세한 것은 밝혀낼 방도가 없다.

진시황대에 만들어져 사용되었던 새는 유방에 의해 '전국새(傳國璽)'로 이름이 정해져 세세대대로 전해지도록 하였다. 무릇 새로 황위를 계승한 황제는 이 인장을 접수함으로써 비로소 황위가 합법화되고 신하와 만백성의 승인을 얻게 되었다. 진명천자의 표지이자 국가권력의 상징인 전국새를 차지하기 위해 전한 이후 조야의 야심가들은 갖은 방법을 동원하였다.

한을 찬탈한 왕망은 전국새의 확보를 최우선 과제로 삼아 이를 보관하고 있던 태황태후 왕정군을 압박하였다. 이 과정에서 태황태후가 전국새를 방바닥에 내던져 손잡이의 한쪽 부분이 떨어져나간 전국새는 결국 왕망의 손에 넘겨지게 되었다.

한쪽 귀퉁이가 떨어져 나간 전국새를 얻고 의기양양하던 왕망은 사망할 때도 이를 몸에 지니고 있을 정도였다. 이후 후한의 역대 황제들에게 전해지던 전국새는 헌제(獻帝, 190~219) 말년 행방이 묘연해졌다. 후한 이후 전국새는 이미 세상에서 사라졌으나 이후에도 적지 않은 왕조의 통치자들이 진시황이 만든 전국새를 소유하고 있다고 갖은 이야

---

63) 고대 제왕이 명령을 하달하거나 군사를 이동할 때 쓰던 상징물로 대나무, 나무, 금 혹은 옥으로 만들었다.

기를 꾸며대기도 하였다.

양한시대 전국새는 신보(神寶)로 간주되어 실제 사용되지는 않았다. 당시 황제는 통상 6개의 다른 인장을 사용하였으니 황제행새(皇帝行璽)·황제지새(皇帝之璽)·황제신새(皇帝信璽)·천자행새(天子行璽)·천자지새(天子之璽)·천자신새(天子信璽)의 속칭 6새가 그것이다.

이상 6새의 날인 범위는 각기 엄격한 규정이 있었다. 예를 들어 제후왕 및 관원을 임명할 때는 황제행새, 조서반포와 문자형식의 명령을 내릴 때는 황제지새, 국내와 외국에 군사를 동원할 때는 황제신새, 대신을 소환할 때는 천자행새, 외국 군주의 책봉 등 외국과의 관련사무를 처리할 때는 천자지새, 천지와 귀신을 제사지낼 때는 천자신새를 사용하였다. 이들 인장의 재질은 모두 백옥으로 손잡이는 리호형태를 하여 기본적인 모양새는 전국새와 동일하였다.

위·진과 남조 송 시기의 보새는 완전히 한의 제도를 모방하여 6새의 인문(印文), 사용범위가 한의 6새와 동일하였다. 또한 보새의 재질과 손잡이의 장식도 한의 것을 그대로 모방하였다.

북조와 수의 보새제도는 약간의 변화가 있었다. 예를 들어 북제대에는 6새 이외에 독섭만기(督攝萬機)라는 4글자가 새겨진 나무인장이 추가되었다. 이 인장은 길이가 1척 2촌, 넓이가 2촌 5분, 손잡이 길이가 9촌에 두께가 1촌 넓이가 7분에 달할 정도였다. 또한 수나라에서는 두 개의 전국새를 새로 각인하였으니 그중 하나는 신새(神璽), 또 다른 하나는 수명새(受命璽)라 칭하였다.

당대 황제의 인장은 이전 새라하던 것을 보로 고쳐 부르게 하였다. 즉 측천무후는 자신의 모든 인장을 보로 개칭하도록 하였다. 중종이 복위한 뒤 다시 새라 고쳐 부르게 하였으나 현종이 개원 6년(718) 재차 보로 개칭한 뒤부터는 이후 모든 왕조가 황제의 인장을 일률적으로 보라 칭하였다.

북송의 황제들은 즉위하면 수명보(受命寶)라 하여 자신의 인장을 새로 각인하는 전통이 있었다. 이외에도 북송 초기에는 천하합동지인(天下合同之印), 어전지인(御前之印), 서조지인(書詔之印) 등 3종의 인장이 사용되기도 하였으나 정식으로 인정된 인장은 8개에 불과하였다. 즉 진국보(鎭國寶), 수명보(受命寶)와 한의 것을 모방한 6새가 그것이다. 휘종 정화 7년(政和, 1117) 정명보(定命寶)라 하여 16자나 새겨진 보를 새로 만들어 이전의 8보와 더불어 황제의 공장은 9보가 되었다.

남송시기에는 북송으로부터 전해 내려온 대송수명지보(大宋受命之寶, 송 태조 때 각인), 정명보와 새로 각인한 금보 3개, 옥보 1개, 호국신보(護國神寶), 수명보와 한의 제도를 모방한 6보를 합하여 총 14보가 황제의 정식 인장으로 정해졌다.

원대 황제의 보는 대체로 수와 당의 제도를 따라 전국보와 황제지보 등 6보가 있어 수량면에서 송대보다 줄어들었다. 그러나 인문은 파스파문(八思巴文), 범문(梵文)과 한문(漢文)으로 조성되어 이전에 비해 훨씬 다양하였다.

명청 양대는 다시 송의 다보(多寶)제도를 회복하였다. 명대 보의 인문은 한 이후의 전통적인 6보를 제외하고 나머지는 모두 바뀌었다. 명대 전기 어보는 17개로 정해졌으며 세종 가정 18년(嘉靖, 1539) 7개를 더해 총 24개로 정하였다.

청은 명의 제도를 답습하였다. 건륭제는 즉위 11년(1747)째 되던 해에 25보를 흠정(欽定)하였다. 그 가운데 20개는 완전히 명제를 답습하고 5개만 청실에서 정하였는데 인문은 만문과 한문이 혼합되었다.

건륭 13년(1749) 황제는 어보에 쓰인 한문 전서체와 만문 본자(本字)가 서로 어울리지 않는다하여 대청수명지보(大淸受命之寶), 황제봉천지보(皇帝奉天之寶), 대청사자지보(大淸嗣子之寶)와 만문으로 각인된 황제지보(皇帝之寶) 4개만을 남겨두고 나머지 21개의 만문 본자를 일률적으로 전체(篆體)로 바꾸도록 하였다. 25개의 어보 가운데 두 개의 황제지 보는 중문(重文, 한쪽은 만문, 한쪽은 한문)이고 나머지 23개의 인문은 각기 달랐으며 각각의 사용범위는 명확한 규정이 있었다.

2. 새보의 관리와 사용

명청 시기의 새보제도는 이미 상당히 완비되어 각 보는 각기 다른 용도에 맞추어 그 사용이 엄격하게 규정되었으며 평소에는 보록(寶盝)[64] 가운데 보관하였다. 청대의 25보는 교태전(交泰殿)에 안치하였다. 인장을 담아두는 보록은 네모난 상자로 바깥쪽은 나무, 안쪽은 쇠로 되어 있었으며 매우 섬세하고 정교하게 만들어졌다. 보록은 작은 나무탁자 위에 놓여있고 평소 그 바깥으로는 용무늬가 새겨진 노란 비단으로 가려져 있었다. 보록 하나에는 각각 하나의 어보가 담겨져 25개의 보록이 가지런하게 교태전 어좌의 양측과 등 뒤에 놓여졌다.

명대 어보의 관리는 궁내 태감기구 12감 가운데 하나인 상보감(尚寶監) 태감이 담당하였고 청대에는 총관태감(總管太監)이 성지를 받들어 날인하였다. 명대 어보를 사용할 때는 외관(外官)이 신청하면 외상보사(外尚寶司)가 신청서를 가지고 상보감에 보고하고 황제의 허락이 떨어지면 다시 여관(女官) 상보사(尚寶司)에 가 어보를 수령하였다. 상보감 태감은 외관이 어보를 날인하는 것을 감독하고 날인이 끝나면 등록을 하고 어보를 반환하였다.

청대 어보의 사용과정도 대체로 명대의 순서와 비슷하였다. 혹 성대한 경전이 베풀어질 경우 어보를 전례현장에 가지고 나와 날인하는 경

---

[64] 황제의 인장이나 부처의 사리를 모셔두는 상자로 함(函)이라고도 부른다.

우도 있었다. 예를 들어 건륭제의 등극대전 시 태화전에서 조서를 반포하였는데, 당시 내각학사가 현장에서 조서 위에 어보를 날인한 뒤 용정에 넣어 천안문 성루 위에서 공포하였다.

3. 황제의 사장(私章)

황제가 개인적인 용도로 새겨 사용하는 사장은 한장(閑章)이라고도 칭하였다. 그 재질은 일반인들이 쉽게 구할 수 없는 진귀한 것이 보통이었다. 인문은 전체(篆體)를 주로 하였으며 음각과 양각이 공히 사용되었는데, 특별한 규정이 없이 황제의 개인적인 취향에 따랐다. 사장에는 일반적으로 황제의 성명을 쓰지 않았다. 이러한 사장의 용도는 그다지 많지 않아 대부분 내부(內府)에 수장된 도서전적, 황제가 감상하고 난 고서화, 비첩(碑帖), 법서(法書) 및 서화작품 혹은 신하에게 하사하는 서화에 사용되었다.

청대의 황제 가운데는 강희와 건륭의 사장이 숫적으로 가장 많았는데 그 가운데서도 건륭의 것이 최고였다. 그가 말년에 가장 즐겨 쓰던 사장의 인문은 고희천자지보(古稀天子之寶)로 같은 인문을 쓴 사장의 수가 헤아릴 수 없을 정도였다. 어서처(御書處)에서 각인한 이 인장은 크기, 형상, 재료가 각양각색이었는데 특히 동석(凍石), 상아(象牙), 옥(玉) 등 그 재질이 진귀하고 다양한 것으로 유명하였다.

함풍제도 두 개의 한장을 새겨 몸에 지니고 다녔는데 하나는 황석(黃石)을 재질로 어상(御賞)이라 양각한 것이고, 다른 하나는 수산석(壽山石) 재질로 동도당(同道堂)이라 음각한 것이다. 사망 직전 함풍제는 어상장을 황후(자안태후, 동태후)에게, 동도당인을 유일한 아들 재순(載淳), 곧 동치에게 주었다. 당시 동치의 나이가 어려 이 인장은 그의 생모인 자희태후의 수중으로 들어가게 되었다. 신유정변(辛酉政變)[65] 후 자안과 자희 두 태후는 숙순 등으로부터 상유 반포의 권한을 박탈하였는데, 이후 발포된 상유의 처음과 끝에는 필히 자안태후를 대표하는 어상장과 자희태후를 대표하는 동도당인이 찍혀야 유효하였다.

4. 후비의 책보

책보는 황제가 황후를 책립하거나 황귀비, 귀비, 비, 빈의 책봉 혹은 휘호(徽號)[66]를 올릴 때 사용하는 책과 보를 말한다.

책에는 금책, 옥책의 구분이 있으며 오늘날의 증서에 상당한다. 보는 인장으로 황태후, 황후, 황귀비, 비, 빈 등 신분의 상징물이며 실제상의 용처는 거의 없었다. 청대의 규정에 따르면 무릇 황후를 맞이하거나 황태후, 태황태후로 존봉(尊封)할 때 혹은 휘호를 올릴 때는 모두 금책과 금보를 같이 올리도록 하였으며 휘호를 올리는 경우에는 옥책과 옥보를 올리는 경우도 있었다. 황귀비, 귀비의 책봉 시에는 금책과 금보를 내리고 비를 봉하는 경우에는 금책과 금인, 빈을 봉할 경우에는 단지 금책만 내릴 뿐 인보는 없었다. 청대 황후지보는 황금 3근으로 만들어졌으며 정방형으로 인문은 만한문이 병렬로 되어 있었다.

---

[65] 영불연합군의 북경 점령 직전 열하 피서산장으로 피난하였던 함풍제가 1861년 행궁에서 사망하였다. 이어 함풍제로부터 장래를 부탁받은 어전대신 재원(載垣)과 숙순(肅順) 등 8대신과 새 황제 재순의 생모(자희태후) 간에 모순이 발생하자 자희태후는 함풍제의 황후인 자안태후 및 권력중심에서 소외된 함풍의 이복동생 공친왕 혁흔(奕訢), 군기대신 문상(文祥) 등과 연합하여 정변을 일으키고 권력을 장악하였다. 이 해가 육십갑자로 신유년에 해당하기에 이 사건을 신유정변이라 부른다.

[66] 후비가 승하한 후 시호와 함께 올리는 존호.

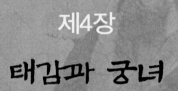

제4장

태감과 궁녀

제1절 태감제도

중국의 고대 문헌 가운데는 태감을 칭하는 다른 명칭이 상당히 많이
보인다. 중관(中官), 환관(宦官), 사인(寺人), 환자(宦者), 내시(內侍), 내
신(內臣), 엄인(閹人), 엄환(閹宦), 중연(中涓), 내수(內豎), 중귀인(中貴人)
과 같은 명칭이 모두 태감의 다른 칭호이다. 중국 역사상 태감과 태감
제도라는 독특한 정치세력이 군주전제체제하에서 활약한 것은 수천 년
의 역사를 지녔다.

1. 태감제도의 연혁과 태감의 공급

상대 중엽 이후 통치자들은 전쟁포로에게 강제로 궁형(宮刑, 거세형)
을 가하여 노예로 삼고 노예주의 생활을 돕도록 하였으니 이것이 중국
역사상 최초의 태감이었다. 이들의 신분은 집안의 노예로, 하는 일은
후기의 태감과 크게 다르지 않았다. 당시 남자 노예주들은 처첩의 육체
와 감정을 독점하고 그녀들의 정조를 보증하기 위해, 당시의 의학지식
을 이용하여 엄인과 같은 중성 노예를 만들어냈던 것이다.

노예제도가 붕괴된 이후에도 태감제도는 그대로 존속하였으니 봉건

제왕들은 개인의 욕심을 위해 태감제도를 발전시키고 태감의 직권을 확대시켜 나갔다. 전국시대 조(趙)나라에서는 환자령(宦者令)을 두고 태감을 통괄토록 하였다. 천하를 통일한 진시황대 태감은 소부(少府)에서 관리하였다. 한을 건국한 유방은 진의 제도를 답습하여 중상시관(中常侍官)을 두어 태감을 관리토록 하였으며, 이후 청대에 이르기까지 역대 왕조는 모두 태감을 두었다.

태감의 공급원은 크게 3갈래로 나누어 볼 수 있다. 첫째는 죄인(죄를 지은 귀족과 관리 포함)에게 궁형을 가하여 궁정의 태감으로 충당시키는 것으로 당대 현종을 모셨던 고력사(高力士)가 이 경우에 해당하였다. 두 번째는 매매, 공헌(貢獻), 속임수 등으로 민간의 어린아이를 전문적으로 태감을 공급하는 기구에 보내 거세시키고 약간의 훈련을 시킨 뒤 궁정에 보내는 것이다. 셋째는 개인적인 목적으로 자진하여 수술을 받거나 스스로 거세한 뒤 태감을 자원한 경우로 명대 위충현(魏忠賢), 청대 이연영(李蓮英)이 여기에 해당한다.

전체적으로 살펴보면 대략 수나라 때 궁형이 폐지되기 이전에는 포로 혹은 죄인과 그 가족이 궁형을 당하여 태감에 충당되는 경우가 대부분이었다. 궁형이 폐지된 이후에는 매매, 공헌, 속임수 등으로 거세당하거나 스스로 거세하여 태감이 되는 경우가 많았다.

2. 정신(淨身)

태감이 입궁 이전 할세(割勢, 혹은 거세라 칭함)하는 것을 정신이라 한다. 거세의 구체적인 방법에 대해서는 정확한 문헌기록이 남아있지 않아 확실히 밝힐 수 없으나 단편적인 기록을 종합해보면 대체적인 윤곽은 살필 수 있다.

중국역사상 가장 위대한 사학가로 평가 받는 사마천은 일찍이 부형
(腐刑)이라고도 하는 고대 오형(五刑)[67]의 하나인 궁형을 당하였다. 당
시 궁형을 행한 방법은 양잠(養蠶)의 방법과 같이 상처의 감염을 막기
위해 잠실과 같은 밀폐된 공간에서 약 1백일 가량 전혀 외부와 접촉하
지 않도록 격리조치 하였다.

거세 시 고환과 음경을 모두 제거하는지 혹은 그 가운데 하나는 남겨
두는지에 대해서도 확실한 문자기록이 남아 있지 않으나 전하는 바에
따르면 둘 다 제거하는 것으로 되어 있다.

그러나 또 다른 설에 따르면 청말 태감의 거세법은 고환의 기능만을
제거하는 것으로 되어있다. 즉 어린아이를 궁에 데려가 태감으로 만드
는 과정을 보면 엄관(閹官)이 엄지손가락으로 아이의 고환을 짓누르는
데, 처음에는 살살 시작하다 점차 힘을 가해 아이가 울음을 터트릴 때
까지 힘을 가하기를 하루에 세 번 계속하여 고환이 완전히 없어질 때까
지 반복하면 성적 기능을 상실하게 된다는 것이다. 이와 같은 방법은
흔히 전해지는 칼로 잘라내는 방법에 비해서는 비교적 과학적이고 그
래도 인도적인 방법이 아니었나 싶다.

거세된 태감은 생리적 변화가 심하게 나타나 수염이 나지 않고 목젖
도 솟지 않으며 목소리가 가늘게 변하여 여자의 목소리와 비슷해지며
행동거지 역시 남자도 여자도 아닌 중성으로 변하게 된다.

3. 업무와 조직기구

새로 입궁한 태감은 궁정의 규칙과 예절에 미숙한 관계로 입궁한지

---

67) 주나라 때의 다섯 가지 형벌로 묵(墨, 얼굴에 문신), 의(劓, 코 베기), 월(刖, 발
목 자르기), 궁(宮, 거세), 대벽(大辟, 사형)을 이른다.

오래되고 지위가 있는 태감 가운데 한 명을 스승으로 모시게 되고 늙은 태감은 새 태감을 교육시키면서 그들을 부리게 된다. 어느 정도 일이 돌아가는 상황을 알게 되면 새 태감은 각 궁의 총관(總管) 혹은 수령(首領)에 예속되어 일정한 업무를 분담받게 된다.

태감 가운데서도 입궁의 선후에 따라 고저, 귀천, 존비의 차이가 있게 되는데 상층의 태감은 황제를 가까이 모실 수 있을 뿐만 아니라 각급 아문에서 올라온 문서의 관리, 유지의 전달, 새보 관리, 황제의 의복 관리 등 중책을 맡게 된다. 그러나 대다수를 차지하는 일반의 하급 태감은 궁정의 시설물 관리와 청소, 야간근무 및 선방(膳房)·약방(藥房)·차방(茶房) 등의 잡일을 맡아하는 궁중의 노예와 같은 업무를 담당하였다.

태감의 조직기구는 역대 왕조를 통해 부단한 조정을 거쳐 명청시기에 이르면 거의 완비된 단계에 이르렀다. 명대 태감의 숫자는 상상을 초월할 정도여서 숭정(崇禎, 1628~1644)대 궁내와 외곽의 인원을 합해 10만에 이르렀다 한다. 이자성이 북경을 함락시킨 뒤 궁성에서 축출한 태감만도 7만에 이를 정도였다. 그러나 청대에 이르러 태감의 숫자는 많이 줄어 가장 많을 때가 2,600명 정도였고 청말에는 1,500명 정도였다.

태감의 조직기구도 명대에 가장 완비되어 12감(監), 4사(司), 8국(局), 통칭 24아문을 이루었다. 이들 내정기구는 황제의 정무처리는 물론이고 일반적인 사생활까지 모두 아울러 보좌하기 위해 설치되었다. 24아문의 업무내용을 살펴보면 다음과 같았다.

사례감(司禮監)

사례감의 제독태감(提督太監)은 황성 내 일체의 의례, 형명, 문단속, 물자공급을 담당하였다. 장인태감(掌印太監)은 내외의 장주 및 어전 감합(勘合)을 담당하였다. 병필태감(秉筆太監)과 수당태감(隨堂太監)은 장주문서의 관리와 내각의 표의에 따른 비주를 담당하였다.

이처럼 사례감은 황성 내 일체의 예의, 형명을 관장하였기에 암중 여타 감, 사, 국 등 내감아문을 감독하는 권력을 쥐고 있었으며, 이런 연유로 24아문 가운데서 가장 특별한 지위를 차지하였다.

내관감(內官監)

목(木)·석(石)·와(瓦)·토(土)·탑재(塔材)·동행(東行)·서행(西行)·유칠(油漆)·화약(火藥)·혼례(婚禮) 등 십작(十作)과 미염고(米鹽庫)·영조고(營造庫)·황단고(皇壇庫) 등을 관장하였다. 곧 궁실·능묘·기물과 빙고 등 사무는 내관감의 관장사항이었다.

어용감(御用監)

황제 주변에서 사용되는 병풍·침대 등 각종 목기와 자단·오목·나전 등으로 만든 완물(玩物)의 제조와 관리를 담당하였다.

사설감(司設監)

의장과 천막 등 사항을 담당하였다.

어마감(御馬監)

황제의 마필, 코끼리의 사육과 훈련을 담당하였다.

신궁감(神宮監)

태묘를 비롯한 각 묘의 청소와 여기에서 필요로 하는 향이나 등을 담당하였다.

상선감(尙膳監)

황제의 식사와 궁중의 식용물자 및 대소규모의 연회 등 사무를 담당하였다.

상보감(尚寶監)

황제의 어보를 관리하는 책임을 맡았다.

인수감(印綬監)

고금통집고(古今通集庫)[68], 철권(鐵券)[69], 고칙(誥勅), 첩황(貼黃)[70], 인신(印信), 감합(勘合)[71], 부험(符驗, 성문출입증), 신부(信符, 궁궐출입증) 등 사무를 담당하였다.

직전감(直殿監)

각 전(殿)과 회랑의 청소를 담당한 기구이다.

상의감(尚衣監)

황제의 관면(冠冕), 포복(袍服), 신발 등을 담당하였다.

도지감(都知監)

황제의 외출 시 길잡이 역할을 담당하였다.

석신사(惜薪司)

궁중에서 소용되는 장작이나 탄 등 땔감을 담당하였다.

---

[68] 자금성 동화문(東華門) 내 남쪽에 위치한 서적 보관창고.
[69] 공신에게 나누어 주던 훈공을 기록한 책.
[70] 명청시기 신하들의 상주문이 길어지자 그 내용을 1백자 이내로 요약하여 상주문의 뒤편에 첨부하도록 한 것.
[71] 군대파견, 가마의 황성 출입 등 상황에 사실을 증명하기 위해 발행된 징표.

종고사(鐘鼓司)

출조(出朝) 시 종고와 내악(內樂)을 비롯하여 각종 잡희(雜戱)를 담당하였다.

보초사(寶鈔司)

궁중에서 필요로 하는 종이제조를 담당하였다.

혼당사(混堂司)

궁내의 목욕과 관련한 업무를 담당하였다.

병장국(兵仗局)

병기제조를 담당하였으며 예하에 화약국(火藥局)을 두었다.

은작국(銀作局)

금, 은기 및 장식품 제조를 담당하였다.

완의국(浣衣局)

연로하거나 장애가 발생한 궁인들을 한 곳에 모아 수용하는 시설이다. 이는 궁중의 비밀이 밖으로 새나가지 못하도록 하기 위해서였으며, 완의국은 여타 내감기구와는 달리 황성 밖에 두었다.

건모국(巾帽局)

궁중에서 활동하는 태감의 모자와 신발, 부마의 관화(冠靴) 및 번왕(藩王)의 기치와 모자 및 신발 등을 담당하였다.

침공국(針工局)

궁중 의복의 봉제를 담당하였다.

내직염국(內織染局)

어용 및 궁내에서 필요로 하는 주단의 염색을 담당하였으며, 궁
성 밖에 따로 염색공장을 두었다.

주초국(酒醋局)

어주방(御酒房)과는 별도로 궁내에서 식용으로 쓰는 술, 초, 설
탕, 장, 면 등 각종 물품의 관리를 담당하였다.

사원국(司苑局)

궁중에서 소요되는 야채, 과일, 과류(瓜類)의 공급을 담당하였다.

이상의 24아문 이외에도 궁내에는 수많은 황실전용의 고(庫), 방(房)
이 존재하여 궁정생활의 수요에 응하였다. 이들 가운데 몇 가지만 들어
보면 다음과 같다.

내부공용고(內府供用庫)

궁내와 산릉(山陵, 역대 황제의 능묘) 등지에 근무하는 내관의
식미(食米)와 황제가 쓰는 황랍(黃蠟), 백랍(白蠟), 향료(香料) 등
을 담당하였다.

사월고(司鑰庫)

황제가 신하들에게 선물로 내리는 제전(制錢, 법정화폐)관리를
담당하였다.

내승운고(內承運庫)

금은보화 등 내정의 금고를 담당하였다.

갑자고(甲字庫)

은주(銀朱)[72], 황단(黃丹)[73], 수은(水銀), 오매(烏梅)[74] 등의 저장을 담당하였다.

을자고(乙字庫)

종이류의 저장보관을 담당하였다.

병자고(丙字庫)

실과 포필(布疋)의 저장을 담당하였다.

정자고(丁字庫)

생칠과 오동기름 등의 저장을 담당하였다.

무자고(戊子庫)

용도폐기된 활과 화살 및 투구 등의 저장과 관리를 담당하였다.

승운고(承運庫)

생견(生絹)의 보관과 관리를 담당하였다.

광영고(廣盈庫)

사라(紗羅) 등 각종 백필(帛疋)의 보관을 담당하였다.

---

[72] 유황과 수은을 섞어 가공한 약재.

[73] 납에 유황을 섞어 만든 고약의 재료.

[74] 껍질을 벗기고 짚불에 그슬려 말린 매실로 설사, 기침약으로 쓰인다.

광혜고(廣惠庫)

수건, 손수건, 빗, 붓 등 일상소모품의 제조와 저장을 담당하였다.

광적고(廣積庫)

염초와 유황 등 물품의 관리를 담당하였다.

장벌고(贓罰庫)

관에 몰수된 장물(贓物)의 관리를 담당하였다.

어주방(御酒房)

황제가 마시는 주류(酒類)의 제조를 담당하였다.

어약방(御藥房)

황제 전용의 의약품 관리기구이다.

어차방(御茶房)

차, 술, 견과류, 과일류의 공급을 담당하였다.

생구방(牲口房)

진귀한 애완용 동물과 가금(家禽)의 관리를 담당하였다.

각루방(刻漏房)

매일의 시각(時刻)을 관리하였다.

경고방(更鼓房)

야간에 타경(打更)하여 시간을 알리는 임무를 담당하였으며 죄를 지은 태감들이 맡았다.

첨식방(話食房)

어용감(御用監)에 예속되어 황제의 군것질거리 제조를 담당하였다.

안민창(安民廠)

한때는 왕공창(王恭廠)이라고도 불렸으며 총포, 화약류의 제조
와 관리를 담당하였다.

이상 태감기구의 조직과 업무를 살펴보면 외정과 마찬가지로 각각의
임무를 띤 기구가 완비되어 황제의 생활에 필요한 의·식·주·행을 궁
내에서 모두 해결하였음을 알 수 있다.

입관 후 순치제는 명대 태감이 발호했던 교훈을 되새겨 24아문을 철폐
하고 내무부(內務府)에서 내정의 사무를 총괄하도록 하였다. 이로써 태감
은 정치에 간여할 길이 막혔으나 여전히 내정의 일상사무를 관장하였다.

강희 16년(1677) 태감에 대한 관리를 강화하기 위해 내무부 관할하에
경사방(敬事房)[75]을 두었다. 경사방의 수령은 총관태감(總管太監)이라
하였는데 그 직책은 상부의 명령을 받아 태감의 선발, 이동, 상벌, 궁내
의례의 집행, 궁성 출입문의 개폐, 순찰, 내무부 및 각 아문 간 문서의
수발, 옥첩(玉牒, 황실족보)의 편찬을 위해 황자와 공주의 생신, 제후(帝
后)·비빈(妃嬪)의 사망 등을 기록하는 등 궁중의 모든 사무를 처리하는
것이었다. 경사방은 건청궁의 남쪽 회랑에 두었으며 가경제 이후에는
동육궁(東六宮) 동북방에 위치한 북오소(北五所)로 이전하였다. 경사방
예하의 태감기구는 120여 개가 있었다.

---

75) 궁전감판사처(宮殿監辦事處)라고도 칭하였다.

4. 상층 태감의 전횡

매일 궁내를 출입하며 조석으로 제왕과 후비를 가까이에서 모시게 되는 태감은 그만큼 제왕으로부터 신임을 얻을 기회가 많아지게 된다. 더구나 역대 제왕들이 외정의 관원을 불신하거나 권력이 분산되는 것을 막기 위해 주변의 태감들을 총애하여 의지하게 되면서 태감이 권력의 핵심에 자리하는 경우가 적지 않았다. 그 결과 진한부터 명청에 이르기까지 역대 중국왕조는 매번 태감의 발호와 권력농단으로 인한 폐해가 끊이지 않았다. 그렇다고 황제의 신임을 얻은 역대 모든 태감이 권력을 농단하여 부정적인 영향만을 미친 것은 아니었다.

조고(趙高, ?~기원전 207)는 본시 진시황과 같은 영(嬴)이라는 성을 가진 인물로 진나라 종실의 먼 친척이었으나 23세 무렵 입궁하여 태감이 되었다(조고는 태감이 아니었다는 설도 있음). 20여 년간 중고부령(中庫府令)[76] 겸 행부새령사(行符璽令事, 황제의 옥새 관리 담당)를 맡았던 그는 진시황이 사망하자 사구(沙丘)[77]에서 정변을 일으켰다. 승상 이사(李斯)와 공모하여 진시황의 조서를 위조한 조고는 진시황의 장자 부소(扶蘇)를 자살하도록 하고 나이어린 호해(胡亥)를 이세황제로 옹립한 뒤 스스로 낭중령(郎中令)[78]을 겸하였다.

이세황제 즉위와 더불어 권력을 독점한 조고는 기원전 208년 승상 이사를 모함하여 죽게 하였다. 승상의 자리에 올라 다시 이세황제를 핍박하여 자살하도록 하고, 자영(子嬰)을 진왕으로 세웠으나 얼마 뒤 자

---

76) 황제의 마차 관리와 출궁 시 수행을 담당하였으며 어떤 경우에는 직접 황제의 마차를 몰기도 하였다. 따라서 황제가 절대적으로 신임하는 최측근이 아니면 이 직책을 맡을 수 없었다.

77) 춘추전국시대 조(趙)나라 경내에 있던 곳으로 현재의 하북성 형태시(邢台市)이다. 진시황이 5번째 동순을 마치고 귀경하던 중 이곳에서 사망하였다.

78) 진 9경(九卿)의 하나로 궁전의 문호를 관장하였다.

영의 계략으로 죽임을 당하였다.

후한 후기 1백 년간은 태감과 외척이 돌아가면서 정권을 농단하여 황제는 허수아비에 지나지 않은 경우가 대부분이었다. 그 발단을 제공한 것이 화제(和帝, 89~105)와 그의 신임을 독차지한 정중(鄭衆)이었다.

정중은 후한의 두 번째 황제인 명제(明帝, 56~75) 때 동궁에서 태자 유달(劉炟)을 모시면서 권력의 핵심에 접근할 수 있었다. 명제가 사망하고 태자가 계위하니 이가 장제(章帝, 76~88)이다. 장제 즉위와 더불어 정중은 소황문(小黃門)79)을 거쳐 중상시(中常侍)의 자리에 올랐다.

장제가 사망하고 화제(和帝, 89~105)가 즉위하자 정중은 구순령(鉤盾令, 황실 정원의 관리책임자)에 임명되었다. 화제 즉위 초기에는 10세에 불과한 어린 황제를 대신하여 두태후(竇太后)가 섭정하였다. 이 무렵 두태후의 오빠인 대장군 두헌(竇憲)의 권세가 대단하여 조정의 상하 관원이 모두 두헌의 편에 섰으나 정중만이 황제와 황실을 지키기 위해 노력하였고 화제도 자연 정중을 신임하게 되었다.

92년 화제가 친정하려 하자 두헌 형제는 반란을 획책하였다. 정중은 이를 진압하는데 앞장서 그 공로로 소향후(鄛鄉侯)에 봉해졌다. 중국역사상 태감이 후에 봉해진 것은 정중이 처음이었다. 다만 이후 화제가 국정의 중대사를 정중과만 논의하고 이에 따라 태감의 권세가 차츰 커지기 시작하였으니 후한 말기 '십상시(十常侍)' 국정농단의 화근은 정중으로부터 비롯되었다고 해도 과언이 아닐 것이다.

후한 말년 영제(靈帝, 168~188) 때 어린나이에 즉위하여 통치 능력이 없는 황제를 주색에 빠지게 만들고 농간으로 정치를 어지럽힌 10명의 태감을 역사상 십상시라 하며, 그 중심에 선 인물이 장양(張讓, ?~189)

---

79) 평소 황제의 좌우에서 비서역할을 담당하며 공주나 왕태비가 병에 걸렸을 때는 위문사절의 임무도 수행하였다.

이었다. 영천(潁川)80) 출신인 장양은 환제(桓帝, 147~167)와 영제(靈帝, 168~188) 때 활동하며 소황문, 중상시 등 직책을 맡고 열후(列侯)에 봉해지기까지 하였다.

중평 2년(中平, 185) 궁성의 일부가 화재로 소실되자 장양은 십상시의 일원인 조충(趙忠) 등과 함께 궁실 건축을 위해 천하의 모든 농지에 세금을 증액하도록 건의하였다. 더불어 각 지방에는 궁실 건축에 필요한 목재와 석재 공출을 명하도록 하였다. 이어 각 지방에서 올라온 건축용 자재를 검사한 태감들은 갖은 이유로 값을 후려치고 그나마도 일처리를 늦춰 목재가 썩는 바람에 궁실건축은 수년이 지나도록 진전이 없었다. 장양은 또한 신임 지방장관들에게는 군수(軍需)와 궁실건축에 필요한 자금을 강제로 할당하여 원성을 자아내기도 하였다. 어려서부터 태감들에 둘러싸여 세상 물정을 몰랐던 영제는 종종 "장양은 나의 아버지요 조충은 나의 어머니"라 할 정도로 태감에 의지하였다.

중평 6년(189) 영제가 죽자 황장자인 유변(劉辯)이 즉위하니 이가 소제(少帝)이다. 새 황제의 등극을 기화로 여긴 중군교위 원소(中軍校尉 袁紹)는 대장군 하진(大將軍 何進)을 부추겨 그간 득세하던 태감들을 모조리 죽여 민심을 안정시킬 것을 권하였다. 그러나 기밀이 새나가 장양과 조충 등이 선수를 쳐 입궁하던 하진을 살해하였다. 소식을 들은 원소가 군대를 일으켜 조충을 죽이고 나머지 태감들을 수색하기 시작하자 장양은 황제를 인질로 삼아 황하까지 도망갔다가 결국 물에 뛰어들어 자살하고 말았다.

황제의 신임을 얻어 득세한 태감의 발호는 한족왕조의 경우에만 국한되지 않았다. 선비족이 세운 북위 초기의 태감인 종애(宗愛, ?~452)는 대사마(大司馬), 대장군(大將軍), 태자태사(太子太師), 중비서(中秘書) 등

---

80) 현 하남성 우현(禹縣).

관직을 차지하였고 풍익왕(馮翊王)[81]에 봉해지기까지 하였다.

출생지나 입궐 전의 배경이 전혀 알려지지 않은 종애는 죄를 지어 궁형을 당한 뒤 입궐하여 태감이 되었다. 처음 잡무를 처리하는 낮은 직책을 맡았던 종애는 태무제(太武帝, 423~452) 때 중상시가 되어 황제의 총애를 받았다. 남조의 송을 치기 위해 직접 출정했던 태무제는 정평원년(正平, 451), 양자강변에서 성대한 집회를 열어 조정대신들에게 상을 내렸고 이때 종애는 진군공(秦郡公)에 봉해졌다.

태무제가 남정에 나서자 영민하고 매사에 세심한데다 평소 종애의 월권행위에 불만이 적지 않았던 태자 탁발황(拓跋晃)이 수도에 남아 황제의 직무를 대신하였다. 당시 태자와 가까웠던 급사중 구니도성(仇尼道盛)과 시랑 임평성(任平城)도 종애와의 관계가 원만하지 못하였다. 종애는 황제가 출정에 나선 기회에 두 사람을 모함하여 결국 태무제는 구니도성과 임평성을 참수하도록 명하였고, 태자 주변의 적지 않은 인물들이 이에 연루되어 처형되었다. 태자도 이 일로 상심하여 사망하고 말았다.

시간이 지나면서 자신의 처분이 잘못되었음을 알게 된 태무제가 후회의 감을 보이자 후환이 두려운 종애는 결국 정평 2년 3월 태무제를 시해하였다. 이어 종애는 후계자 물망에 오른 태자의 아들 탁발준(拓跋濬), 태무제의 셋째 아들 동평왕 탁발한(東平王 拓跋翰)을 제쳐두고 평소 자신과 가까웠던 남안왕 탁발여(南安王 拓跋余)를 황제로 옹립하고 연호를 승평(承平)으로 바꾸었다. 탁발여는 자신을 황제의 자리에 앉혀준 종애를 대사마, 대장군, 태사, 도독중외제군사에 임명하고 풍익왕에 봉하였다.

자신의 구미에 맞는 황제를 옹립한 뒤 종애는 태감임에도 재상의 자리

[81] 중국역사상 태감이 왕에 봉해진 사례가 3번 있었다. 그 첫 번째가 종애이고 다음은 당의 이보국(李輔國), 북송의 동관(童貫)이다.

를 차지하고 모든 정무를 독단하였다. 종애의 권세에 조정의 대신들은
모두 그를 두려워하지 않을 수 없었다. 자신의 득세에 노심초사한 황제
가 대책을 마련하고 있음을 감지한 종애는 황제가 종묘에 제사지내러 간
틈을 이용하여 자신을 따르는 태감들을 동원하여 재차 황제를 시해하였
다. 그러나 종애가 새 황제를 옹립하기 전 전중상서 손갈후(殿中尙書 孫
渴侯) 등이 탁발준을 황제로 세우니 이가 문성제(文成帝, 452~ 465)이다.
즉위 후 문성제는 종애와 그의 삼족을 멸하라는 명령을 내려 중국역사상
태감으로 첫 번째 왕위에 봉해졌던 종애의 생도 이렇게 마감되었다.

당 현종의 총애를 받은 양사욱(楊思勗, 659~740)도 상층 태감의 전형
가운데 하나였다. 본래 소(蘇)라는 성을 가지고 있던 그는 어려서부터
태감 양씨(楊氏)에 의해 양육되어 성도 바꾸었고 거세 후 궁에 들어가
내시성에서 일하였다. 이융기(李隆基)를 받들어 궁정정변을 평정한 공
로로 궁전의 출입과 수위를 담당하는 좌감문위(左監門衛)의 책임자로
승진하였다.

태감임에도 군사적 재능을 갖추었던 양사욱은 현종 즉위 초 여러 차
례 반란사건 진압에 공을 세워 보국대장군(輔國大將軍), 표기대장군(驃
騎大將軍)에 임명되고 괵국공(虢國公)에 봉해졌다. 당의 제도에 따르면
태감의 품급은 3품을 넘지 못하였다. 그럼에도 양사욱은 2품관의 관위
를 수여받았으니 현종이 얼마나 그를 신임하였는지 알 수 있다.

비록 군사적 재능으로 당 황실의 보위에 적지 않은 공을 세웠으나 매
번 전투에서 포로를 잡으면 대부분 그들의 얼굴껍질이나 두피를 벗기
고 심지어는 산채로 심장을 도려내고 인육을 먹는 등 양사욱은 성정이
포악하고 잔인한 것으로도 유명하였다. 다만 양사욱은 황실에 대한 충
성심이 깊어 오만하지 않고 권력에 과도한 욕심을 내지 않아 일생의 평
가는 그리 박하지 않은 편이었다.

당 현종 초기 양사욱이 황제의 신임을 얻은 대표적 태감이었다면 현

종 후기 황제가 가장 총애했던 태감은 고력사(高力士, 684~762)일 것이다. 본명이 풍원일(馮元一)인 고력사의 증조부 풍앙(馮盎)은 당 초기 고주도독(高州都督)을 지냈고, 조부와 부친은 반주자사(潘州刺史)를 역임하였다. 10살 무렵 광동지역에서 발생한 역모사건에 집안이 연루되어 거세당하고 5년 뒤 입궁하여 처음 측천무후를 모셨다. 측천무후의 총애를 받았으나 사소한 잘못으로 궁에서 쫓겨나 태감 고연복(高延福)의 양자가 되어 성과 이름을 바꾸었다. 고연복이 측천무후의 친정조카인 무삼사(武三思)와 가까워 무삼사의 집을 자주 드나들던 고력사는 1년 후 다시 무측천의 부름으로 입궁하였다.

이융기가 등극하기 전부터 그를 극진히 모셔 신임을 얻은 고력사는 이융기의 즉위와 즉위 후 정적을 제거하는데 공을 세워 파격적으로 종3품에 해당하는 은청광록대부(銀靑光祿大夫)에 제수되었다. 이어 고력사는 우감문위장군을 겸하였다.

현종은 태감들을 총애하여 조금이라도 자신의 마음에 드는 태감에게는 3품관을 수여하였다. 따라서 현종 재위 시 앞서 살펴본 양사욱을 비롯한 많은 태감이 궁내외에서 중요한 역할을 담당하였다. 특히 현종은 전제황권을 강화하고자 감군제도(監軍制度)를 만들어 측근 태감을 파견해 지방군을 감시하였으며, 중앙의 금병(禁兵) 통수권도 태감에게 부여하였다.

지방의 군대를 시찰하기 위해 파견된 감군의 권력은 절도사를 능가할 정도였다. 태감들은 지방에 출사할 때마다 닥치는 대로 재물을 거둬들여 장안의 호화주택과 경기지역 토지와 과수원의 절반을 태감이 소유하는 현상이 빚어졌다. 현종은 또한 태감을 황제의 명령을 전달하는 추밀사(樞密使)로 임명하여 태감들이 정치에 개입할 수 있는 길을 열었다.

현종의 신임으로 고력사는 사방에서 올라오는 상주문을 황제보다 먼저 열람하였으며 중요하지 않은 사항은 황제를 대신하여 마음대로 재결하기까지 하였다. 그럼에도 현종은 고력사를 총애하여, "역사가 앞에 나서야만 나는 편히 쉴 수 있다"는 말을 되내며 아예 궁 밖으로 나오지도 않았다. 황제의 신임이 깊어지면서 고력사의 권세도 나날이 커져 능력에 상관없이 고력사의 추천을 받은 자들이 모두 내외의 요직을 차지하였다. 심지어 숙종(肅宗)은 동궁시절 고력사를 작은 형이라 불렀고 부마들은 고력사를 할아버지라 칭할 정도였다.

현종 천보(天寶, 742~756) 초년 고력사에게는 관군대장군(官軍大將軍)이라는 관직이 부가되었고 발해군공(渤海郡公)이라는 작위까지 더해졌다. 천보 7년(748) 표기대장군(驃騎大將軍)에 제수된 고력사의 재산은 일반 왕후(王侯)는 감히 비할 수 없을 정도였다. 천보 14년(755) 고력사는 원사예(袁思藝)와 함께 정3품의 내시성 내시감에 임명되었다. 안사의 난으로 현종이 피난하자 원사예는 안록산에게 투항하였으나 고력사는 현종을 성도(成都)까지 모셔 제국공(齊國公)의 작위를 받았다. 태자 이형(李亨)이 양위 받아 등극하고 현종이 태상황으로 물러난 뒤 고력사에게는 종1품의 개부의동삼사(開府儀同三司)직이 추가로 수여되었다.

상원 원년(上元, 760) 모함으로 유배되었던 고력사는 보응 원년(寶應, 762) 3월 특사를 받아 유배지에서 장안으로 돌아오던 중 이융기의 사망 소식을 듣고 대성통곡하다 피를 토하며 사망하였다. 대종(代宗, 763~779)은 고력사에게 양주대도독(揚州大都督)을 추증하고 현종의 유지에 따라 현종의 능묘 태릉(泰陵)에 배장묘(陪葬墓)[82]를 만들어 장례를 치러 주었다.

현종의 총애를 한 몸에 받았던 고력사의 말년이 불행하게 막을 내리게 된 것은 역시 태감으로 한때 자신을 따랐던 이보국(李輔國, 705~763)의 음해 때문이기도 하였다. 숙종을 모셨던 이보국은 당나라 때 태감으

---

[82] 중심 능묘를 수호하기 위한 딸린 무덤이다. 당 전기 황제 능원 주위에 배장된 황족, 명신 등의 무덤은 대부분 현 섬서성 예천현(禮泉縣)과 건현(乾縣) 경내에 위치하고 있다.

로 재상을 역임한 첫 번째 인물이며 본명은 정충(靜忠)이다.

이보국은 현종 때 입궁하여 처음에는 고력사 밑에서 일하였다. 후일 동궁전의 태감으로 일하면서 태자 이형(李亨)을 극진히 모셔 태자의 심복이 되었다. 안사의 난이 발생하여 현종은 창졸간에 장안을 떠나면서 태자에게 후방의 일을 부탁하였다. 이때 이보국은 태자를 도와 민심을 안정시키는데 주력하는 한편 등극을 적극 권고하였다.

756년 태자 이형이 영무(靈武)[83]에서 즉위하니 이가 숙종(肅宗, 756~762)이다. 이보국은 심약한 성격의 이형을 지극정성으로 섬겼고, 그를 최측근으로 여겨 군정대사를 맡긴 숙종은 처음 호국(護國)이라는 이름을 하사하였다가 나중에 보국(輔國)으로 고쳤다.

지덕 2년(至德, 757) 숙종을 따라 장안으로 돌아온 이보국에게는 개부의동삼사의 관직이 수여되었으며 성국공(郕國公)에 봉해졌다. 이 무렵 이보국은 관원들의 활동을 감시하는 '찰사(察事)'라는 기구를 두어 권력을 더욱 강화하였다.

숙종이 귀경한 뒤 태상황 현종도 장안으로 귀환하였다. 혹시 현종이 복위를 꾀하지 않을까 염려한 이보국은 숙종의 묵인하에 사사건건 현종을 감시하고 압박하였다. 현종의 거처를 태극궁으로 옮기도록 조치한 이보국은 현종이 가장 신임하던 고력사를 모함하여 유배보내기도 하였다.

대권을 장악한 이보국은 천하의 대사를 모두 마음대로 처리하였다. 대소신료들이 올리는 상주문도 이보국의 손을 거친 다음에야 황제에게 전달될 수 있었다. 황제의 조서도 이보국의 서명이 있은 뒤에야 비로소 시행될 수 있었다. 조정대신들의 동향을 파악하기 위해 이보국은 수십 명의 감독관을 내외에 파견하였으며, 전국 각지에서 올라온 소송안건

---

[83] 현 영하회족자치구(寧夏回族自治區) 경내의 현급자치시.

도 자신의 뜻대로 전결하였다. 지방의 실권을 장악한 절도사들도 당연히 이보국의 뜻에 따라 결정되었다. 이보국은 태감임에도 재상의 자리에 욕심을 부렸으나 소화(蕭華)의 격렬한 반대에 부딪히자 그를 모함하여 결국 숙종은 자신의 친신인 원재(元載)를 재상에 앉히고 소화를 장안 밖으로 축출하였다.

이보국이 권력을 마음대로 행사할 수 있었던 것은 숙종의 황후인 장씨(張氏)가 있었기 때문이었다. 두 사람은 서로의 필요에 의해 내외에서 호응하여 정권을 농단하고 자신들에게 불리한 자는 직위고하를 물론하고 제거하였다. 숙종의 셋째아들 건녕왕 이담(建寧王 李倓)은 진심으로 태자 광평왕 이예(廣平王 李豫)를 보좌하여 숙종의 사랑을 받았다. 그러나 장황후와 이보국의 모함으로 결국 숙종은 건녕왕에게 사약을 내리고 말았다.

보응 원년(寶應, 762), 평소 건강이 좋지 않았던 숙종은 현종이 사망했다는 소식을 듣고 더욱 위중한 상황에 처하였다. 장 황후는 추후에도 자신이 계속 정국을 좌우할 생각으로 그간 뜻을 같이했던 이보국을 제거하고 나아가 태자까지 죽인 뒤 월왕 이계(越王 李系)를 태자에 앉힐 계획을 꾸미기 시작하였다. 그러나 사전에 정보를 입수한 이보국은 태자를 보호하고 월왕과 그 지지자들을 체포한 뒤 장 황후를 살해하였다. 당일 저녁 큰 충격을 받은 숙종이 사망하고 다음날 태자 이예가 등극하니 이가 대종이다.

대종의 등극에 절대적인 공을 세운 이보국은 교만함이 날로 더하여 공공연히 황제에게 바깥일은 모두 자신이 알아서 처리할 것이니 황제는 궁안에 가만히 앉아있기만 하면 된다는 방자한 언행을 서슴지 않았다. 이보국의 월권을 더 이상 두고 볼 수 없었던 대종은 표면적으로는 그를 '상부(尙父)'라 부르며 사공(司空) 겸 중서령(中書令)의 직책을 맡겼으나 암암리에 태감 정원진(程元振) 등과 이보국을 제거할 계획을 착착 실행에 옮겼다. 이보국의 관직을 박탈하고 그를 박륙군왕(博陸郡王)에 봉한 대종은 얼마 뒤 자객을 보내 이보국을 살해하고 목을 잘라 화장실에 버리도록 하였다. 나무로 머리모양을 조각하여 이보국의 장례를 치룬 대종은 그에게 태부(太傅)를 추증하였고, 이보국의 시호는 추(醜)로 정해졌다.

중국역사상 최초의 외국 출신 태감으로 원나라 말엽 상당한 권력을 누린 인물이 있으니 고려 출신의 박불화(朴不花)가 그 주인공이다. 왕불화(王不花)라고도 불린 그는 원 문종(文宗, 1304~1332)시기 고려에서 출생하였다. 7세 때 원나라 궁정에 태감으로 보내졌는데, 불화(不花, Buqa)는 입궁 후 정해진 몽고어 이름으로 소(牛)라는 뜻을 지니고 있었다.

박불화와 거의 동시에 원나라에 공녀(貢女)로 바쳐진 동향 출신의 기승냥(奇承娘)이 태자의 총애를 입은 것이 후일 박불화 득세의 결정적인 배경이 되었다. 태자 토곤티무르(妥懽帖睦爾, Toghon Temür)가 등극하여 순제(順帝, 1333~1370)가 되자 기승냥은 제2황후에 봉해져 흥성궁(興聖宮)에 거주하게 되었다. 기승냥이 낳은 아유르시리다라(愛猷識理答臘, Ayurširidara)가 태자에 봉해지면서 기황후와 친밀한 관계에 있던 박불화도 흥성궁에 들어가 태자의 생활기거를 전담하였다. 이후 박불화는 영록대부(榮祿大夫)로 승진한데다 국가재정을 총괄하는 자정원사(資政院使)를 겸하였다.

후일 정무에 염증을 느낀 순제는 군국의 대권을 이미 성년이 된 태자에게 맡기고 박불화의 추천을 받은 삭사감(搠思監)을 재상에 임명하였다. 사실 당시 박불화는 자신이 재상의 자리를 차지할 욕심이 없지 않았다. 그러나 외국 출신인데다 태감인 자신이 재상을 차지하면 주변의 반대가 격렬할 것을 예상하여 자신이 조종할 수 있는 삭사감을 재상으로 추천한 것이다.

자정원사를 겸하면서 이미 막대한 재산을 축적한 박불화는 관리의 임면에 개입하여 권력장악에도 손을 대기 시작하였다. 그 결과 당시 내외 백관 가운데 박불화의 편에 선 인물이 9할을 차지할 정도였다. 한편 감국(監國)의 자리에 만족하지 못한 태자는 부황(父皇)을 압박하여 양위받고자 하였고 기황후와 박불화, 삭사감이 모두 태자의 계획에 동조하였다. 태자와 기황후의 계획을 탐지한 순제는 박불화와 삭사감을 체포하여 유배보내도록 하였으나 사실상 두 사람은 유배되지 않고 계속 대도(大都, 북경)에 머물다 결국 처형되었다.

태감의 발호가 가장 극심했던 것은 명대이다. 영종(英宗, 1435~1449, 1457~1464)은 태감 왕진(王振, ?~1449)을 선생님이라 부르고 그의 이름을 부르지 않았다. 무종(武宗, 1505~1521)의 신임을 등에 업고 무소불위의 권력을 행사한 유근(劉瑾, 1451~1510)과 희종(熹宗, 1620~1627)대에 '구천구백세(九天九百歲)'로 불린 위충현(魏忠賢, 1568~1627)이 명대 태감 득세의 표본적인 사례라 할 수 있다.

유근의 본래 성은 담(談)이다. 6세 때 태감 유순(劉順)에게 수양되어 정신 후 입궁하여 유씨 성을 쓰게 되었다. 홍치(弘治, 1488~1505) 연간 죄를 지어 처형당할 위기에 있었으나 가까스로 사면된 뒤에는 태자 주후조(朱厚照)를 모셨다. 정덕 원년(正德, 1506) 출조 시의 종고와 궁내 잡희를 담당하는 종고사(鐘鼓司)에서 근무하였다. 이 무렵 황제가 미복으로 출궁하여 오락에 빠져들게 하여 탄핵을 받았으나 황제는 오히려 그를 비호하여 사례태감에 임명하였다.

황제의 신임을 무기삼아 유근이 전권을 행사하면서 조정이 혼란에 빠져들기 시작하였다. 특히 끝을 알 수 없는 유근의 탐욕은 나라와 백성들에게 무궁한 재난을 가져왔다. 유근에게 뇌물을 바쳐야 하는 관원들은 백성들을 쥐어짤 수밖에 없었고 살길이 막막해진 백성들은 이에 반항하지 않을 수 없었다. 민심이 이반한 틈을 탄 안화왕 주치번(安化王 朱寘鐇)이 정덕 5년(正德, 1510) 4월 반란을 일으켰으나 무종은 어사 양일청(楊一淸)과 태감 장영(張永)을 파견하여 반란을 진압하였다.

반란을 진압한 양일청은 감군으로 파견된 장영과 유근을 제거할 방안을 논의하였다. 귀경 후 장영은 계획에 따라 유근의 17가지 죄상을 황제에게 고발하였고 놀란 무종은 유근을 체포하여 심문하도록 하였다. 다음날 무종은 직접 유근의 집으로 가 재산을 몰수하였는데, 당시 유근의 집에서는 금은 수백만냥과 가짜 옥새 등이 발견되었다. 또한 유근이 항상 지니고 다니던 부채에서 비수 두 자루가 발견되기도 하여 대노한 무종은 마침내 유근이 모반을 획책하고 있다는 고발을 믿게 되었다.

국문 결과 유근은 사흘에 걸쳐 3,357번의 칼질을 당하는 능지에 처해지게 되어 정덕 8년 형이 집행되었다. 망나니가 가슴살을 10번 도려내자 혼절했던 유근이 깨어나자 다시 10번의 칼질이 더해지기를 반복하여 둘째 날 유근은 사망하였다. 이후에도 칼질은 멈추지 않았다.

원래 이름이 이진충(李進忠)인 위충현(魏忠賢, 1568~1627)은 가정형편으로 교육을 받지 못해 일자무식이었으나 활쏘기와 기마에는 능숙하였다. 또한 숙부뻘 되는 집안 친척으로부터 요리를 배워 후일 출세에 큰 도움이 되었다. 도박을 좋아하고 술과 여자에 쉽게 빠져 살던 그는 어느 날 도박에서 큰돈을 잃자 고민하다 태감이 되기로 결심하고 자궁(自宮)하였다. 그러나 전하는 바에 따르면 완전히 거세되지 않아 상처가 아문 뒤에도 가끔씩 성적충동을 느꼈던 것으로 알려지고 있다.

입궁하여 사례태감 왕안(王安)에 의해 갑자고(甲字庫)에 배치되어 일하게 되었고 후일 황제로부터 위충현이라는 이름을 하사받았다. 위충현이 입궁할 당시 왕안이 궁중에서 상당한 권세를 누리고 있었다. 이를 간파한 위충현은 왕안의 신임을 얻기 위해 노력한 끝에 태자 주상락(朱常洛)의 생모 왕공비(王恭妃)의 궁에서 주방일을 맡게 되었다. 왕공비 사망 시 태자 주상락은 이미 황손 주유교(朱由校)를 두고 있었는데, 이 무렵 위충현은 황손의 유모인 객씨(客氏)와 애매한 관계를 맺고 있었다. 야심이 없지 않았던 위충현과 객씨는 몰래 만남을 가지면서 태자 혹은 황손이 계위할 기회를 노리기로 약조하였다.

만력 48년(萬曆, 1620) 신종이 사망하고 태자 주상락이 계위하니 이가
광종이다. 그러나 즉위한지 채 한 달도 못되어 광종이 약을 잘못 복용
하여 사망하자 아들 주유교가 계위하니 이가 희종이다. 희종 즉위 후
위충현과 객씨는 연합하여 왕안을 제거하는 데 성공하였다. 이어 위충
현은 사례감 병필태감 겸 특무기관인 동창(東廠)을 거느리는 제독에 임
명되어 권력을 장악하기 시작하였다.

천계 7년(天啓, 1627) 가을 희종이 사망하고 광종의 다섯째 아들로 희
종의 이복동생인 주유검(朱由檢)이 즉위하니 이가 사종(思宗, 1627~1644)
이다. 즉위 이전부터 위충현의 죄상을 잘 알고 있던 사종은 혹시나 모를
변고를 단단히 준비하였고 위충현과 그의 무리는 몸을 사리기 시작하였
다. 다만 즉위 초 일정기간 사종은 위충현 일당에 대한 직접적인 행동에
나서는 것을 주저하였으나 11월 마침내 위충현을 봉양(鳳陽)[84]에 유배
하도록 명하였다. 유배길에 오른 도중에도 위충현이 회개하지 않고 방
탕함을 일삼는다는 소식을 듣고 대노한 황제가 금의위에 명하여 북경으
로 압송하도록 하였다는 소식을 들은 위충현은 부성(阜城)의 객잔에서
자살하였다.

입관 후 순치제는 명의 태감제도를 그대로 유지하였지만 인원은 대
폭 줄였다. 또한 명대에 태감의 발호로 정치가 혼란하였음을 거울삼아
태감의 정치간여를 엄금한다는 철패(鐵牌)를 교태전을 비롯한 자금성
내 여러 곳에 세워 청 황실의 가법으로 삼도록 하였다. 그 영향으로 청
대에는 명대와는 달리 태감이 정치에 간여하여 국정을 농단한 사례는
나타나지 않았다. 다만 후기에 이르러 태감이 궁중의 질서를 어지럽힌
예가 없지 않았으니 자희태후(서태후)의 총애를 받은 안덕해(安德海,

---

[84] 현 안휘성(安徽省) 봉양(鳳陽).

1844~1869)와 이연영(李蓮英, 1848~1911)이 대표적인 경우이다.

안덕해는 8~9세 무렵 정신 후 10세에 입궁하여 함풍제를 가까이에서 모시는 어전태감을 지냈다. 일설에 따르면 어려서부터 여성호르몬이 과다하여 생김새와 행동거지가 여자와 다름없었던 안덕해는, 영록(榮祿)의 소개로 어의에게 뇌물을 주고 거세하지 않고 입궁하였다 한다.

함풍제가 열하 피서산장에서 사망하고 황장자 재순(載淳)이 계위하면서 안덕해는 황제의 생모 자희태후와 긴밀한 관계를 맺기 시작하였다. 신유정변 시 자희태후를 도운 공로로 총관대태감(總管大太監)에 오른 뒤부터 안덕해의 월권행위가 도를 더하기 시작하였다. 동치 7년(同治, 1868) 겨울, 안덕해는 북경의 가장 큰 주점에서 19세의 미인을 아내로 맞아들이는 성대한 결혼식을 올렸다. 이때 자희태후는 은 1천 냥과 비단 1백 필을 결혼선물로 하사하였다.

미천한 6품의 태감임에도 불구하고 안덕해는 날이 갈수록 교만함이 극에 달하여 어린 황제와 공친왕을 비롯하여 조정의 대신들을 안중에도 두지 않았다. 자희태후의 총애를 무기로 자신마저 무시하는 안덕해의 오만불손함에 동치제의 분노도 극에 달하였다.

동치 8년(1869) 7월, 안덕해는 황제의 대혼에 필요한 용포와 궁중혼례에 쓰일 예물 준비를 명분으로 자희태후에게 출궁허락을 요청하였다. 자희태후의 허락을 얻은 안덕해는 수종 몇 명과 함께 출경하였다. 순치제의 유훈에 따라 청 황실의 가법은 태감은 특별한 임무를 부여받지 않은 이상 함부로 황성 밖으로 나갈 수 없었고 만일 이를 어길 시에는 극형에 처하도록 하였다. 동시에 「흠정궁중현행칙례(欽定宮中現行則例)」에도 4품 이하의 태감은 상부의 정상적인 지령 없이 함부로 출궁할 수 없으며, 이를 어길 시에는 예외 없이 사형에 처한다고 규정되어 있었다. 당시 6품 태감에 불과했던 안덕해는 자희태후의 허락만 얻었을 뿐 어떠한 관방아문에도 사실을 알리지 않고 출궁하였다. 이는 황실의 가법과 궁중칙례를 어긴 것으로 스스로 살신지화를 자초한 무모한 행동이었다.

정식경로를 통한 출궁이 아니었기에 안덕해 일행은 어떤 형식의 공문도 소지하지 않았다. 그럼에도 일행은 위풍당당하게 운하를 따라 강남으로 향하다가 산동 덕주(德州)에 이르게 되었다. 이들의 존재를 알게 된 덕주지부는 곧바로 산동순무 정보정(丁寶楨)에게 사실을 보고하였다. 평소 안덕해의 교만과 오만불손함에 분개하고 있었던 정보정은 8월 2일 안덕해 일행이 태안(泰安)에 도착하자 지현에게 그들을 체포하여 제남(濟南)으로 압송하도록 한 뒤 직접 심문하였다. 8월 6일 군기처로부터 규정대로 처리해도 좋다는 지령이 당도하자 다음날 정보정은 안덕해를 즉결처분하였다.

청말 총관태감이었던 이연영의 원명은 이진희(李進喜)이나 입궁 후 14년이 지나 자희태후가 연영(連英)이라는 이름을 내렸다. 그러나 일반적으로는 연영(蓮英)이라 하였다. 이연영은 수십 년간 자희태후를 모셨던 청말 가장 권세 있는 태감이자 처음으로 자희태후를 '노불야(老佛爺)'라 불렀던 인물이기도 하다.

8세에 정신 후 다음해 입궁한 이연영은 영불연합군이 북경을 점령할 무렵 12세의 어린나이에 함풍제를 모시고 열하로 피난하였다. 다음해 함풍제가 사망하자 새 황제를 따라 귀경하였다. 처음 주사처(奏事處)와 동육궁의 하나인 경인궁(景仁宮) 등에서 일하다 16세 되던 1864년 자희태후의 거처인 장춘궁(長春宮)에서 일하기 시작하였다. 비슷한 무렵에 진궁했지만 당시 안덕해가 자희태후의 총애를 받았음에 비해 이연영은 두각을 나타내지 못하였다. 그러나 1869년 안덕해가 산동에서 처형되자 이연영은 21세의 나이에 대총관(大總管)이 되었다.

총명하고 순종적이었던 이연영은 안덕해사건을 통해 주인과 노예의 관계가 어떠해야하는지 분명하게 인식하였다. 먼저 주인의 성격과 기호를 면밀히 관찰하고 파악한 뒤 주인인 자희태후를 즐겁게 하기 위해 세심한 주의를 기울이면서도 매사에 신중하였다. 그러면서도 아랫사람들에게는 관대했던 것이 이연영의 처세술이자 성공의 비결이었다.

광서 5년(光緖, 1879) 4품 태감으로 승진한 이연영은 자희태후의 권세가 강화될수록 덩달아 그의 지위와 권세도 높아졌다. 31세의 이연영은 궁실 태감의 최고 우두머리격인 경사방대총관(敬事房大總管)과 어깨를 나란히 하였다. 46세 되던 해인 광서 20년(1894), 이연영은 2품관에 제수되었다. 비록 이는 명예의 상징에 불과하였으나 청대 태감 가운데는 첫 번째 사례였다. 옹정제가 태감에게는 4품관 이상을 제수할 수 없다고 규정하였음에도 자희태후는 황실의 가법을 어길 정도로 이연영을 총애하였던 것이다.

1900년 8국연합군의 북경점령 직전 광서제와 자희태후를 모시고 서안으로 피난하였던 이연영은 다음해 귀경하였다. 1908년 자희태후가 사망하자 장례를 마친 이연영은 다음해 2월 52년간 머물렀던 황궁을 떠나 사가에서 여생을 보내다 1911년 2월 64세로 사망하였다. 이연영은 재물을 탐했을지언정 정치에 깊이 간여하지 않아 수십 년간 자희태후를 모시고 자의로 퇴직 후 출궁할 수 있었다.

내정에서 황제와 가까이 지내는 기회를 이용하여 권력을 휘두르고 정치에 관여한 태감은 모두 태감 가운데서도 상층의 인물들이었다. 상층의 태감 가운데는 앞서 살펴본 진의 조고, 당의 고력사, 명의 위충현처럼 지탄을 받는 인물들이 있었는가 하면 후한의 채륜(蔡倫, ?~121), 명의 정화(鄭和, 1371~1433)처럼 태감임에도 상당한 공적을 남긴 이도 없지 않았다.

대대로 대장장이 일을 하던 집안에서 출생한 채륜은 한 명제(明帝, 57~75) 말년 입궁하여 태감이 되었다. 입궁 초기 비빈들의 처소에서 잡일을 맡았던 채륜은 몇 년 뒤 황궁을 출입하며 조령을 전달하는 직책을 맡게 되었다. 화제(和帝, 88~105)가 즉위한 뒤에는 조정에 출입하며 천자를 시종하는 중상시가 되었다. 즉위 당시 화제는 채 10세가 되지 않아 장제(章帝, 75~88)의 황후인 두씨가 황태후 자격으로 조정의 대사를 전결하였다. 이로써 두헌(竇憲)을 비롯한 황태후의 4형제가 정권을 농단하자 채륜은 대태감인 구순령 정중과 합세하여 두씨 일족을 제거하고 화제의 황권통치를 강화하는데 기여하였다.

화제의 신임을 얻어 중책을 맡게 된 채륜은 황궁에서 필요한 물품을 제작하는 기구의 우두머리인 상방령(尙房令)을 겸하였다. 후일 최고권력의 상징물로 여겨진 '상방보검(尙房寶劍)'이 바로 상방에서 만든 보검을 일컫는 말이다. 당시 황궁의 공방은 천하의 최고 기술자들이 모인 곳으로 동시대 제조업의 최고수준을 자랑하는 곳이었다. 이곳에서 채륜은 기존의 제지기술과 경험을 총결하여 부단한 노력과 시도 끝에 마침내 질 좋은 종이를 만드는데 성공하여 105년 조정에 제조기술과 실물을 보고하였다. 황제는 채륜을 칭찬하고 조정 내외에서 널리 종이를 사용하도록 조서를 내렸다. 그로부터 9년 뒤, 오랫동안 궁중에서 일하며 종이를 발명한 공로를 인정받은 채륜은 용정후(龍亭侯)에 봉해졌고 이로부터 사람들은 채륜이 만든 종이를 채후지(蔡侯紙)라 불렀다.

121년 오랫동안 채륜을 신임하던 등태후(鄧太后)[85]가 사망하였다. 채륜은 이전 장제의 황후인 두황후의 지령으로 송귀인(宋貴人)을 죽음에 이르게 하고 황태자였던 유경(劉慶)의 황위계승권을 박탈하는데 일조한 적이 있었다. 송귀인이 바로 당시 황제인 안제(安帝, 107~124)의 조모이고, 유경이 안제의 생부였다. 친정한 안제가 오래 전 발생한 이 일로 죄를 물으려하자 채륜은 음독자살하였고 작위도 취소되었다.

---

[85] 화제의 황후로 화제 사후 두 명의 어린 황제가 연달아 즉위하자 16년간 섭정하였다.

명대 초엽의 대태감인 정화의 원래 성은 마(馬), 이름은 화(和)로 아명은 삼보(三寶) 혹은 삼보(三保)이다. 운남 곤양(昆陽) 출신인 그의 조상은 원나라 초엽에 이곳으로 이주하여 원대 운남왕 휘하의 귀족으로 생활하였다. 마화의 조부와 부친은 온갖 고초를 견뎌가며 메카 순례를 다녀온 이슬람교도였다.

홍무 13년(洪武, 1381) 명나라 군대가 운남에 진공하였을 때 11세의 마화는 남경으로 붙잡혀 갔다. 거세당한 뒤 남경의 궁중에서 일하던 마화는 14세 되던 해 북경으로 가 연왕(燕王)의 밑에서 일하게 되었다. 총명하고 영리한 마화는 금세 연왕의 측근으로 자리하였다. 연왕도 학식이 풍부한 관원을 왕부로 초빙하여 마화를 교육시키고 다량의 장서를 마음껏 읽도록 허락하여 천성이 총명한 마화는 짧은 시간에 충분한 학식을 갖출 수 있었다.

조카 혜제(惠帝, 1399~1402)를 제거하고 황제의 자리에 오른 연왕은 혜제와의 싸움에서 큰 공을 세운 마화에게 정(鄭)이라는 성을 내리고 4품의 내관감태감(內官監太監)으로 승진시켰다. 지략을 갖춘데다 전술에도 능한 정화는 황제의 신임을 얻어 대규모 원정단의 사령관으로 활약하여 세계항해사에 큰 족적을 남겼다.

성조(成祖, 1403~1424)가 정화에게 중임을 맡긴 것은 그의 인품, 재능, 지식에 대해 충분한 이해가 있었기 때문이었다. 성조는 어려서부터 자신의 주변에서 성장한데다 자신을 따라 여러 차례 전쟁에서 공을 세운 정화를 심복 중의 심복으로 간주하였다. 그러나 이보다 중요한 것은 정화 본인이 대항해를 이끌 사령관으로서 충분한 소질과 조건을 갖추었다는데 있을 것이다. 우선 정화는 병법에 능하였고 모략을 갖춘데다 실전경험을 통한 군사지휘의 재능까지 겸비하고 있었다.

여러 사정을 감안한 성조는 정화에게 흠차총병태감(欽差總兵太監)의 직함을 수여하고 2만여 명의 관병을 지휘하여 대항해에 나서도록 하였다. 원정 중 여러 차례 군사행동을 통해 정화는 황제의 믿음이 틀리지 않았음을 보여주는 군사지휘 능력을 발휘하여 임무를 성공적으로 완수하였다. 1405년부터 1433년까지 7차례 진행된 대규모 원양항해의 일정과 기항지는 다음과 같았다.

영락 3년 6월 15일(1405년 7월 11일) 성조는 정사 정화, 부사 왕경홍(王景弘)에게 2만 8천 명의 사병을 이끌고 서양(西洋)[86]을 탐사하도록 명하였다. 길이 138m, 너비 56m에 이르는 기함을 비롯 62척의 선박으로 구성된 원정대는 소주(蘇州)를 출발 복건(福建)과 현재의 월남 중남부지역을 거쳐 1406년 6월 30일 자바섬 북해안 중부의 삼보롱(三寶壟, Semarang)에 상륙하여 무역을 진행하였다.

이 무렵 자바에서는 내전이 발생하여 서자바가 동자바를 멸망시키면서 이 와중에 정화원정대의 사병 170명이 살해당하였다. 후환을 두려워한 서자바왕은 사망자에 대한 보상금으로 황금 6만냥을 정화에게 바치며 용서를 구하였다. 이어 수마트라, 말라카, 실론, 캘커타 등지를 거친 제1차원정대는 1407년 10월 2일 귀국하였다.

제1차원정이 끝난지 십여일만인 1407년 10월 13일, 2만 7천 명으로 구성된 제2차원정이 시작되었다. 두 번째 원정의 주요 기착지는 월남 동남부의 점성(占城, Champa), 자바, 샴(태국), 말라카, 남무리(南巫里, 인도네시아 수마트라섬 서북부), 가이륵(加異勒, 인도반도 남단 동안), 실론, 가지(柯枝, 인도 서남부 코친 일대), 캘커타 등이었다. 두 번째 항해에 나선 일행은 1409년 8~9월경 귀국하였다. 제2차 원정 시 실론에 들른 정화는 절에 보시하고 타미르어, 페르시아어, 한문으로 된 비석을 남겼는데 1911년 발견된 이 비석은 현재 실론박물관에 소장되어 있다.

---

[86] 유럽과 미주를 의미하는 현재의 서양을 일컫는 것이 아니라 당시 남중국해 서쪽 해안과 연안지역을 통칭하는 의미로 쓰였다.

1409년 10월 강소성 태창(太倉)의 유가항(劉家港)에서 출발한 세 번째 원정대는 월남, 말레이시아, 인도 등지를 거쳐 실론에 들른 뒤 1411년 7월 6일 귀국하였다.

1413년 11월 시작된 네 번째 원정대는 27,670명으로 구성되었다. 원정대는 아라비아반도를 돌아 선단의 일부가 동아프리카에까지 다다른 뒤 1415년 8월 12일 귀국하였다. 원정대의 위엄에 감탄한 케냐에서는 그해 11월 특사를 중국에 파견하여 기린을 선물로 진헌하였다.

1417년 6월 다섯 번째 원정을 시작한 함대는 천주, 점성, 자바를 거쳐 아프리카 동부의 모가디슈, 케냐 등지를 거쳐 1419년 8월 8일 귀국하였다.

여섯 번째 원정은 1421년 3월 3일 시작되었다. 이때 정화의 본대가 호르무즈까지 갔다는 설과 수마트라와 태국까지만 갔다는 설 등이 있으나, 선단의 일부는 아프리카 동쪽해안까지 도착했던 것으로 보인다. 선단은 1422년 9월 2일 귀국하였다.

1424년 성조가 사망하자 계위한 인종(仁宗, 1425)은 한 차례 항해에 많은 비용이 소요된다는 이유로 원정대 파견 중지를 명하였다. 원정대 파견에 부정적이었던 인종이 즉위 1년만에 사망하고 뒤를 이은 선종(宣宗, 1426~1435)대에 마지막 일곱 번째 원정이 이루어졌다.

1431년 1월 27,550명으로 구성된 원정대는 남경을 출발하였다. 마지막 항해에서 정화의 본대는 호르무즈까지 가고, 일부는 아프리카 동해안에 상륙하였다. 귀환 도중 정화는 1433년 4월 초 인도 서해안 캘커타에서 사망하였다. 태감 왕경홍의 인솔하에 선단은 1433년 7월 22일 남경에 도착하였다. 선종은 남경 우수산(牛首山) 남록에 정화를 안장하도록 하였다.

『명사(明史)』「정화전(鄭和傳)」의 기록에 따르면 정화원정대가 방문한 곳은 36개국에 달하였다. 비록 매번의 항해에 많은 비용이 소요되어 비판의 대상이 되기도 하였지만, 정화원정대는 매번 항해시마다 평화

적인 외교방침을 펼쳐 동남아 국제질서를 안정시키는데 크게 이바지하
였다. 또한 관방과 민간의 해외무역을 발전시키고 중화문명을 해외에
널리 전파하는데도 공헌하였다.

정화원정대는 중국 해양사업의 개척에도 지대한 공헌을 하였다. 서
태평양과 인도양에 대한 해양탐사를 통해 아시아와 아프리카를 잇는
항선을 개척하였다. 다량의 실제조사를 통해 완성된 「정화항해도(鄭和
航海圖)」의 상세한 기록은 영국 챌린저호의 탐사기록보다 400여년이 앞
선 것이다. 원정대가 필요로 하는 다수의 대규모 선박을 건조하는 과정
에서 중국의 조선술은 당시 세계 최고수준으로 발전하였다. 천문도항,
지문도항, 나침반도항, 수심과 지질의 측량 등 항해기술 방면에 있어서
도 정화원정대는 당시 세계에서 가장 선진적이었다.

5. 하층 태감의 생활

조고, 위충현처럼 황제의 신임을 얻어 절대권력을 행사하며 왕공과
대신이 부럽지 않은 호사스런 생활을 누린 태감은 극소수에 불과하였
다. 태감의 절대다수를 차지하는 일반의 하층 태감들은 일생을 궁내에
서 노예와 같은 생활을 영위하며 늙거나 병들어 임무를 수행할 수 없을
경우에만 출궁하여 일반백성으로 살아갈 수 있었다. 그러나 오랫동안
사회와 격리되어 있던 태감들로서는 출궁 후 사회에 적응하지 못하고
최후에는 비참하게 삶을 마감하는 경우가 대부분이었다.

명청대의 태감은 대부분 북경 인근 직예성(하북성)의 빈곤한 가정 출
신이었다. 명대에는 자진하여 태감이 되는 경우가 많았다. 스스로 원하
였다고는 하나 생활이 곤란한 부모들이 유혹에 넘어가 자식을 팔거나
배고픔을 견디다 못해 자궁(自宮)한 경우가 많았다. 간혹은 출세의 욕

심으로 스스로 입궁하는 경우도 있었다.

청대 태감의 선발은 내무부 회계사(會計司)와 장의사(掌儀司)가 공동으로 초모태감(招募太監)을 각지에 파견하여 처리하였다. 초모태감은 궁중에서 오래 생활한 태감들이 자원하여 충당하였다. 이들은 일면 이 기회를 이용 고향에 돌아가 과시하려는 마음과 다른 한편으로는 동향 출신을 궁중에 끌어들여 자신의 세력을 형성시키려는 욕심으로 초모태감에 자원하였다.

초모태감은 일단 대상자의 부모와 가격을 흥정하고 의견이 맞으면 아이를 자신의 문하에 넣은 뒤 정신을 책임지게 된다. 어떤 경우에는 심지어 아이의 성을 바꾸어 입궁시키는 사례도 있었다. 아이는 초모태감 혹은 초모태감보다 더욱 지위가 높은 태감의 아래에서 소태감으로 궁중생활의 첫발을 내딛게 된다. 처음 궁중에 들어간 소태감은 궁중 예제와 규칙 및 궁중의 제반사무에 관한 교육을 받게 된다.

부모 곁을 떠나 정신, 입궁의 과정을 거치는 관계로 태감이 되는 것을 출가라고도 하였다. 조부모와 부모의 사망 시 휴가를 얻어 장례에 참가하는 이외에 일단 태감이 되면 가족과는 완전히 관계가 단절되었다. 태감에 대한 황궁 내부의 규정은 매우 엄격하여 일단 규정을 어기면 가벼운 경우에는 감봉당하거나 매질을 당하고 심한 경우에는 관계 기관에 넘겨져 상응한 징벌이 가해졌다.

청대 제정된 「흠정궁중현행칙례」는 태감의 행위준칙과 징벌에 대해 상세하게 규정하고 있다. 예를 들어 태감은 길을 걸을 때 큰 걸음을 걸을 수 없으며 목소리도 낮게 해야 되고 보좌 혹은 주인의 면전에서는 공경한 태도로 빠른 걸음을 걸어야 하였다. 주인이 물을 때는 궁외(宮外)에서 비가 오는 경우를 제외하고는 무릎을 꿇고 대답해야 하였고, 길을 가다 사람을 만나면 길을 비켜야 하였다. 왕공이나 대신이 입궁할 때에는 반드시 자리에서 일어나 공손하게 한쪽에 서 있어야 하고, 의관은 항상 정결해야 하였다. 궁녀를 만나면 길을 비켜주어야 하였고 같이 걷거나 먼저 앞으로 나아갈 수 없었다.

태감은 궁중에서 도박, 싸움, 구타, 아편흡입이 금지되었으며 몰래 낚시하거나 무기를 소지할 수 없으며 궁중의 일을 밖에 전달할 수도 없었다. 구타가 금지되어 있었지만 공공연하게 구타가 이루어져 적지 않은 태감이 매질과 학대를 견디다 못해 도망하는 경우가 발생하였다. 「흠정궁중현행칙례」의 규정에 따르면 태감이 도망한 경우 첫 번째와 두 번째까지는 제 발로 되돌아오면 처분이 비교적 가벼워 곤장을 몇 대 맞은 이후에 제초작업과 같은 힘든 일을 시키는 것으로 마감되었다.

그러나 도망 도중 잡히거나 세 번 이상 도망한 경우에는 처벌이 무거웠다. 이 경우 곤장을 맞은 뒤 내무부 신형사(愼刑司)에 넘겨져 한두 달 동안 족쇄가 채워진 채 감금되었다. 이어 흑룡강과 같은 변경지역에 보내져 현지 병정의 노예로 배급되어 영원히 내지로 되돌아오지 못하였다. 1840년의 신형사 기록에 따르면 궁궐 밖으로 도망하다 붙잡힌 태감 4명이 흑룡강성에 근무하는 병정의 노예로 배당된 것으로 되어 있다. 전하는 바에 따르면 청대 궁중을 탈출한 태감의 숫자는 적지 않았으나 대부분 스스로 되돌아오거나 체포되었다.

황궁에서 사용되는 기물들은 모두가 일반인들은 보기 힘든 진품(珍品)이었다. 만일 태감이 몰래 이를 훔치다 들킨 경우에는 재발을 방지하기 위해 공개적으로 처형하였다. 한편 학대에 못이겨 스스로 목숨을 끊는 태감도 있었는데 자살을 불길하게 여기는 궁중에서는 이에 대한 처분이 더욱 엄하였다. 곧 자살미수에 그친 태감은 교감후(絞監侯)[87]에 처해지고, 자살한 태감의 시신은 황야에 버려졌다. 그 가족은 이리(伊犂)와 같은 변경지대에 주둔하는 병정의 노예로 분배되었다. 노령 혹은

---

[87] 교수형이 선고되어 감옥에 수감하였다가 가을에 집행하는 처벌.

병으로 사망한 태감의 시신은 매장 대신 화장하여 화장터 부근의 마른
우물에 뿌려졌다.

제2절 궁녀제도

태감 이외에 황실 내정에는 여비(女婢)가 제왕과 후비의 생활기거를 위해 봉사하였다. 이들을 통상 궁녀(宮女), 궁인(宮人), 궁비(宮婢)라 하며 나이가 많은 경우에는 궁온(宮醞)이라고도 하였다. 궁녀의 상층에는 궁중 여관(女官)이 있었다.

1. 궁녀의 공급

궁중에서 여러 일을 맡아하는 여자를 의미하는 궁녀는 역대 왕조를 거치면서 나름대로 정해진 과정을 통해 선발하였다. 한에서는 궁녀를 모두 민간에서 선발하여 입궁시켰다. 명에서는 궁녀의 선발은 모두 황제의 명에 의해 시행되었다. 홍무 14년(1381) 태조는 절강과 강서 두 성의 민간에서 13~19세의 여자를 선발하여 후궁 후보자로 삼도록 하고, 30~40세의 남편 없는 부녀자는 여관에 충당하도록 하였다.

명대 각 황제들은 재위기간 한 차례 혹은 여러 차례 궁녀를 선발하였다. 그 가운데 가정(嘉靖, 1522~1566) 연간은 궁녀 선발 횟수가 가장 많았다. 기록에 따르면 가정 26년 2월 황제는 내각에 유지를 내려 궁녀가 약 1천에 이르지만 수요에 이르지 못하고 궁녀의 대부분이 늙은 관계로 새로 궁녀를 선발해야 할 필요성을 주장하였다. 그 결과 가정 26년부터 43년까지 여러 차례에 걸쳐 총 1,080명의 궁녀를 새로 선발하여 기존의 궁녀를 합해 약 2천명의 궁녀를 두었다.

청대 궁녀는 내무부 소속 포의(包衣, 황실의 노예) 집안의 여식들로만 13세 이상에서 매년 한 차례 선발하였다. 제도에 따르면 궁중에 들어와 25세가 된 궁녀들은 집으로 돌려보내 결혼하도록 하였다. 이렇게 하여 매년 일정한 수가 들어오고 일정한 수가 출궁하여 궁녀의 수는 일정하게 유지될 수 있었으며 필요 없는 인원이 남아도는 경우가 없게 되었다. 그러나 명대는 이와 달리 일단 궁중에 들어온 궁녀는 중간에 출궁할 수 없었고 아주 예외적으로 나이든 궁녀를 출궁시킨 경우가 있을 뿐이었다. 곧 1464년 영종(英宗, 1436~1449, 1457~1464)이 승하하고 헌종(憲宗, 1465~1487)이 즉위하자 대학사 이현(李賢)이 궁녀가 많아 궁중에 음기가 너무 세니 나이든 여관과 궁녀들을 출궁시킬 것을 제안하여 한 차례 궁녀의 출궁이 이루어졌다.

후일 가정 5년(1526) 또 한 차례 궁녀의 출궁이 이루어졌다. 가정 8년 다시 궁중에 궁녀가 넘쳐나자 어사 목동(穆桐) 등이 음기를 제거하기 위해 궁녀의 출궁을 요청하였으나 가정제는 이를 거절하였다.

2. 궁녀의 수량

자고이래로 궁중에서 일하는 궁비의 정원은 일정하지 않아 확정된 숫자가 없었다. 역사기록에 따르면 서진 무제(武帝, 265~289)시 궁인이 1만 명 이상이었다 한다. 이는 그가 오나라를 멸망시키고 오 왕궁에 있던 궁인들을 자신의 궁정에 편입시킨 까닭에 엄청난 수의 궁인이 몰려 있었던 것으로 파악된다. 이는 특수한 경우이지만 어쨌든 역사상 검소하기로 소문난 제왕의 경우에도 5~6백 명 정도의 궁녀는 두었던 것으로 전해진다.

명대의 궁녀는 청대의 궁녀보다 숫적으로 많기는 하였지만 통상 2천 명을 넘지 않았다. 청의 경우는 제일 적을 때도 5~6백 명은 유지하였다. 건륭제때 칙명으로 편찬된 『국조궁사(國朝宮史)』의 기록에 따르면 청대 후비가 거느릴 수 있는 궁녀의 숫자는 황태후 12명, 황후 10명, 황귀비·귀비 8명, 비·빈 6명, 귀인 4명, 상재(常在) 3명, 답응(答應) 2명이었다. 그러나 이상은 규정일 따름이고 실제 거느린 궁녀의 수는 이를 초과하였다. 여기에다 아가(阿哥, 미성년의 황자)·공주(公主) 등도 궁녀를 거느렸다. 그 숫자는 기록에 남아있지 않지만 역시 상당한 수에 이르렀을 것으로 짐작된다.

3. 궁녀의 생활

일단 입궁하면 그 순간부터 궁녀들은 자유를 상실하여 외출한다든지 부모를 만날 수 없었다. 당연히 부모들도 궁중에 입궁하여 딸을 볼 수 없었다. 궁녀들의 의식주는 매우 열악한 대신 업무는 과중하였으며 엄격한 예절과 규칙에 고통받고, 수시로 능욕을 당하는 등 그 처참함은 이루 헤아릴 수 없을 정도였다. 고통을 견디다 못한 궁녀들 가운데는 스스로 목숨을 끊거나 심지어 맞아 죽는 경우도 있었다. 정신적인 고통으로 백치로 변하는 경우도 있었다. 명대 내정의 규정에는 궁빈(宮嬪) 이하는 병에 걸려도 직접 의관이 진찰할 수 없고 다만 증상에 따라 약을 받을 수 있을 뿐이었다.

『명관사(明官史)』에 따르면 내안락당(內安樂堂)이라는 기구가 있었는데 늙거나 병든 궁녀들은 잠시 이곳에 수용되었다가 완의국(浣衣局)으로 옮겨졌다. 곧 내안락당과 안의국에 수용된 궁녀들은 오로지 자신의 생명력에 의지하여 연명하다 비참하게 생을 마감하였다.

4. 대식(對食)

내정 밖으로 한 발짝도 움직일 수 없는 궁녀들은 황제와 황자 이외의 남자들과 접촉할 기회는 거의 없었다. 아주 극소수의 궁녀들이 은총을 입는 경우가 있었지만 거의 대부분은 남자를 알지 못하였다. 임시변통으로 궁녀들은 몰래 태감과 관계를 맺었다.

아침저녁으로 가까이에서 지내는 관계로 낯이 익은 궁녀들은 태감들에게 여러 가지 어려운 일을 부탁하게 되고 시간이 지나면서 마음이 맞는 태감과 궁녀는 배우(配偶)관계로 발전하기도 하였다. 일설에 따르면 궁중에는 전문적으로 궁녀와 태감을 맺어주는 민간의 매파와 같은 사람이 있었다고도 한다.

일단 짝이 지어진 궁녀와 태감은 시험 삼아 하룻밤을 같이 보내게 되는데 이 과정까지에 필요한 경비는 그다지 많지 않았다. 근본적으로 성적 능력을 상실한 태감과의 하룻밤은 다만 형식에 그칠 따름으로 이러한 양성관계를 궁중에서는 대식이라 하였다.

만일 태감이 오랫동안 배우자를 찾지 못하면 주위에서는 그를 쓸모없는 물건이라 놀리기도 하였다. 궁녀 하나를 두고 두 명의 태감이 서로 다투는 경우도 있었다. 궁녀와 태감이 짝을 지은 이후 어느 한쪽이 먼저 죽게 되면 나머지 한쪽은 민간에서 의절(義節)하는 것과 마찬가지로 다시 짝을 찾지 않는 것이 관습처럼 굳어졌다.

제5장

후비(后妃)제도와 황실습속

제1절 후비제도

1. 후비제도의 변화

황제의 가정생활을 애기할 때 흔히 3궁(宮) 6원(院) 72비빈(妃嬪) 혹은 3천 분대(粉黛)라는 표현이 자주 언급될 정도로 중국 역대 황제의 처첩은 그 수를 헤아릴 수 없을 정도로 많았다. 봉건사회의 최고통치자로서 황제는 지고무상의 권위를 갖고 있었으며 황제의 권위는 여러 면에 표현되었다. 이성에 대한 왕성한 점유욕 역시 황제 권위의 또 다른 표현이라 할 수 있다. 황제의 끝없는 사욕을 만족시키고 동시에 많은 자손을 두어 황위 계승자 선택의 폭을 넓히기 위해 봉건통치에 맞는 후비제도가 점차 형성되기 시작하였다.

『예기(禮記)』에 기록된 주의 후비제도에 따르면 천자는 1후(后), 3부인(夫人), 9빈(嬪), 27세부(世婦), 81어처(御妻)를 둘 수 있었다. 곧 주대부터 부인, 빈, 세부, 어처 등 명호(名號)를 가진 천자 처첩의 숫자는 상상을 초월할 정도였다. 후대의 제왕들도 모두 이를 답습하여 수많은 처첩을 두었다.

전국시대 각 제후들이 다투어 천자를 자칭하면서 후비제도 역시 주 천자를 모방하였다. 사실상 당시 각 제후들이 거느린 비빈의 수는 이미 주 천자를 능가하였다. 진한 이후 비록 황후는 한 사람만 두는 것이 관례(예외가 없는 것은 아니었음)였으나 비빈의 숫자는 말할 것도 없고 궁녀의 숫자도 계속 증가하였다.

천하를 통일한 진시황은 천자의 칭호를 황제로 바꾸는 한편 6국의 궁녀들을 후궁으로 맞아들이고 본실을 황후라 칭하였다. 진시황은 황후 이외 비빈을 부인(夫人), 미인(美人), 양인(良人), 팔자(八子), 칠자(七子), 장사(長使), 소사(少使)의 7등급으로 나누었으며 이외에도 수천 명의 궁녀를 두었다.

민간에서 흥기한 한 고조 유방은 전통적인 황실의 예의체제를 그다지 중시하지 않았으며 후궁에 관한 특별한 제도규정을 마련하지도 않았다. 한 무제의 경우는 황후 1인을 제외하고 비빈을 소의(昭儀), 첩여(婕妤), 형아(娙娥), 용화(容華), 충의(充衣), 미인(美人), 양인(良人), 팔자(八子), 칠자(七子), 장사(長使), 소사(少使), 오관(五官), 순상(順常), 무연(舞涓) 등 14등급으로 나누었다. 이외에도 한 무제의 궁정에는 시첩(侍妾)궁녀가 수천에 이르렀다. 이들의 지위는 매우 낮았으나 혹 황제의 자식을 낳거나 황제의 총애를 받게 되면 지위가 상승하여 정식 비빈이 될 수도 있었다.

한을 찬탈한 왕망은 제도를 바꾸어 귀첩(貴妾)의 수를 120명으로 규정하였다. 이후 역대 왕조는 대부분 120명을 비빈의 상수(常數)로 규정하였다. 후한 광무제는 후궁의 수를 과감히 줄이고 황후 외에 후궁의 칭호를 귀인, 미인, 채녀 등으로 규정하여 이전 후궁의 등급이 너무 많았던 폐단을 수정하였다.

삼국시대 위는 황후 아래 비빈을 5등으로 구분하였다가 태화 원년(太和, 227)에 12등급으로 확대하였다. 오를 멸한 진 무제(武帝, 265~289)는 손호(孫皓)의 후궁과 궁녀를 모두 거두어들여 당시 무제의 궁정에는 수만의 비빈과 궁녀가 넘쳐 났다. 매일 저녁 행행(行幸)을 고민하던 무제는 양이 끄는 조그만 수레를 타고 양이 머무는 곳에서 그날 밤을 보내곤 하였다. 이에 비빈과 궁녀들은 자신의 침소 앞에 양을 머물게 하기 위해 대나무 잎을 걸어놓는다든지 혹은 소금물을 바닥에 뿌려 놓는 등 갖가지 방법을 동원하였다고 한다.

북위 도무제(道武帝, 386~409)는 중궁을 설립하고 기타 비빈은 부인이라 칭하였으며 그 숫자는 제한이 없었다. 효문제(孝文帝, 471~499)는 고대의 120인 편제를 회복시켰으며 이후 수당에 이르기까지 비빈제도에 큰 변화는 없었다. 물론 북위나 수당을 막론하고 이는 명의상의 규정에 불과하였을 뿐 실제숫자는 이를 훨씬 초과하였다.

이 가운데 특이한 경우로는 수 문제를 들 수 있다. 문제는 그의 아내인 독고황후(獨孤皇后)를 무서워하여 천하를 통일한 이후에도 감히 비빈을 거느리지 못하였다. 역대 제왕 가운데 유일하게 일부일처를 고집하던 문제는 독고황후가 사망한 이후에야 비빈을 두었다. 이에 반해 그의 아들인 양제는 수없이 많은 후궁을 두어 진 무제에 버금갈 정도였다. 당 초 두 차례에 걸쳐 후궁 미녀 6천 명을 해산시켰다는 것만 보아도 양제의 궁정에 얼마나 많은 후궁 미녀가 존재했는지 짐작할 수 있다.

당의 경우 황후 이하 부인급으로는 귀비(貴妃), 숙비(淑妃), 덕비(德妃), 현비(賢妃)가 있었고 그 아래로 소의(昭儀), 소용(昭容), 소원(昭媛), 수의(修儀), 수용(修容), 수원(修媛), 충의(充儀), 충용(充容), 충원(充媛)의 9빈이 있었으며 다시 그 아래로 첩여(婕妤), 미인(美人), 재인(才人), 보림(寶林), 어녀(御女), 채녀(采女) 등 명호로 108명의 후궁을 둘 수 있도록 하여 총 121명의 비빈을 두었다. 현종대에 이르러 궁녀의 수는 3천으로 증가하였다.

송의 경우는 비의 칭호 가운데 귀, 숙, 덕, 현 이외에 신비(宸妃)가 더해졌다. 요에 이르러 비호는 더욱 증가하였으며 금의 비호는 12종에 달하였다.

명대에 이르러 주원장은 역대 후궁·궁녀의 수가 너무 많아 질서가 혼란하고 정치에 간여한 사례가 많음을 알고 이를 바로잡고자 비빈제도에 대해 대대적인 정리를 하였다. 그 결과 명대 초기에는 육궁과 비빈의 제도를 정하였으나 시간이 지나면서 흐지부지되어 가정제는 한꺼번에 명호가 있는 비빈만도 9명을 맞아들였으며 여타 명호가 없는 후궁은 더욱 많았다. 명대의 비호는 현(賢)·숙(淑)·경(敬)·혜(惠)·순(順)·강(康)·녕(寧)·소(昭) 등이 있었으며 황귀비의 지위가 황후 다음가는 두 번째이고 그 다음으로 비의 지위가 높았다.

청대의 경우는 강희 이후 비로소 비빈제도가 확립되어 후궁의 명호가 엄격하게 규정되었다. 황제의 정처인 황후는 중궁에 거처하며 내치를 총괄하였다. 그 밑으로 황귀비 1인, 귀비 2인, 빈 6인이 동서 12궁에 거주하며 황후를 도와 내치를 주관하였다. 빈 아래로는 다시 귀인·상재·답응 3급의 후궁이 있었으나 이들의 숫자는 명문규정이 없었으며 동서 각 궁에 기거하였다.

그러나 청대 전체를 통틀어보면 황귀비·귀비 이외에도 여러 명호의 비가 존재하였으며 이들의 신분지위는 엄격하게 규정되었다. 따라서 청대 각 황제가 거느린 비빈의 숫자는 규정을 초과하는 경우가 많았으며 이는 황제에 따라 달랐다. 예를 들어 강희·건륭의 경우는 규정을 초과한 비빈을 거느렸고 동치·광서는 규정보다 훨씬 적은 비빈만을 두었다.

2. 청대 수녀(秀女)선발

중국의 역대 황제들은 모두 정해진 후비의 공급방법에 따라 처첩을 거느렸다. 청대의 경우는 이전의 왕조와는 다른 독특한 제도를 통해 후비를 정하였으니 이를 수녀선발이라 한다.

6세에 등극한 순치제는 14세에 대혼을 거행하였고 17년간 재위하다 24세에 사망하였다. 즉위 초기 7년간은 나이가 어린 관계로 도르곤이 섭정하였다. 1650년 도르곤이 사망하자 다음해 친정한 순치제는 같은 해 대혼을 거행하였다. 그러나 순치 10년 8월 자신이 선택한 인물이 아니라는 이유로 황후를 비로 강등시킨 뒤 10월에 새 황후를 선발하도록 상유를 내렸다. 그 결과 다음해 5월 전 황후의 조카를 새 황후로 정하고 6월 대혼을 거행하였다. 이 과정에서 순치제는 '수녀선발'이라는 표현을 쓴 사실은 없었다. 하지만 황제의 배혼을 위해 만주족과 몽고족 관민의 여식 가운데 후비 대상자를 선발하는 제도가 이때부터 정례화되었다. 곧 순치제는 청대 황제 가운데 처음으로 수녀선발의 과정을 통해 황후를 정한 셈이었다.

청 태조 누르하치는 여진족을 통일하는 과정에서 팔기제도를 창립하였다. 만주족이 중원의 주인이 된 뒤 기인은 팔기와 내무부 포의(包衣) 삼기의 구분이 있게 되었다. 입관 후 팔기는 만주족, 몽고족, 한족 각 팔기 총 24기를 이루어 이들이 만주족 중국통치의 근간을 이루었다. 내무부 포의 삼기는 청 황실의 노예로 팔기와는 신분과 정치지위가 확연히 달랐다. 따라서 청 초기 팔기와 포의 삼기의 여자를 모두 수녀라고 칭하였지만, 이들을 대상으로 한 수녀선발 방법과 선발된 인원의 궁중에서의 지위는 달랐다.

수녀선발이 제도로 고정되면서 팔기수녀는 호부의 주관하에 매 3년마다 한 차례 선발이 이루어졌다. 그 목적은 황제의 후비를 선발하고 어떤 경우에는 황실 종친의 배우자를 그 가운데서 고르기 위해서였다.

장래 후비의 후보자라 할 수 있는 수녀의 선발은 엄격한 과정을 통해 진행되었다. 일반적으로 만주팔기와 몽고팔기 중 13~17세의 신체건강하고 잔질이 없는 여자는 반드시 선발과정에 참여해야 하였다. 가경 6

년(1801) 이전에는 심지어 출가한 공주 소생도 예외 없이 수녀선발 시 이름을 올려야 하였다.

포의 삼기를 대상으로 한 수녀선발은 내무부 주관하에 매년 한 차례 실시되었다. 여기에서 선발된 소녀는 비빈 후보자가 아니라 궁중에서 궁녀와 시녀로 일하다 25세가 되면 출궁하여 출가할 수 있었다. 물론 포의 삼기 출신 가운데 후일 비빈이 되는 경우가 없지는 않았지만 이는 극히 드문 경우였다.

만 13세가 된 소녀는 반드시 수녀선발 과정에 참여해야 하였고 17세를 초과한 경우에는 선발대상에서 제외되었다. 특별한 사유로 선발과정에 참여하지 못한 소녀는 반드시 다음 선발과정에 참여해야 하였다. 만일 그렇지 않으면 스무 살이 넘어도 시집갈 수 없었고, 이를 어기면 응분의 처벌이 가해졌다. 수녀선발이 이루어지기 전 사사로이 결혼한 경우에도 역시 벌을 받아야 하였다. 설령 잔질이 있어 선발에 참여하지 못할 경우에도 층층의 보고과정을 거쳐 최종적으로 호부에서 황제에게 보고하고 허락을 얻어야만 비로소 선발대상에서 제외될 수 있었다.

수녀를 선발할 때가 되면 호부에서는 각 팔기의 장관과 북경 부근에 주둔하고 있는 팔기 및 외직에 있는 팔기소속원에 공문을 보내 적령기에 이른 소녀들의 명단을 보고하도록 하였다. 선발일자는 호부에서 황제에게 보고 후 정하여 각 팔기에 통보하였다. 청대 초기에는 수녀선발 제도가 아직 완비되지 않아 종종 고모와 조카가 한 황제를 모시는 경우도 없지 않았다. 시간이 지나면서 윤리도덕에 어긋나는 상황을 피하기 위해 태후나 황후의 형제자매의 딸, 황제 유모의 딸은 선발에서 면제되었다. 기타의 경우 17세 이전에 한 번이라도 수녀선발에 참가하지 않았거나 일차에 선발되었으나 그 다음 관문을 통과하지 못한 경우에는 종신토록 시집을 갈 수 없었다.

선발일자가 정해지면 대상자들은 하루 전 일몰 무렵 수레를 타고 각 소속 기(旗) 하급지휘관의 안내를 받아 자금성의 북문인 신무문(神武門) 밖에 대기하였다. 궁문이 열리면 정해진 순서대로 마차에서 내려 태감의 인도하에 순정문(順貞門)을 통해 선발장으로 향하였다. 수녀를 선발하는 장소는 고정되지 않아 각 황제 때마다 변화가 있었다. 동치 연간 자안태후와 자희태후는 정이헌(靜怡軒)에서 수녀를 선발하였다. 광서제의 후비는 체원전(體元殿)에서 선발하였다.

정해진 장소에 다다르면 소녀들은 5~6인이 한 조가 되어 일렬횡대로 서게 되고 황제와 태후가 직접 선택하였다. 선발된 소녀의 명패는 남겨지고 탈락자의 명패는 버려지게 된다. 보통 명패에는 모관 모인의 여식, 모기의 만주인(몽고족과 한족은 몽고, 한군으로 표시)이라고 해당자의 소속과 부친의 관직 등이 기록되어 있었다. 일차적으로 선발된 소녀들은 다시 정기적으로 선택의 과정을 거쳐 도태가 결정되었다.

최종선발된 수녀들에게는 두 가지 길이 있었다. 하나는 황실 왕공 혹은 종실의 집안에 하사되는 것이었다. 다른 하나는 황궁에 남아 황제를 모시는 비빈의 후보자가 되는 것이다. 만일 비빈 후보자가 된 경우 수속은 더욱 복잡하였다. 이들은 궁에 남겨져 시험과 관찰의 과정을 거치게 되고 여기에서 탈락하면 집으로 보내졌다. 그러나 황제로부터 봉호(封號)를 받은 수녀는 죽을 때까지 궁 밖으로 나가거나 황제 이외의 남자와 결혼할 수 없었다. 황후로 간택된 수녀는 대혼의 절차를 거쳐 정식으로 책립되었다.

제2절 황제의 대혼(大婚)과 황후책립

  황제의 대혼과 황후책립은 본래 별개의 사무였다. 봉건시대 민간의 습속으로는 남자 15세, 여자 13세가 되면 성혼이 가능하였는데 이 점은 황실에서도 마찬가지였다. 만일 선황제가 건재한 경우 황태자 혹은 황자가 15세에 이르면 혼인을 시키고 후일 계위한 뒤 다시 황후를 책립하였다. 그러나 선황제 사망 시 아직 충년(沖年, 아동)으로 계위한 경우에는 대혼과 황후책립이 동시에 이루어졌다.

  청조 입관 후 황위에 오른 황제는 총 10명인데 그 가운데 순치·강희·동치·광서 네 황제는 충년에 계위하였기에 그들의 대혼과 책후는 동시에 진행되었다. 반면 옹정·건륭·가경·도광·함풍은 성혼 후 계위하였다. 따라서 이들은 원래 부인을 황후로 책립하기만 하면 되어 대례를 다시 치룰 필요는 없었다. 마지막 황제인 부의는 퇴위 시 겨우 6살에 불과하여 성혼 입후와는 거리가 멀었다.

1. 황제의 대혼

1) 납채례

청대 4황제의 대혼·책후는 매우 성대한 규모로 치러졌다. 그 예의의 진행과정을 살펴보면 다음과 같았다. 먼저 황태후와 왕공 등이 나서 황후 후보자를 선택하고 황실에서 황후 후보자 집안에 예물을 보내게 되는데 이를 납채(納采)라 하였다. 황제의 정처는 곧 황후가 되는 까닭에 미혼 황제의 대혼 시에는 반드시 한림원에서 책문(冊文)을 작성한 뒤 예부에서 책문을 근거로 금책(金冊)과 금보(金寶)를 제작하고 예물을 준비하였다.

이때 준비하는 예물은 통상 마필·갑주(甲胄)·포백(布帛) 등이다. 예를 들어 강희 4년(1665) 대혼을 앞두고 길일을 택해 납채례를 거행하였는데 당시 준비된 예물로는 말 10필, 갑주 10벌, 비단 100필, 포 200필이었다. 여타 황제의 납채 예물도 이와 거의 비슷하였다.

납채례가 거행되는 당일 아침, 예의를 전담하는 홍려시관이 태화전 내 정중앙에 탁자를 준비하면 내각의 관원들은 납례사신이 지참할 징표를 내각에서 내와 탁자위에 올려놓게 된다. 동시에 갑주·포백 등 선물은 내무부 관원에 의해 용정(龍亭)에 담겨 태화전 단계 좌우에 놓여지고, 마필은 단계 아래 좌우에 정렬된다. 이때 정·부납례사신과 집사관원 및 문무대신들은 조복 차림으로 각자 지정된 자리에 위치하여 과정을 지켜보게 된다.

흠천감이 미리 잡아놓은 길시가 되면 정·부사신은 먼저 삼궤구고의 예를 올린 뒤 단계 위에서 선제(宣制)를 경청한다. 선제관이 큰 소리로 "황제께서 황태후의 뜻을 받들어 모씨의 모녀를 후로 맞아들이기 위해 경 등에게 징표를 가지고 납채를 행하도록 한다"고 선포함과 동시에 대학사는 징표를 정사에게 전한다. 징표를 받아 단계 아래로 내려온 정·부사는 의장대의 선도아래 길을 떠나게 된다. 그 뒤로는 교위들이 용정을 매고, 위사들이 말을 끈 채 태화중문을 거쳐 황후의 친정으로 향하게 되는 것이다.

납채례가 거행되는 당일 황후의 친정은 안채의 정중앙에 남쪽을 향해 탁자 세 개를 놓아두고 온 집안 식구가 황실의 사신을 맞을 준비를 하게 된다. 정·부사가 도착하면 황후의 부친은 조복 차림으로 대문 밖에 꿇어앉아 이들을 맞이한다. 집안에 들어간 뒤 사신은 징표를 가운데 탁자 위에 올려놓으며 내무부 관원은 포백과 갑주를 좌우의 탁자 위에 올려놓는다. 다만 용정과 마필은 의문(儀門) 밖에 놓아둔다. 이 단계가 끝나면 정사는 납채례를 거행하게 된다. 황후의 부친은 대청의 중문밖에 북쪽을 향해 꿇어앉아 예를(수채례) 받게 된다. 수채례가 끝나면 황후의 부친은 황제의 은혜에 감사하는 의미로 친족자제를 인솔하여 황궁 방향을 향해 삼궤구고의 예를 올리게 된다. 이것으로 납채례가 마감되고 정·부사는 징표를 거두어들이고 인사를 한 뒤 황궁으로 되돌아가게 된다.

납채례가 거행된 뒤 황후의 집안에서는 잔치를 벌여 고관대작과 친척들을 대접하며 이때 초청된 사람들은 선물을 준비하고 열렬한 축하를 보낸다. 한편 황궁에서도 잔치를 벌여 공주와 대신의 부인들로 하여금 황후의 모친을 접대토록 하고, 외정에서도 만한(滿漢) 2품 이상의 관원들이 참가하는 연회가 베풀어져 황후의 부친을 접대하였다.

2) 대정례

납채례에 이어 대정례(大征禮)가 베풀어지는데 이때 황실에서는 대혼예물을 준비하여 황후의 집에 보내게 된다. 대정례 때 보내는 예물은 납채례 때의 예물보다 더욱 풍성한데 일반적으로는 말 20필, 황금 200 냥, 백은 1만 냥, 비단 1천 필 및 금·은으로 만든 생활용품 등이 보내 졌다. 이상의 예물은 황후의 부모에게 내려지는 것이다. 이외에도 황후 의 형제자매와 시종·하인들에게도 상황에 맞추어 의복과 같은 하사품 이 전해지게 된다.

대정례의 의식은 기본적으로 납채례와 같은 형태로 진행되었다. 다 만 대정례의 마지막에 황후의 부친이 황후의 형제를 이끌고, 황후의 모 친은 황후 집안 여자들을 이끌고 사은례를 거행하였다. 만일 황후의 조 부가 살아있는 경우에는 조부가 집안의 남녀를 이끌고 사은례를 주관 하였다.

3) 책립봉영례

그 다음 단계로는 책립봉영례(册立奉迎禮)가 거행되는데 이는 대혼의 식 가운데서도 가장 장중한 의식이다. 예식이 거행되는 당일 황궁의 각 어도마다 붉은색 카펫이 깔리고 모든 문신(門神)과 대련(對聯)은 새것 으로 교체되며 각 궁전의 대문마다 홍등이 밝혀지게 된다. 한편 몇 몇 중요한 궁전에는 쌍희(雙喜)자가 쓰인 비단이 드리워지기도 하였다.

태화전에서 거행된 의식을 위해 궁중악대가 동원되고 태화전 안에는 책안(册案)과 보안(寶案)이 놓여지게 된다. 공부(工部)에서는 용정 두 개 와 황후용의 가마를 제작하여 태화문 밖 계단 밑에 놓아둔다. 태화문에 서 오문에 이르는 길의 양편에는 황후의 의가(儀駕)가 진열되고 황후의 관복은 용정의 남쪽에 놓여진다. 의식에 참여하는 집사관원과 문무대 신은 모두 조복을 입고 관위에 따라 지정된 장소에 도열한다. 또한 당 일 궁내의 일을 돕게 되는 명부·여관 역시 모두 조복을 착용하고 태감 은 채복(彩服)을 착용하도록 하였다. 청대의 규정에 따르면 대혼 전날 황제는 대신들을 천단·지단·태묘에 보내어 천지와 조상에게 제사를 올리도록 하였다.

흠천감이 길시가 되었음을 보고하면 봉영례가 정식으로 시작된다. 왕공대신과 정·부사는 태화전 밖에서 예를 행하고 기타 문무관원은 어도의 양편에서 궤배를 올리게 된다. 이때 황제는 예부 당관의 전도아래 예복차림으로 가마를 타고 궁에서 나와 먼저 자녕궁에 들러 황태후에게 예를 올린다. 이어 태화전에 도착 책안·보안 위에 놓인 금책·금보에 이상이 없는지 검열한 뒤 보좌에 자리하면 음악이 연주된다. 이어 사회자가 명편(鳴鞭)을 외치면 계단 아래 명편교위가 채찍을 세 번 휘두르고 곧이어 영친정·부사는 단계 위로 올라가 북쪽을 향해 꿇어앉아 선제를 경청한다.

선제 낭독이 끝나면 대학사는 징표를 정사에게 전달하고 집사관원은 책과 보를 들고 중문을 나와 용정에 모셔두게 된다. 이어 계단 아래에서 채찍이 세 번 울리면 음악이 연주되고 황제는 보좌에서 일어나 환궁하고 음악이 그치게 된다. 음악이 그친 뒤 정·부사는 징표를 지참하고 대열의 맨 앞에 서고 그 뒤로 용정, 황후의 의가와 관복, 내대신과 시위 등이 차례로 줄을 지어 지정된 노선에 따라 황후의 집으로 향하게 된다.

이날 황후의 집에서는 내당 정중앙에 절안(節案)을 마련하고 그 좌우에는 보안과 책안을, 절안의 앞에는 향안(香案)을 놓아두며 향안 앞에는 황후의 자리를 마련한다. 4명의 시위여관은 황후의 좌우 양측에 서고 두 명의 선독여관은 책안의 남쪽에, 태감은 외당의 계단 아래 도열하게 된다. 이들은 모두 내정에서 파견되어 당일의 의식을 돕는 것이다.

정·부사가 대오를 이끌고 황후 집의 대문에 도착하면 황후의 부친은 온 집안의 자제들을 이끌고 문 밖에서 무릎 꿇어 이들을 맞이하게 된다. 정·부사가 문을 들어서 계단을 오르면 황후의 부친과 자제들은 그 뒤를 따라 외당의 동편에 서쪽을 향해 서고 가마는 대청 계단 위의 정중앙에 놓여지고 악대가 대문 좌우에서 음악을 연주한다. 이와 동시에 내무부 관원은 황후의 관복을 태감에게 전해주고 태감은 이를 내당의 여관을 통해 황후에게 올리면 황후는 즉시 옷을 갈아입는다. 이 사이 책과 보를 실은 용정은 잠시 외당에 놓아둔다.

곧이어 황후의 부친은 외당 중문밖에 꿇어앉아 정사가 낭독하는 전제(傳制)를 경청하고 마지막에는 삼궤구고의 예를 올리고 물러나게 된다. 정·부사신이 절·책·보를 내감에게 전달하면 황후는 두 명의 여관이 부축하는 가운데 예복차림으로 중문에서 선채로 태감을 맞이하고 황후의 모친은 집안의 여자들을 이끌고 무릎 꿇어 태감을 맞이한다. 태감이 절·책·보를 탁자 위에 올려놓으면 여관이 황후를 자리로 인도하고 황후는 무릎 꿇고 여관이 낭독하는 보문과 책문을 경청한다. 뒤이어 책과 보를 접수하면 책립례가 마감된다. 이어 태감은 절을 정·부사에게 되돌려주고 이미 황후의 소유가 된 책과 보는 용정에 다시 놓아두게 된다. 잠시 휴식을 취한 황후는 길시가 되면 입궁을 준비하게 된다.

4) 입궁

흠천감이 가마가 떠날 길시가 되었음을 선포하면 의식을 관장하는 수령태감은 가마를 내당의 계단 아래로 옮기도록 하고 여관의 인도아래 황후는 가마에 오르게 된다. 이때 황후의 모친은 가마 앞에까지만 딸을 배웅하고 황후의 부친은 대문 밖에서 무릎 꿇고 황후를 배웅한다.

악대의 전도 아래 영친대오를 인솔한 정·부사는 말을 타고 앞장서며 그 뒤로 황후의 의가·책정·보정이 따르며 그 뒤로 황후가 탄 가마가 자리한다. 가마의 앞에는 4명의 명부가 전도를 맡고 뒤로는 7명의 명부가 따르는데, 이들은 모두 말을 타고 역시 말을 탄 내대신과 시위는 맨 후미에서 가마를 호위하게 된다.

규정에 따르면 황후의 집이 경성의 어느 곳에 위치하던 영친대오는 반드시 대청문을 통해 입궁하도록 하였다. 청조의 규정에는 대청문은 오직 황제와 황태후만이 마음대로 통과할 수 있고 여타 문무관원은 함부로 통과할 수 없도록 되어 있었다. 황후의 경우에도 오직 대혼 때 한 차례만 대청문을 통과할 수 있었다.

행렬이 금수교에 이르면 정·부사신과 내대신 및 시위는 말에서 내려 금수교를 건너게 된다. 대오가 오문 앞에 이르면 문루 위의 종과 북이 일제히 울리고 의가는 오문 밖에 머물게 된다. 이어 각 집사 명부들은 말에서 내려 앞에서 인도하고 가마는 오문을 통해 태화문에 이르게 된다.

황후가 가마에서 내리게 되는 지점은 대혼 때마다 약간의 변동이 있었다. 예를 들어 순치·강희의 황후는 태화전의 계단 아래에 이르러 가마에서 내렸다. 동치의 황후는 건청궁 안에서, 광서의 황후는 건청궁의 계단 아래에 이르러 가마에서 내린 것으로 기록되어 있다. 황후가 어디에서 내리던 간에 가마가 일단 멈추게 되면 음악이 연주되었고 정·부사는 복명(復命)을 위해 자리를 뜨고 내대신과 시위는 모두 퇴출하였다.

이어 예부 당관이 관원들을 이끌고 건청문 계단 아래 놓여있는 용정 안에서 책과 보를 꺼내어 교태전 안에 준비된 탁자 위에 올려놓게 된다. 이어 손에 등을 든 내감의 인도와 명부의 부축아래 황후는 붉은 카펫을 밟고 교태전으로 향하고, 교태전에 이르면 미리 그곳에서 대기하고 있던 명부들이 황후를 맞이한다. 교태전에서 잠시 휴식을 취한 황후는 8명이 매는 가마를 타고 곤녕궁에 들어가 황제와의 성친례(成親禮)를 기다리게 된다.

5) 합궁

곤녕궁 동난각은 황제와 황후의 합근례가 거행되는 곳이자 그들의 임시 동방이기도 하였다. 동난각의 사방벽은 모두 붉은색으로 치장되며 북쪽에 침대 하나와 간단한 보좌가 준비되어 있고 남쪽 창 아래에는 온돌이 마련되었다. 바닥에는 용과 봉이 수놓아진 쌍희자 카펫이 깔리고 방 가운데는 5자 높이에 역시 쌍희자가 쓰인 커다란 등이 있어 온 방안을 붉은색으로 비추게 하였다.

공대명부(恭待命婦)의 부축을 받고 동방에 들어간 황후가 화장을 새로 하고 옷을 갈아입은 뒤 합근례가 시작된다. 합근례가 시작되면 황제는 예복차림으로 8명이 매는 가마를 타고 동난각에 도착하여 침대의 왼쪽에 있는 보좌에 자리하고 황후는 침대의 오른쪽에 마주보고 앉게 된다. 합근연에서 황제와 황후는 복과 장수를 의미하는 교배주를 마시며 이때 동방 밖에서는 교축가(交祝歌)가 울려 퍼지고 복진과 명부 4명이 황후 옆에서 합근연의 진행을 돕는다. 합근연이 끝나면 급사관과 명부 등은 모두 물러나고 황제와 황후만이 동방에 남게 된다. 저녁에 황제와 황후는 면을 한 차례 먹게 되는데, 이는 장수와 복을 기원하는 의미를 담고 있다.

6) 축하연

대혼이 끝난 뒤 궁중에서는 일련의 축하연이 펼쳐지게 된다. 먼저 신혼 다음날 혹은 며칠 뒤 황후는 자녕궁에 나아가 시어머니인 황태후에게 삼궤삼배의 예를 올리고 상징적인 의미로 식사와 술을 올려 현덕과 효순의 뜻을 보인다. 이어 황제가 대신들을 거느리고 황태후궁에 나아가 예를 올리게 된다. 다음으로 황제는 태화전에서 대규모 축하연을 벌여 문무백관과 외국의 사신을 접대한다. 이때 연회에 참가한 사람들은 황태후·황제·황후에게 축하의 인사를 전하게 된다. 또한 황제는 따로 황후의 부친과 그 친척들을 태화전으로 초청하여 연회를 베푸는데 이때는 각 왕공대신이 참석하여 손님접대를 맡게 된다. 한편 황태후는 자녕궁에서 연회를 베풀어 황후의 모친과 그 친속을 청하는데 이때는 공주·복진과 대신들의 명부가 같이 참석한다. 이상으로 대혼과 관계된 의식이 일단락되게 된다.

2. 황후책립

성년이 되어 이미 결혼한 황제가 등극하면 정처를 황후로 책립하게 되는데 청대 옹정·건륭·가경·도광·함풍 등 다섯 황제가 이 경우에 해당하였다. 책립의식은 대혼보다는 한결 간결하였는데 문헌기록을 토대로 청대 황후책립의 과정을 살펴보면 다음과 같다.

황제가 책립의 명을 내리면 예부에서는 길일을 택하여 보고하고 각 유관부문에서는 책립의 준비를 서두르게 된다. 즉 예부·공부에서는 금책과 금보를 제작하여 이를 내각에 보내면 내각에서는 책문과 보문을 작성하게 되는 것이다. 책립례가 거행되기 하루 전, 황제는 관원을 파견하여 천지와 태묘에 제사를 올리게 된다.

책립 당일 여명, 태감들은 태화전의 정중앙에 절안과 책안·보안을 준비하고 내각 문밖에는 용정 두 개가 준비된다. 이때 문무백관과 기주관 및 집사관원들은 조복 차림으로 관위에 따라 지정된 자리에 도열하게 된다. 이어 공부의 관원이 절(節)을 가지고 내각에 도착하면 내각과 예부의 관원은 금책·금보와 선독용의 책문·보문을 용정에 넣어 태화전으로 운반한다.

용정이 도착하면 내각과 예부의 관원은 금책·책문·금보·보문을 용정에서 꺼내어 가운데 계단을 통해 태화전에 들어가 절은 가운데 탁자에, 금보는 오른쪽 탁자, 금책은 왼쪽 탁자에 놓고 물러난다. 이어 책사(册使)와 부사(副使)가 단계의 동쪽에 시립한 가운데 대학사 한 명이 태화전 처마 아래서 서쪽을 향해 황제의 명령서를 선독하고 홍려시관 한 명은 대학사의 뒤편에서 책안과 보안을 받쳐 들고 서 있는다. 이때 내각과 예부의 관원들은 처마의 동서에서 마주보고 서 있고 예부상서와 시랑이 건청문에 나아가 황제의 행차를 청하면 예복차림의 황제는 가마를 타고 건청궁에서 나와 태화전의 뒷편 계단을 통해 보좌에 앉게 된다.

홍려시 소속 사회자의 구령이 있은 뒤 책사와 부사는 황제 앞에 나아가 삼궤구고의 예를 올리고 뒤이어 선제관이 명령을 선포하면 대학사는 태화전 왼쪽 문을 통해 절을 받쳐들고 나와 단계에서 절을 정사와 부사에게 전하게 된다. 이와 동시에 내각과 예부의 관원은 태화전의 좌·우측 문을 통해 책과 보를 꺼내와 용정에 넣어 황후궁으로 향하게 된다. 용정이 황후궁으로 향하면 아악이 연주되는 가운데 황제는 가마를 타고 건청궁으로 돌아가고 백관은 자리를 뜨게 된다.

책립례가 거행되는 당일 황후궁의 정중앙에는 절안이 준비되고 그 앞에는 향안, 동서 좌우에는 보안과 책안이 놓이고 향안 앞에는 황후의 자리가 마련된다. 황후의 좌우에는 여관 4명이 시립하고 선독여관 2명이 동쪽에 놓인 탁자의 남쪽에서 서쪽을 향해 시립하여 책사가 도착하기를 기다리게 된다.

태화전을 출발한 책사는 협화문(協和門)을 통해 경운문(景運門) 밖에 이르러 절을 태감에게 인계하고 이를 받아든 태감은 절·책·책문·보·보문을 준비된 탁자 위에 올려놓고 물러난다. 이어 여관이 황후를 자리로 인도하여 북쪽을 향하도록 하고 사회자의 구령이 있게 되면 황후는 꿇어앉아 선책여관이 낭독하는 책문을 경청한다. 이어 사회자의 구령이 있게 되면 수책(受册)의식이 있어 금책이 황후에게 전달되고, 황후는 이를 여관에게 전해 책안 위에 놓게 한다. 이어 보문이 선독되는데 이를 주고받는 의식은 앞의 의식과 같은 형태로 진행되며 의식이 끝나면 태감은 절을 책사에게 되돌려주는 것으로 모든 의식이 끝을 맺게 되는 것이다.

다음날 아침 황태후의 처소인 자녕궁에서 후속 의식이 행해지게 된다. 당일 홍려시에서 자녕문 밖에 황색탁자를 준비한다. 예부 관원은 왕 이하 문무관원이 황태후에게 올리는 축하의 글을 취합하여 내각에 보내게 된다. 내각에서는 황태후를 경하하는 황제의 글을 황태후궁에 올리게 된다. 이때 황제의 용품을 관장하는 무비원(武備院) 관원은 자녕문 밖 정중앙에 미리 황제의 방석을 준비해 둔다. 홍려시관은 왕공을 인솔하여 자녕문 밖에 대기하고, 2품 이상의 문무대신은 장신문(長信門) 밖, 3품 이하는 오문 밖에 집결하여 순서를 기다리게 된다.

예부상서가 황제에게 황태후궁으로 가 예를 올릴 것을 청하면 왕공과 대신들은 차례로 그 뒤를 따라 자녕궁으로 향하게 된다. 예를 마치면 황제는 태화전으로 가 주악이 연주되는 가운데 왕공과 백관이 올리는 축하의 글을 받게 된다. 축하의식이 끝나면 황제는 조서를 반포하여 천하에 황후책립의 사실을 알리게 된다. 동시에 황후도 황태후궁에 가 예를 올린 뒤 황제가 회궁하면 황제에게도 예를 올렸다. 이어 자신의 거처로 돌아온 황후는 황귀비 이하 비, 빈, 공주, 왕비, 명부의 축하를 받고 이것으로 책립례는 완전히 끝나게 된다.

3. 황제의 성(性)

중국의 역대 왕조에서는 일반적으로 황자의 결혼 연령을 18세로 정하였으나 대부분의 경우 13~17세에 성혼하였다. 황위를 계승한 뒤에야 대혼을 치른 젊은 황제나 기타 황자들의 공통점 가운데 하나는, 결혼

전 이미 풍부한 성경험을 가졌고, 심지어는 결혼 전 이미 자식을 둔 경
우도 없지 않았다는 것이다.

청대 궁중의 규정에는 황제가 미혼일 경우 나이가 있고 용모와 품행
이 단정한 궁녀 8명을 추려 황제의 성교육을 담당하도록 하였다. 선택
된 궁녀들은 일정한 지위가 보장되고 사의(司儀), 사문(司門), 사침(司
寢), 사장(司帳)과 같은 명의를 받았으며, 매달 별도의 녹봉도 수령하였
다. 황제를 가까이 모시면서부터는 일반 궁녀들과는 달리 노역에서 해
방될 수 있었다. 미혼의 황제에게 궁녀들과 접할 기회를 제공한 것은
혼전 남녀간의 성적관계에 대한 경험을 갖게 하여 이후 황후와의 성생
활에서 곤란해 하거나 당황하지 않도록 하기 위해서였다.

황제가 결혼 전 어떤 여성과 성관계를 갖는가에 대해 명확한 규정을
가진 왕조는 없었고, 규정할 수도 없었다. 오직 황제의 개인적 취향에
맡길 수밖에 없었다. 동궁에 거주하는 태자의 경우 관례(冠禮)를 거행
한 이후부터는 성년으로 간주되어 황제의 특별한 명이 없이는 함부로
후궁(後宮)에 출입할 수 없었다. 이는 태자와 황제의 후궁인 비빈 사이
에 애매한 상황이 발생하는 것을 막기 위한 조치였다. 그러나 성년이
된 태자는 동궁 내에서는 마음에 드는 궁녀가 있다면 누구하고나 성관
계를 가질 수 있었다.

청대에는 황제의 성생활을 전적으로 관리하는 경사방(敬事房)[88]이 설
치되어 있었다. 매일 저녁식사가 끝나면 경사방태감은 끝 부분이 녹색
으로 칠해져 있고 후궁의 이름이 적힌 패를 황제에게 올렸다. 선패(膳
牌)라고 불린 십여 개 혹은 수십 개의 패를 은쟁반에 받쳐 황제에게 올

---

[88] 강희 16년(1677) 설치된 경사방은 내무부(內務府)의 관할하에 있었다. 애초의
주요 직책은 유지(諭旨)와 내무부의 문서를 관리하며 동시에 궁내의 사무와
예절을 관장하는 것이었다. 이 외에 외고(外庫)의 전량(錢糧) 관리, 태감의 선
발과 이동 및 궁내 각 출입문의 개폐상황 순찰도 소관업무에 포함되었다.

리면 황제는 그 가운데서 마음에 드는 후궁의 이름이 적힌 패를 뒤집어 놓았다. 경사방총관태감은 선택받은 후궁의 이름을 기록에 남기고 패를 수하의 태감[89])에게 넘겨 후궁에게 연락을 취하도록 하였다. 후궁은 목욕과 치장을 마치고 나체인 상태에서 가운만 걸치고 태감의 등에 업혀 황제의 침소에 들게 된다. 후궁을 나체상태로 황제의 침소에 들여보내는 것은 혹 무기를 소지하는 것을 막기 위한 조치라고 알려져 있다.

황제는 발목을 드러낼 정도의 짧은 이불을 덮은 채 침상에 누워 있고, 황제의 용안 가까이 발을 댈 수 없는 후궁은 가운을 벗고 황제의 발 아래를 통해 포복하여 이불 안으로 기어 들어간다. 황제가 후궁과 관계를 가질 때 태감들은 혹시나 모를 사고에 대비하여 침궁 밖에서 대기하는데, 침상에서도 지고무상의 권위를 표현하는 차원에서 교합(交合) 시 황제는 반드시 위에 있어야 하였다. 일을 마칠 때까지 후궁은 절대 입 밖으로 소리를 내어서는 안 되었다.

일정한 시간이 지나면 밖에 대기하고 있던 태감은 '시간이 되었음'을 알리고, 황제는 반드시 이에 대꾸하여야 하였다. 만일 황제가 아무런 반응을 보이지 않으면 이는 황제에게 변고가 생긴 것으로 간주되어 시위들이 침소에 들이닥쳐 후궁을 끌어내도록 규정하였다. 황제가 너무 시간을 끌면 경사방총관태감은 재차 시간이 되었음을 알리고, 세 번째가 되면 황제도 하는 수 없이 태감을 침소로 들어오게 하였다. 어느 경우이건 황제와 교합을 마친 후궁은 처음 침상에 올랐던 반대의 동작으로, 곧 황제에게 등을 보이지 않도록 조심히 침상에서 내려와 대기하고 있다가 역시 나체상태에서 가운만 걸친 채 태감의 등에 업혀 자신의 침궁으로 돌아갔다.

---

89) 이 태감은 선택받은 후궁에게 사실을 전달하고 준비된 후궁을 황제의 침상까지 업어 나르는 역할을 전담하여 타비태감(馱妃太監)이라는 전용명칭을 가졌다.

이때 주관태감은 씨를 남길지 여부를 황제에게 묻게 되고, 남기라는 황제의 지시가 있게 되면 '모년 모월 모일 모시 황제께서 모모 후궁과 잠자리를 같이했다'는 기록을 남기게 된다. 이는 장래 해당 후궁이 잉태하였을 시의 증거로 삼기 위함이다. 그러나 씨를 남기지 말라는 황제의 명이 있게 되면 태감은 후궁의 처소로 찾아가 혈을 눌러 인공으로 수정을 막게 된다. 그럼에도 임신이 된 경우에는 강제로 유산을 시키도록 하였다. 마침 달거리를 하여 황제의 부름에 응할 수 없는 경우도 있었을 것이다. 이런 경우를 대비하여 후궁들에게는 특수한 반지가 주어지고 경사방태감은 이 반지를 끼고 있는 후궁의 패는 황제에게 올리지 않았다.

이상과 같은 제도는 명대에 처음 시작되었다하나 정확히 언제부터 시행되었는지 밝히기는 쉽지 않다. 청대에는 특히 옹정제 때부터 규정이 분명하게 집행되었다. 이는 황제의 혈통을 분명히 가려 황위계승 시 불필요한 문제가 발생하는 것을 막기 위한 면과 더불어 후대의 황제들이 너무 여색을 탐하지 않도록 경계하는 의미도 없지 않았다.

궁중의 규정에 따라 청대 황제들은 은밀한 남녀관계마저 태감들의 시선에서 벗어날 수 없었다. 다만 후궁과의 관계를 매번 기록으로 남기는 규정은 자금성 내에서만 적용되었다. 황제가 원명원에 행차하게 되면 선패를 올리는 것을 제외하고는 황제의 성생활이 비교적 자유로웠다. 일반인들과 다름없이 아무 때나 후궁을 부를 수 있었기에 원명원을 즐겨 찾는 황제가 없지 않았다. 젊은 함풍제 같은 경우에는 일년중 대부분의 시간을 원명원에 거주하였다.

제3절 황실의 습속

1. 황자 출생

황제의 가정생활은 일반 민가의 그것과는 달라 황제의 자녀들은 부모의 따뜻한 사랑을 받고 자랄 수 없었다. 황제 또한 아들과 딸을 가까이 두고 혈육의 정을 나눌 수 없었다. 그렇지만 황제는 자신의 후비가 가능한 많은 자녀를 낳기를 바랐는데, 이는 국조(國祚)의 영원한 흥성을 바라는 의미가 포함된 것이었다. 따라서 궁중에서는 신생아의 출생과 양육을 매우 중시하였다.

궁중 황자의 출생과 양육과정을 가장 잘 보여주는 것이 자희태후가 아직 의빈(懿嬪) 신분일 때 훗날의 동치제가 되는 황자를 출산한 것이다. 출산 3개월 전 의빈의 친정어머니는 궁에 들어와 딸과 함께 머무는 것이 허락되었다. 함풍 6년(1856) 정월 23일, 의빈의 처소인 저수궁 후전 외간 동문 밖에 구덩이를 파고 젓가락[90], 붉은 명주, 금은으로 만든 길상물을 묻었다.

---

90) 젓가락의 중국어 발음이 콰이즈(筷子)다. 이는 빨리 아들을 출산하라는 뜻의 콰이성즈(快生子)의 음과 비슷하다.

출산이 임박하여서는 액막이와 분만과정의 순리를 상징하는 칼과 돌 등 물건들을 양심전과 건청궁에서 옮겨와 저수궁 후전 동차간에 걸어 두었다. 동치제의 출생시간은 3월 23일(양력 4월 27일) 오후 1시에서 3시 사이였다. 분만 후 어의는 태열을 없애고 해독의 효과가 있는 복수단이라는 환약을 황자의 입에 넣어주고 황제에게 산모와 황자의 상태를 보고하였다.

생후 사흘째에는 목욕을 시키고 생후 12일째에는 축하행사가 펼쳐졌다. 생후 만 1개월이 되면 만주족의 습속에 따라 황자의 머리를 깎는 의식을 행하였다. 이후 백일과 돌에도 잔치가 베풀어지는데 그때마다 황제는 황자를 생산한 비빈에게 큰상을 내렸다.

돌에는 남북조 이래 강남지방을 중심으로 민간에 널리 퍼졌던 돌잡이 의식이 펼쳐졌다. 이때 돌상에 책, 활, 화살, 종이, 붓 외에 진기한 완구들을 늘어놓는데 황자가 무엇을 고르는지에 따라 장래에 탐욕, 염치, 어리석음, 지혜 중에 어떤 것을 중시할지 미리 예측해보는 것이다. 돌날 동치제는 책을 먼저 잡고 다음으로 화살과 붓을 잡았다고 기록되어 있다.

청의 황실가법에 따르면 황자는 적출이든 서출이든 일단 태어나면 보모를 통해 유모에게 넘겨져 성장하였다. 황자 하나의 양육에는 보모 8명, 유모 8명을 비롯하여 보통 40명 정도의 인원이 동원되었다. 황자가 젖을 떼게 되면 유모를 보내고 태감 약간 명을 동무로 두게 된다. 이들은 황자에게 식사하는 법이나 말을 익히게 하고 걸음마를 가르치며 예절을 가르치는 것도 이들의 몫이었다. 황자가 6세가 되면 관과 신발 등을 따로 준비하며 글을 배우기 시작하였다.

태어나면서부터 생모와 떨어져 생활하는 황자들은 매년 규정된 시기에만 생모를 만날 수 있었다. 모자가 상봉하여도 민간에서와 같이 친근하게 지낼 수 없었다. 12세가 되면 표준중국어를 배우기 시작하고, 14

세부터는 활쏘기와 말타기 등을 교육받기 시작하였다. 16세 혹은 18세
가 되면 대부분 황자들은 성혼하였다. 성혼 시 부황이 생존해 있는 경
우에는 여러 형제들과 궁중에 함께 거주하다 부황이 서거하면 생모와
처를 데리고 궁 밖으로 나가 살았다. 만일 모친이 적처이고 그의 아들
이 계위하면 모후는 태후로 봉해졌다. 결국 태어나서 성혼하기까지 황
자가 생모와 만날 수 있는 기회는 백번 정도에도 미치지 못하여 그들
사이에 모자의 감정을 기대하기는 어려웠다.

2. 황제의 생일

　중국에서는 『시경(詩經)』에 이미 관련내용이 있을 정도로 생일을 축
하하는 풍속이 오래전부터 있어왔다. 다만 제왕의 생일이 국가적인 절
일로 중요시된 것은 당 이후부터였다.

　중국에서는 전통적으로 한 해의 시작인 원단과 양기가 충만해지기
시작하는 동지를 가장 중요한 절일로 간주하였다. 이 두 절일을 경축하
는 날 신하들은 제왕의 만수무강을 함께 기원하였을 뿐, 따로 생일축하
행사를 갖지 않았다. 당 초기까지도 제왕의 생일은 고정된 절일로 여겨
지지 않았기에 당연히 제왕의 생일을 경축하는 특별한 의례도 없었다.

　중국의 제왕 가운데 맨 처음 자신의 생일을 절일로 정한 것은 당 현
종이었다. 개원 17년(729) 상서좌승과 우승상이 백관과 함께 황제의 생
일인 8월 5일을 천추절로 정하자고 상주한 것이 그 시작이었다. 이후
당의 황제들은 대부분 자기의 생일을 칭하는 고유한 명칭을 따로 정하
였다. 그 예로 무종은 자신의 생일을 경양절(慶陽節)이라 정하였고, 선
종의 생일은 수창절(壽昌節)이라 불렀다.

　당에서는 현종대부터 황제의 생일을 맞이하면 전국적으로 사흘간 휴

가를 내리고 거국적으로 열렬히 경축하였다. 황제의 생일날 경성에 근무하는 관원들은 황제에게 생일을 축하하는 술을 올렸다. 이날 왕공과 외척들도 각기 준비한 선물을 황제에게 바쳤다. 지방의 절도사들도 황제의 환심을 사기 위해 진기한 선물을 봉헌하였다. 황제도 이에 화답하여 품급의 고저에 따라 왕공대신들에게 각종 예물을 하사하고 백관에게 연회를 베풀었다. 송대는 황제의 생일을 성절(聖節)이라 칭하였다. 명청 두 왕조에서도 이 명칭을 그대로 사용하는 한편으로 만수절이라고도 불렀다.

제4절 궁정의 세시풍속

1. 원단

중국의 수많은 절일 가운데서도 위로는 황제로부터 아래로는 일반백성에 이르기까지 가장 중시했던 명절이 원단이었다. 원단이 중요한 절일로 자리한 것은 한대부터이다. 이후 수천 년간 중국에서는 원단을 매우 중시하여 이날은 황제가 원단대조회를 열고 정전에서 군신의 조배와 경하를 받았다. 대조는 일상적인 정무를 처리하는 모임인 상조와는 달리 순전히 경하를 위한 예의의 하나였다. 대조라 이름 붙인 까닭은 그 의례가 장중하고 규모가 성대하였기 때문이다.

후한시기 매년 원단이 되면 새벽부터 위로는 삼공구경(三公九卿)부터 아래로는 하급관리까지 궁정으로 가 황제에게 신년축하인사를 하였다. 이날은 정월 초하루이기에 당일 열리는 조회를 정조(正朝)라고도 하였다. 한의 제도에는 원단에 신하들이 입궁하여 황제를 배알할 때는 관직의 고저에 따라 예물을 봉헌하도록 하였다. 신하들의 선물을 즐겁게 받아들인 황제는 그 답례로 연회를 베풀어 군신을 접대하였다. 이때 2천석 이상의 녹봉을 받는 고급관원은 궁전 내에서 황제에게 잔을 올려 건배하고 만세를 외칠 수 있었다. 그러나 2천석 이하의 관원들은 이런 은혜를 입을 수 없었다.

한 이후 원단에 조정에 나아가 황제에게 하례하는 의례에 새로운 변화와 발전이 있게 되었다. 진(晉)에서는 원단에 황제가 하례에 참가한 신하들에게 녹봉을 올려주거나 술을 하사하였다. 원단을 하루 앞둔 섣달 그믐날 저녁이 되면 궁정에서는 화등(華燈)을 다는 등 새로운 해를 맞을 만반의 준비를 갖추었다. 원단 아침 궁문이 열리면 황제는 조복을 입고 수많은 비빈과 함께 태극전에 행차하여 순서대로 입장하는 신하들의 축하인사를 받았다.

당의 원단 축하의례는 세계제국이라는 칭호에 걸맞게 매우 성대하였다. 경제가 번영하고 국력이 강대했던 극성시기, 당 궁궐에서 진행된 원단 의례에는 한족 백관뿐만 아니라 멀리에서 신년을 축하하기 위해 찾아온 소수민족과 부속국 수뇌 및 사신들로 발 디딜 틈이 없을 정도였다. 원단 축하의식은 대당제국 황제의 존귀함과 당의 위세를 널리 떨쳐보일 더 없이 좋은 기회였다. 당의 원단 조하는 장면이 성대하고 화려하기는 하였으나 관련 예제가 상당히 엄격하였다. 원단 조하 시 신하들이 조금이라도 실례한 경우 그에 따른 징벌이 있었기에 참석자들은 전전긍긍하지 않을 수 없었다.

고대 중국에서는 측백나무 잎으로 술을 담가 원단에 여러 사람이 모여 함께 마시며 장수를 기원하는 풍속이 있었다. 이런 민간풍속은 당대 궁정예속에도 영향을 미쳤다. 그리하여 황제가 원단에 신하들에게 측백나무 잎을 나눠주며 건강과 장수를 축원하였다.

송대의 원단 축하의식도 그 장중함이 전대에 비해 전혀 손색이 없었다. 송대 원단 조회는 대경전(大慶殿)에서 거행되었다. 원단 새벽 궁중의 종이 울리면 황제는 경건한 자세와 마음으로 향을 피워 하늘에 제사 지내 창생의 안녕과 풍년을 기구하였다. 여명 무렵 궁문 밖에 모여 있던 신하들은 북이 울리고 궁문이 열리면 대경전에 들어가 정해진 순서대로 시립하였다. 모든 인원의 입장이 끝나면 용포를 입은 황제가 병풍 뒤에서 나와 옥좌에 착석 백관의 하례를 받았다.

축하의식이 끝나면 황제는 대경전에서 백관과 더불어 연회를 열었다. 다음날에는 외국사신들을 위한 연회가 베풀어졌다. 남송시대에는 황제가 영은사(靈隱寺) 등에 행차하여 향을 피우고 불공을 드리기도 하였으며, 황실정원에서는 활쏘기시합이 열리기도 하였다. 외국사신이 귀국할 때 황제는 송별연을 베풀고 많은 상을 하사하였다.

원, 명, 청대에도 전통을 이어 매년 원단 축하행사가 궁중에서 거행되었다. 여러 기록을 통해 보면 이 시기의 원단 축하행사도 의식의 장중함이나 규모의 크기가 전대에 비해 전혀 뒤떨어지지 않았다.

2. 대보름

중국에서는 음력 정월 대보름을 원소절(原宵節), 상원절(上元節) 혹은 등절(燈節)이라 하였다. 원소절의 기원은 한 무제의 신선숭배에 있다. 장생을 추구한 무제는 태일신(太一神)[91]에게 일반적인 제사를 지내는 외에 정월 대보름날 저녁부터 다음날 아침까지 특별히 성대한 제사를 올렸다. 이때부터 정월 대보름이 중요한 절일로 여겨졌다.

후한시기에 접어들어 불교를 신봉한 명제는 정월 대보름에 궁정과 사원에 등을 달아 부처를 섬기면서 신분의 고하에 상관없이 이를 따르도록 하였다. 그러면서도 태일신 숭배를 금하지 않아 태일신 제사의 오랜 전통과 예불의식이 서로 결합된, 중국식과 인도식이 융합된 독특한 형태의 습속이 생겨나게 되었다.

---

[91] 우주만물 일체를 주재하는 신으로 간주하여 민간에서 모신 신선.

수당시기 정월 대보름행사는 공전의 성황을 이루었다. 기록에 따르면 당 중종은 대보름 밤 황후와 미복으로 궁밖에 나가 등을 구경하거나 혹은 황궁의 높은 곳에서 장안성내를 밝힌 등을 구경하느라 밤을 새우기도 하였다. 당 현종은 이전까지 하루저녁에 그쳤던 장등행사를 사흘로 늘리도록 하였다.

송대에 들어 대보름 연등행사는 정월 14일부터 18일까지 5일로 늘어났고, 관등(觀燈)의 풍속도 당대에 비해 더욱 성하였다. 관등을 백성들과 함께 즐기는 자리로 인식한 송 휘종은 5일의 행사기간이 너무 짧다고 아쉬워하며 12월 29일부터 등을 밝히도록 지시하기도 하였다.

만주족인 청의 황제들도 한족의 전통습속인 대보름행사를 받아들였다. 다만 등을 밝히는 기간을 정월 13일부터 17일까지로 한정하였다. 건륭제는 대보름이 되면 원명원의 산고수장루(山高水長樓)에서 종실, 고위관리 등과 함께 관등과 불꽃놀이를 즐겼다. 청의 황제들은 평소 혼자서 식사를 하였다. 그러나 대보름만큼은 건청궁에 황실 가족이 모여 가연의 자리를 마련하고 함께 세시음식을 나누었다.

3. 칠석

은하수를 사이에 둔 견우성, 직녀성과 관련된 신화전설이 언제부터 있게 되었는지 명확하게 알 수 없다. 다만 서주시기 민요에서 이미 이와 관련된 원시전설의 싹이 보인다. 한에 이르러 견우와 직녀는 이미 인격화되기 시작하였다. 이때부터 견우와 직녀는 서로 사랑하는 사이로 묘사되기 시작하였다. 따라서 칠석절의 형성도 이 시기부터라고 해도 무방할 것이다. 또한 이때 이미 여성들이 칠석절에 좋은 손기술을 하늘에 기구했다는 기록이 있는 것으로 보아 칠석걸교(七夕乞巧) 풍습의 기원을 여기에서 찾을 수 있다.

남북조시기 견우와 직녀 이야기는 더욱 가다듬어져 이들이 한 쌍의 부부로 묘사되기 시작하였다. 이에 따라 칠석은 절일로 중시되고 보편적으로 받아들여져 관련된 세시풍속도 이전보다 풍부해졌다. 당시 민간에서는 직녀를 천제의 딸로 인식하였다. 견우에게 시집간 직녀가 베짜는 일을 게을리하자 노한 천제가 둘을 은하수를 사이에 두고 동서로 갈라놓고 일년에 한 번씩만 만날 수 있게 했다는 것이다. 이후 견우와 직녀에 관한 전설은 사람들의 입을 거치면서 부단히 윤색되고 가공되어 오늘날 우리가 잘 알고 있는 슬픈 사랑이야기로 자리 잡았다.

칠석을 매우 중시한 당 현종은 궁중에 백 척 높이에 수십 명이 앉을 수 있는 걸교루(乞巧樓)를 세웠다. 누각에는 제물과 방석이 마련되어 견우와 직녀를 제사지낼 수 있도록 하였다. 현종은 또한 비빈들을 누각에 모아놓고 실과 바늘을 주며 달빛 아래서 누가 먼저 바늘에 실을 꿰는지 시합을 벌이고 밤새도록 연회를 베풀었다.

여름이면 양귀비와 화청궁에서 피서를 즐겼던 현종은 칠석이 되면 궁녀들로 하여금 꽃과 과일 등 제물을 차려놓고 견우와 직녀에게 제사를 올리도록 하였다. 이때 걸교도 함께 행하였는데 그 방법은 거미를 잡아 상자에 넣어 놓는 것이다. 다음날 새벽 상자를 열어 보아 거미줄이 많이 쳐진 경우는 손기술을 얻는데 성공한 것으로, 거미줄이 적은 경우는 실패한 것으로 간주하였다.

청대에는 궁중에 견우와 직녀의 위패를 모셔두고 황후가 친히 제례를 올렸다. 또한 칠석이 되면 황실정원에서 걸교행사가 펼쳐지기도 하였다.

4. 중추절

중추라는 이름이 처음 출현한 것은 『주례(周禮)』이다. 다만 이때의 중추는 계절과 시간의 개념일 뿐이었다. 중국에서는 남북조시기까지도 아직 중추가 절일로 자리 잡기 전이었다. 따라서 중추절의 기원에 대해서는 여러 설이 있지만, 고대 달 숭배의 습속과 관련이 있는 것으로 짐작되고 있다. 중추절이 절일로 자리 잡기 전에도 달을 감상하며 시를 읊는 사람들이 없지 않았으나 당 이전까지는 이런 습속이 특정한 날에만 국한된 것은 아니었다.

당에 이르러 완월(玩月)에 새로운 풍속이 생겨나게 되었다. 당시 사람들은 일 년 열 두 번의 만월 가운데서도 중추의 만월이 가장 둥글고 빛난다는 인식을 갖고 특별히 이날에 달구경을 하며 소원을 비는 행사를 가졌다. 이로써 중추절이 중화민족의 전통절일로 자리하였다. 현종은 매년 중추절 양귀비와 달구경을 즐겨하였다. 어느 해는 달이 서쪽으로 기울어가는 것을 아쉬워하며 다음해 좀 더 오래 달을 구경할 수 있도록 태액지 서안에 1백 척 높이의 상월대(賞月臺)를 짓도록 하였다. 그러나 몇 년 뒤 안사의 난이 발생하여 상월대는 잿더미로 변하고 말았다.

남송의 첫 번째 황제인 고종은 중추절에 덕수궁 상월교에서 달구경을 하였다. 당시 이곳에 갖추어진 황제의 탁자와 의자 등은 모두 수정으로 만들어져 매우 호사스러웠다. 중추절 저녁 달구경을 할 때면 고종은 궁녀와 교방의 악공들을 동원하여 음악을 연주하도록 하였는데, 피리 부는 악사만도 2백 명에 달하였다고 한다. 고종으로부터 양위 받은 효종도 태상황을 모시고 역시 상월교에서 중추절 행사를 가졌다.

원대 궁중의 중추절행사도 호화로움이 극에 달하였다. 무종은 중추절에 비빈들과 함께 황실정원에서 연회를 베풀며 달구경을 즐겼다.

명청대 궁중의 중추절은 기본적으로 당송시대의 습속을 그대로 따랐다. 명대에는 궁중에서 달구경과 월병을 먹는 외에도 부들로 싼 민물게를 쪄먹는 습속이 생겨났다. 여럿이 둘러앉아 술과 초를 곁들여 게를 먹고 난 뒤에는 소엽탕(蘇葉湯)을 마시기도 하였다. 중추절 궁중 마당에 꽃과 석류를 벌여 놓는 습속도 이때 생겨났다.

청대에는 중추절에 즈음하여 궁중에 새로운 풍속이 생겨났다. 궁중 마당에 동향으로 병풍을 치고 병풍 양측에는 맨드라미꽃과 풋콩가지 및 신선한 토란을 올려놓는 것이다. 이 외에도 병풍 앞에 정사각형의 탁자를 놓고 그 위에 주변을 과일 등으로 장식한 대형 월병을 올려놓고 달에 제사를 지냈다. 달에 제사를 올린 다음에는 황실 가족수에 맞춰 월병을 쪼개어 함께 나누어 먹었으니 이는 가족 간의 화목과 단결을 의미하였다.

5. 동지

고대로부터 중국인들은 동지가 일년 중 밤이 가장 긴 날이요 이 날이 지나면 낮이 점차 길어지고 양기가 충만하여 곧 봄이 오리라는 것을 알고 있었다. 그렇기에 전통시대부터 중국인들은 동지를 원단 다음가는 중요한 절일로 간주하였다.

주나라의 역법은 오늘날의 음력 11월을 정월로 간주하였다. 주의 역법을 계승한 진은 동지를 한 해의 첫날로 삼았다. 한에서는 동지를 동절이라 하여 각 관서에 휴가를 주고 축하활동을 펼치도록 하니 이를 하동(賀冬)이라 하였다. 남북조시기 동지를 아세(亞歲)라 하여 민간에서는 어른에게 축하인사를 건네는 풍속이 있었다. 수당시기에는 전대의 습속을 그대로 이어 별다른 변화는 없었다.

당대 이후 경제와 문화의 장기적인 발전을 바탕으로 북송시기 중국의 생산기술은 더욱 진보하였다. 이에 따라 일반적인 물질생활 수준도 이전에 비해 향상되었다. 이는 자연 풍속의 변화에도 영향을 미쳐 이때부터 동지를 맞이하는 사람들의 태도에도 반영되었다. 이 무렵 사람들은 동지가 되면 풍성한 음식을 마련하여 새 옷을 갈아입고 조상에게 제사를 올렸다. 또한 친척이나 이웃들과 축하인사를 주고받으며 서로 왕래하여 원단과 다름없이 동지를 중시하였다. 동지를 맞이하여 가장 장중하고 중요하게 거행된 의식은 송대부터 시작된 황제의 제천대례였다.

동지의 제천대례는 고대로부터 전해 내려온 교사(郊祀)의식의 재현이었다. 고대로부터 중국에서는 혜성이나 유성, 일식 혹은 월식 등 하늘에 특별한 현상이 발생하거나 이상한 기상현상이 생기면 이를 모두 인간에 대한 하늘의 경고 혹은 징벌로 간주하였다. 특별히 엄중한 현상이 발생하면 하늘의 아들인 황제는 자신의 잘못을 인정하는 조서를 반포하고, 하늘에 제사지내 재앙을 면하고 복을 내려줄 것을 기구하였다. 이러한 의식의 연장인 동지제천은 다가오는 새해의 안녕과 풍년을 미리 비는 행위였다. 송대부터 황제가 동지제천을 행하면서 마침내 연례행사로 굳어지게 되었다.

고대부터 중국인들은 음양오행설의 영향으로 하늘을 양, 땅을 음으로 간주하였다. 따라서 하늘에 올리는 제사는 태양을 바라보고 남쪽에서, 땅에 올리는 제사는 태양을 바라보고 북쪽에서 올렸다. 이에 따라 북송시기 동지대례를 올리는 교사단은 개봉부의 남쪽 교외에 설치되었다.

북송 황제가 올리는 동지제천의 의례는 매우 복잡하였다. 제천의식이 거행되기 사흘 전 황제는 침궁을 떠나 대경전에 머물렀다. 다음날 아침 황제는 의장대의 인도와 호위병의 보호 속에 태묘로 가 유숙하였다. 이때 재상과 백관은 모두 예제에 규정된 법복 차림으로 황제를 수행하였다. 다음날 새벽 황제는 가마를 타고 재궁으로 가 유숙하다 한밤중이 되면 교사단으로 향하였다. 교사단의 임시휴식처에서 예복으로 갈아입은 황제는 단 앞에 나아가 미리 마련되어 있는 장막 안에서 잠시 휴식을 취하였다. 나무기둥을 세우고 푸른 천을 둘러친 장막은 소막전이라 불렸고 황제가 옷을 갈아입는 곳은 대막전이라 불렸다.

3층으로 된 제단 사방의 정중앙에는 72계단이 있어 남쪽계단을 오계(午階), 동쪽계단을 묘계(卯階), 서쪽계단을 유계(酉階), 북쪽계단을 자계(子階)라 불렸다. 단상에는 북쪽을 향해 두 개의 황색 방석이 마련되어 있고 정남향에는 상제의 신위, 동남향에는 태조 조광윤의 신위가 모셔졌다. 두 개의 탁자에는 제물이 마련되었다. 모든 준비가 완료되면 예관이 황제에게 단에 오를 것을 청하게 되는데 황제와 재상만이 단에 오를 수 있었다.

주악과 함께 제천의식이 시작되면 황제는 남쪽을 향해 무릎을 꿇고 잔을 세 번 올린 뒤 음복하고 물러나 잠시 휴식을 취하였다. 이어 제물과 표문을 화로에 태우는 것으로 제천의식은 마무리되었다. 제천의식을 마친 다음에는 십이궁을 비롯한 별에 제사를 지내는 의식이 행해졌다.

모든 의식을 마치고 아직 날이 밝기도 전에 재궁에 돌아온 황제는 백관에게 차와 술을 내린 뒤 궁으로 돌아갔다. 당일 궁중의 선덕루 앞에서는 죄인들에 대한 사면의식이 행해지기도 하였는데 이를 교사라 하였다. 송 이전까지 동짓날 궁에서 행해지는 의식은 비교적 간소하였다. 그러나 송대에 이르러 제천과 사면 등 관련의식이 크게 늘어나고 예의도 장중함과 번잡함이 더하게 되었다. 송대에 시작된 동지행사는 전통으로 굳어져 명과 청에도 그대로 이어졌다.

북경을 수도로 삼았던 명청의 동지 제천의식은 북경 남쪽 교외에 위치한 천단 남쪽편의 환구에서 거행되었다. 명 영락 18년(1420) 건설된 천단은 환구, 황궁우, 기년전의 3대 건축물을 주체로 서측에는 재궁이 자리하였다. 제천이 행해지기 하루 전 황제는 목욕재계하고 하루를 천단에 머물렀다. 천단 동측의 북단에는 희생소라 불린 공간이 있었다.

예부 태상시에서 관리하는 이곳은 제사에 사용되는 소, 양, 사슴 등을 사육하는 공간이었다.

청대에는 황제의 생일, 원단 및 동지를 삼대절이라 하였다. 동지에 거행하는 제천대례는 천상 상제의 은덕에 보답하는 의미를 지니고 있었다. 동지 하루 전 예부의 제사의례를 담당하는 부문인 태상시에서 각 아문에 통지하면 밤중부터 10장 높이의 천등간(天燈杆)을 세우는 작업이 시작되었다. 천등간이 세워진 순간부터는 정숙과 지성의 상징으로 부근 사찰의 종이나 북을 울리지 못하게 하고 주민들도 폭죽을 터트릴 수 없었다. 동지제례는 황제의 직접 주관하에 진행되었다.

동짓날에는 천단에서 제천의례가 거행되는 외에 조정에서도 성대한 경축전례가 진행되었다. 이를 동지대조회라 하였다. 당일 왕, 패륵, 패자는 태화문에 집결하고 하급관원들은 오문 밖에 모여 행사에 참여하였다. 왕과 패륵이 단계 아래 집결하면 여러 신하들은 서액문을 통해 입장하여 먼저 삼궤구고의 예를 올렸다. 이어 문무백관이 황제에게 표문을 올리는 의식이 끝나면 황제는 회궁하는 것으로 의식이 마무리되었다.

제5절 황제의 신앙

1. 숭불과 멸불

석가모니(釋迦牟尼)에 의해 창시된 불교가 언제 중국에 전래되었는지에 대해서는 여러 주장이 제기되었다. 어떤 이는 기원전 214년 불교가 중국에 들어왔다고 주장하는가 하면, 또 다른 학자들은 전한 말기인 기원전후설을 주장하고, 후한 명제(明帝, 58~75) 때, 후한 말기인 환제(桓帝, 147~167)와 영제(靈帝, 168~188) 무렵 불교가 처음 중국에 전래되었다고 주장하는 이도 있다. 이 가운데 가장 설득력이 있는 설은 중국 최초의 불교사원인 낙양 백마사(白馬寺) 창건설화와 관련이 있는 후한 명제설이다.

후한 중엽 이후 백성들의 생활이 도탄에 빠지게 된데다 전통유학이 쇠미해지자 정신적인 안위를 얻으려는 사람들이 늘어나면서 불교가 중국사회에 뿌리내릴 분위기가 조성되었다. 위진남북조시기 불교와 현학이 합류하고 황제들의 제창에 의해 불교가 흥기하면서 중국불교는 크게 발전하기 시작하였다. 후한 이후 불교에 심취한 황제가 적지 않았는데, 그 가운데서도 광적일 정도로 불교를 존숭했던 황제가 남조 양의 개국군주인 무제(武帝, 502~549) 소연(蕭衍, 464~549)이다.

중국역사상의 위진남북조시기는 유사 이래 볼 수 없었던 암흑의 시대였다. 200여 년에 걸친 남북조시기, 왕조교체가 빈번했고 당시 황제들은 대부분 찬탈로 즉위했으며 시해를 당해 생을 마감하였다. 정치와 사회는 전반적으로 불안하고 혼란하였으며, 살육의 풍조가 만연하였다. 오직 양 무제 소연이 재위했던 40여 년간 중국의 남방이 비교적 정치적으로 안정적이었고 사회가 평화로웠다. 이에 후대의 사가들은 양 무제의 통치기간을 '양무중흥(梁武中興)'이라 칭하여 평범하지 않은 그의 정치적 성과를 높이 평가하기도 하였다.

그러나 동위(東魏)에서 투항해 온 후경(侯景, 503~552)을 받아들이면서 국운이 쇠하기 시작하였고, 548년 후경이 정변을 일으켜 수도인 건강(建康)이 함락되고 양 무제는 굶어죽고 말았다. 영명하고 능력 있는 인물로 한 나라를 열었던 소연이 어찌하여 이런 지경에 처하게 되었을까? 많은 역사가들은 양 무제의 영불(佞佛, 불교에 대한 맹신)에서 그 원인을 찾고 있다.

동진시기 건강(建康)에는 약 30여 곳의 사찰이 있었으나, 양 무제대에 그 숫자가 700여 곳으로 늘어났고, 승려는 10만 여 명을 헤아릴 정도였다. 대부분 사찰은 휘황찬란함이 궁궐에 비길 정도였으며, 사원 소유의 재산도 엄청났다. 불교를 맹신하면서 무제는 지존의 몸임에도 모든 생활을 스님처럼 했다. 후궁들을 가까이 하지 않고, 하루 한 끼만 먹었으며 그나마도 고기와 생선을 먹지 않았다. 조정에서 벌어지는 연회에도 채소로 만든 요리만 상에 올랐다. 초기 중국 불교는 인도로부터 전래된지 얼마 되지 않아 육식과 음주에 대한 명확한 금지규정이 없었다. 불경을 깊이 연구한 무제는 친히 소식(素食)에 관한 승려들의 회의를 소집한 뒤 승려의 육식과 음주를 영원히 금한다는 조칙을 내렸다. 중국 불교는 이때부터 채소만 먹고 살생을 금하게 되었다.

더욱 황당한 것은 무제가 4차례나 자신이 건립한 동태사(同泰寺)로

출가하였다는 것이다. 첫 번째 출가 후 무제는 나흘만에 궁으로 돌아왔
다. 두 번째 출가 시에는 신하들이 1억 냥을 절에 헌납하고 황제를 궁
으로 모셔갈 수 있었다. 모든 것을 버렸다고 호언하며 세 번째 출가한
무제를 다시 궁으로 모셔가기 위해 이번에는 2억 냥의 헌납금이 절에
바쳐졌다. 네 번째 출가한 무제가 장장 40일 가까이나 국정을 멀리하자
다급해진 신하들은 다시 1억 냥을 헌납하였다. 이렇게 하여 백성들의
고혈 4억 냥이 동태사의 재산으로 귀속되고 말았다.

무측천(武則天)이 불교를 맹신하였던 것도 널리 알려진 사실이다. 어
떤 면에서는 그저 순수한 마음으로 불교를 숭상하였던 양 무제와는 달
리 무측천은 정치적 목적으로 불교를 이용하였다. 무측천의 숭불은 황
제 등극을 위한 정치적 움직임과 궤를 같이하였다. 689년 7월 승려 10
명이 '태후는 미륵불이며, 당에 대신해서 제위에 오를 것'이라고 선전하
는 위작 「대운경(大雲經)」을 올렸다. 이에 무측천은 이를 전국에 반포
하여 자신이 황제의 자리에 오를 단초를 만들고, 각 주(州)에는 대운사
를 세우도록 하였다. 같은 해 9월 9일 무측천은 국호를 주(周)로 바꾸고
천수(天授)로 개원하였으며, 무측천에게는 성신황제(聖神皇帝)라는 존
호가 바쳐졌다. 다음해 4월, 무측천은 불교의 지위를 도교보다 높게 한
다는 명령을 내려 승려가 도사(道士)나 여관(女冠)보다 우대되었다.

693년 무측천은 '월고금륜성신황제(越古金輪聖神皇帝)'를 자칭하였고,
695년 정월에는 '자씨월고금륜성신황제(慈氏越古金輪聖神皇帝)'라 칭했
다. 월고는 시공을 초월한다는 의미이고, 금륜이란 불교의 전륜성왕(轉
輪聖王)과 같다는 의미이다. 자씨는 석가모니불 다음의 미래세에 오는
미륵불을 의미한다. 곧 무측천은 스스로를 부처에 비유하여 여자의 몸
으로 황제가 되는 과정에서 예상되는 모든 어려움을 헤쳐 나가고자 하
였다.

황제가 되는 과정에서 불교를 이용하고 승려들의 도움을 받았던 무

측천은 자신의 통치지위를 공고히 하기 위해 황제를 칭한 뒤에도 불교를 숭상하고 널리 불사를 일으켰다. 695년 무측천은 건원전(乾元殿)을 허물고 그 자리에 명당(明堂)을 지으면서 총애하던 승회의(僧懷義)[92]를 공사감독에 임명하였다. 수만 명의 인부를 동원하여 3층 30장(丈) 높이의 명당이 완성된 뒤 승회의는 명당의 북쪽에 다시 '천당(天堂)'을 짓도록 하였다.

명당보다 조금 작은 규모의 천당 안에는 큰 불상을 안치하였는데, 불상의 손가락 위에 장정 10명이 앉을 수 있을 정도의 크기였다. 700년, 무측천이 또 다시 대규모 불상을 조성하려하자 적인걸(狄仁傑)이 적극 만류하여 뜻을 이루지 못하였다. 무측천의 비호와 지지 아래 당시 승려들의 활동도 매우 적극적이었다. 중국 화엄종의 실제적인 개창자인 법장(法藏)은 무측천의 총애를 얻어 정치활동에까지 참여하여 3품관에 제수되었으며, 사후에는 홍려경(鴻臚卿)에 추존되었다.

무측천의 예에서 보듯이 역대 황제들은 불교를 정치적 목적에 이용하는 경우가 적지 않았다. 따라서 자신의 통치행위에 유리한 경우에는 불교를 숭상하였으나, 반대의 경우에는 가차없이 깎아내리고 억압하였다. 북위 태무제(太武帝, 423~452), 북주 무제(武帝, 560~578), 당 무종(武宗, 840~846) 등이 대표적인 멸불(滅佛)의 군주였다.[93]

도교를 숭상하여 수도 평성(平城)[94]에 천사도량을 세우고 직접 도량에 가 부록(符籙)을 받았던 북위 태무제는, 비록 이민족 출신이지만 천명을 받았기에 자신이 중국황제가 될 권리가 있다고 주장하였다. 당시

---

[92] 속성은 풍(馮), 이름은 소보(小寶)이다. 출가 전 낙양에서 약을 팔았다. 우연한 기회에 고조 이연의 딸 천금공주(千金公主)를 알게 되었고, 천금공주의 소개로 무측천을 알게 되었다.

[93] 여기에 후주 세종(世宗, 954~959)의 멸불을 더하여 중국역사상 대표적인 멸불 사건을 '3무1종(三武一宗)'이라 한다.

[94] 현 산서성(山西省) 대동시(大同市).

까지만 해도 불교를 배척하기는 하였지만 도교계는 불교도를 극단적으로 대하지는 않았다. 태연 5년(太延, 439) 북량(北涼)을 멸한 태무제는 끝까지 북량을 위해 저항하던 승려 3,000명을 사로잡자 그들을 몰살시키도록 명하였다. 그러나 도사들의 간청으로 승려들은 죽음을 면할 수 있었다. 그러던 태무제는 태평진군 7년(太平眞君, 446)에는 강력한 멸불 조치를 단행하였다.

후조(後趙, 319~351)의 석호(石虎, 334~349)가 자신은 호인(胡人)이기 때문에 당연히 호신(胡神)을 섬겨야 한다며 불교를 숭상했던 것과는 정반대로, 태무제는 호신을 배척하는 입장에서 멸불을 단행하였다. 태무제는 한인(漢人)들에게 자신도 황제(黃帝)의 자손임을 내세우고[95], 그렇기에 정통의 자리를 이을 권리가 있다고 주장하며 중국에서 자생한 종교인 도교를 숭상하고 호신을 섬기는 불교를 배척하였던 것이다. 멸불을 명하는 조서가 반포된 뒤 북위 경내에서는 수많은 승려들이 살해되어 중국불교의 발전과정에 심대한 타격을 주었다.

승려들을 잔혹하게 살해했던 북위 태무제에 비해 북주 무제는 상대적으로 온화한 방식으로, 그러면서도 매우 결연한 태도로 불교를 배척하였다. 아직 북주가 건국하기 전인 천보 5년(天保, 554), 북제 문선제(文宣帝, 550~558)는 승려와 도사가 전체 호수의 절반을 차지하여 국가재정에 큰 어려움이 닥치고 있는 상황에 우려를 표시하면서도 불교를 숭상하였다. 그 결과 북제의 강역 내에는 승려와 신도가 300만에 달하였고, 북제의 멸망은 불교의 흥성과 관계가 없지 않았다.

북제를 멸망시킨 북주 무제는 불교 흥성의 폐단을 직시하고 멸불의 뜻을 갖게 되었다. 건덕 6년(建德, 577) 무제는 멸불을 선언하여 4만 여

---

95) 선비족(鮮卑族) 탁발부(拓跋部)는 자신들이 황제의 둘째아들 창의(昌意)의 후예라고 주장하였다.

곳의 사찰을 몰수하여 왕공귀족들에게 하사하고 300만에 달하는 승려와 신도들을 환속시켰다. 사원 소유의 재물은 신하들에게 분배되었으며, 사원에 예속되어 있던 노예들도 모두 석방되었다.

당에서는 무측천 이후 예종(睿宗, 710~712), 숙종(肅宗, 757~762), 대종(代宗, 763~779), 목종(穆宗, 821~824), 경종(敬宗, 825~826) 등이 불교를 숭상하여 정치적, 재정적으로 불교에 대한 지원을 아끼지 않았다. 불교세력의 팽창을 염려한 문종(文宗, 841~846)은 폐불(廢佛)을 심각하게 고려하였으나, 강대한 불교세력의 반발을 염려하여 실행에 옮기지 못하였다. 그러나 문종을 이어 황제의 자리에 오른 무종은 달랐다.

백성들을 곤란한 지경에 빠트리는 주범으로 불교를 지목한 무종은 서경에 4곳, 동경에 2곳의 사원만 남기고 나머지는 모두 문을 닫도록 하였다. 아울러 각 사원에 머물 수 있는 승려의 숫자를 30명으로 제한한 뒤 전국의 사원을 철폐하도록 하였다. 후속조치로 각 절도관찰사 치소 및 동주(同州), 화주(華州), 상주(商州), 여주(汝州)에 사원 한 곳씩만 남기도록 하였으며 기타 자사(刺史)가 주재하는 주에는 사원을 둘 수 없도록 하였다. 또한 사원은 3등급으로 나누어 상등은 20명, 중등은 10명, 하등은 5명의 승려만 머물 수 있도록 하였다. 무종의 명에 따라 사원 소유 재산이 몰수되고 사원 4,600곳이 파괴되었다. 비구와 비구니 26만 여 명이 환속되고, 사원 소유 노비 15만 명이 석방되었다.

2. 황제와 도교

중국에서 도교의 연원은 불교보다도 오랜 것이나 조직적인 종교신앙 체계를 갖춘 것은 오히려 불교보다도 나중이고, 이 역시 불교의 자극과 영향 하에 점차 그 형식을 완성해 나간 것이다. 도교는 중국본토에서 자생한 종교로 그 연원은 선진시기 도가에서 찾을 수 있다. 도교는 형성과정에서 중국고대의 민간무술(巫術)과 신선방술을 답습하고 여기에 도·유·묵·음양가 및 황로(黃老)[96]사상을 가미하였기에 그 종교사상 체계는 매우 방잡(厖雜)함을 보였다. 또한 초기 도교는 현세의 행복을 중시하고 장생불사를 추구하는 등 현실의 인생을 그대로 연장하려는 희구가 있을 뿐, 진정한 종교철학으로서 일상적인 현실을 초극하려는 정신은 결여되어 있었다.

남북조시대 내부의 개혁운동으로 도교는 상당한 성과를 거두었다. 북조의 도교계를 대표하는 인물은 숭산도사(嵩山道士) 구겸지(寇謙之, 365~448)이다. 도교를 신봉한 북위 태무제(太武帝)와 승상 최호(崔浩)의 후원을 받은 그는 장릉(張陵)으로부터 비롯되는 천사도를 위법(僞法)이라 폄하하고, 신천사도(북천사도)를 열었다. 도교의 대부분의 의식과 경전은 그의 손을 거쳐 완성되었다 할 수 있으며, 그를 통하여 도교는 더욱 엄밀한 조직을 갖춘 종교로 탈바꿈 할 수 있었다. 그는 또한 태무제를 움직여 적극적인 배불정책을 펼쳤고, 도교는 북위의 국교처럼 흥성하였다.

남조의 경우 육수정(陸修靜, 406~477)이 대표적인 도교계 지도자이다. 그는 기존 도교의 전적을 망라하고 당시의 제도와 불교의 의식을 참조하여 교규(敎規)와 의범(儀範)을 정하였다. 육수정은 오두미도를 개혁하여 남천사도의 기틀을 다졌다. 북천사도는 불교의'생사윤회'설을 받아들였음에도 불구하고 배불적(排佛的) 경향을 띠었다. 이에 반해 남천사도는 친불적(親佛的) 성향이 강하였다. 이후 도홍경(陶弘景, 456~536)은

---

[96] 전국시대 이래 방사(方士)들은 왕왕 황제(黃帝)에 의탁하고 도가의 이론 및 전설적인 노자의 이야기에 부회하였다. 시간이 지나면서 결국 황제와 노자는 정식으로 신격화되었고 그 결과 학술상의 도가사상은 종교성의 도교신앙으로 변화되었다.

'석가불타의 제자, 태상노군의 신하'를 칭하며 유불 양가의 사상을 흡수
하여 도교의 내용을 충실히 하는 한편, 도교의 신선계보를 만들고 도교
전수의 역사를 서술하였으며, 삼교합류를 주장하여 후대 도교의 발전
에 지대한 영향을 끼쳤다. 도홍경의 적극적인 선양으로 도교는 강남 세
족사회의 중심적인 신앙으로 자리하였다.

　수 문제와 양제는 비록 독실한 불교신자이기는 하였으나 또한 도교
보호에도 앞장서 이에 관한 조서를 내리기도 하였다. 당송시대 사회경
제의 번영은 도교문화의 번영을 촉진하였다. 도교 자체로도 여타 종교
및 사상과의 접촉을 통해 보다 성숙된 모습을 보였다. 노자와 장자가
숭상되고, 교조(敎祖)로서의 노자의 지위가 확립되었다. 당대의 경우
도교의 원조인 노자 이이(李耳)의 후손을 자처한 황실의 보호 속에 도
교는 지속적으로 발전하였다.

　이연이 황제의 자리에 오른지 3년째 되던 어느날, 진주(晉州) 출신의
길선행(吉善行)이란 자가 양각산(羊角山)에서 백마를 탄 노인을 만났는
데, 이 노인이 자신은 당 천자의 조상이라며 이 사실을 천자에게 전해
달라고 부탁하였다는 말을 이연에게 고하였다. 이 말을 듣고 기뻐한 이
연은 즉시 양각산에 노군묘(老君廟)를 짓도록 하였다. 다음해에는 장안
부근 종남산(終南山)에 있는 노군묘를 참배하고 정식으로 노자와 당 황
실이 조손(祖孫)관계에 있음을 선포하였다.

　노자와 당 황실이 실제로 혈연관계에 있는지 확인할 바는 없었지만,
이연은 노자를 자신의 조상으로 모심으로써 정치적, 사회적 위세를 강
화할 수 있었다. 대저 이연이 북주의 귀족 출신인 것은 분명하였지만,
남북조시대 이래 사회적으로 세가대족으로 인정받은 노(盧), 최(崔), 왕
(王)씨 등 명문가와는 견줄 수 없었다. 문벌을 중시 여기던 당시의 사회
적 분위기를 무시할 수 없었던 이연은 노자를 끌어들임으로써 당 황실
의 씨족지위를 높이고, 이를 통해 자신의 통치권을 공고히 하려는 목적

을 갖고 있었다.

태종 이세민도 부친의 뜻을 이어 도교를 숭상하고 노자의 후예임을 자랑스럽게 여겼다. 정관 11년(637) 태종은 도교가 불교보다 존귀하다는 조서를 내리고 남녀 도사의 지위를 비구와 비구니의 위에 두었다. 이에 불복한 승려들이 다투어 반대의 뜻을 표하는 상소를 올리자 태종은 법령에 불복하는 자는 매로 다스릴 것이라며 경고하였다. 태종이 공공연히 숭도억불을 주장하고 노자를 높이 받든 것은 부친 이연과 마찬가지로 황제의 지위를 제고하려는 정치적 목적에서 출발한 것이었다.

고종 역시 도교를 숭상하여 노자를 태상현원황제(太上玄元皇帝)에 추존하였다. 고종의 도교 숭상은 불교를 숭상하는 무측천을 견제하려는 현실적 의도도 없지 않았지만, 결국에는 정권이 무측천의 손에 귀속되는 것을 막을 수 없었다. 황제의 자리를 차지한 무측천은 불교를 숭상하여 당시 불교계는 정치와 경제면에 있어 상당히 강대한 역량을 형성하였다.

정치적 투쟁 끝에 황제의 자리에 오른 현종은 불교세력 강성의 위험성을 간파하고 불교를 억제하고자 도교세력의 부흥을 도모하였다. 현종은 불교의 사대보살[97]을 흉내 내어 장자(莊子)를 남화진인(南華眞人), 문자(文子)를 통현진인(通玄眞人), 열자(列子)를 충허진인(沖虛眞人), 경상자(庚桑子)를 동령진인(洞靈眞人)에 봉하고 이들을 노자의 제자로 간주하였다. 현종은 또한 공자를 문선왕(文宣王)에 봉하고 그를 노자의 학생으로 설정하는 등 도교의 위세를 높이는데 지원을 아끼지 않았다. 이에 힘입어 현종 재위기간 도교는 극성기를 맞이하였고, 불교는 상대적으로 쇠약함을 면치 못하였다.

---

[97] 중국불교에서는 일반적으로 문수보살(文殊菩薩), 관음보살(觀音菩薩), 보현보살(普賢菩薩), 지장보살(地藏菩薩)을 사대보살이라 한다.

북송의 진종(眞宗, 998~1022)과 휘종(徽宗, 1101~1125)도 도교를 극력 숭상하였는데, 휘종의 정도가 더 심하여 거의 광적일 정도였다. 신성 (神性)을 더하기 위해 휘종은 자신이 상제의 큰 아들이라며 도사들에게 자신을 도군황제(道君黃帝)로 책립해주기를 청하였다. 휘종은 도사들의 계급을 26급으로 나누고 그에 맞는 녹봉을 지급하였다. 또한 각 도관 (道觀)에는 토지를 하사하고 큰 행사가 있을 때마다 필요한 경비를 지원하였다. 휘종은 또한 자신이 총애하여 통진달영선생(通眞達靈先生)이라는 호를 하사하였던 임영소(林靈素)의 건의를 받아들여 모든 불교사원을 도교의 궁관(宮觀)으로 바꾸라는 조서를 내리기도 하였다.

명 세종(世宗, 1522~1566)은 미신에 가까울 정도로 도교에 심취해 그로 인해 목숨을 잃기까지 하였다. 도사들을 궁중에 불러 모아 법술을 펼치도록 하였던 세종은 그들 가운데 마음에 드는 자를 재상에 임명하여 국정을 맡기기도 하였다. 진정한 내면의 수양을 위해 도교를 믿는 것이 아니라 신선방술을 중시하여 도사들을 가까이했던 세종은, 오로지 장생불사의 비법을 구하는데만 혈안이 되어 있었다. 말년 서원(西苑)에 머물며 장생불사의 술법을 구하던 세종이 병에 걸리자 방사(方士) 왕금(王金) 등이 단약을 제조해 바쳤다. 독성이 강한 단약을 복용한 세종은 병증이 더욱 악화되어 서원에서 건청궁으로 돌아온 당일 숨을 거두고 말았다. 장생불사를 추구하여 도교에 심취하고 방사들을 맹목적으로 믿은 황제가 적지 않았다. 그 결과 방사들이 바친 단약을 복용하고 사망한 황제도 적지 않았는데, 세종도 그 가운데 하나였다.

제6장

궁정의 물질생활과 오락

제1절 침궁과 의관(衣冠)

1. 침궁

자금성 건청문과 그 좌우의 내좌문 및 내우문 안쪽으로는 좌우대칭으로 수많은 건물과 그에 딸린 정원이 즐비하게 늘어서 있다. 이곳에 황제와 비빈의 침궁이 자리하였다. 건청문 앞 조그마한 광장의 서쪽에 위치한 융종문(隆宗門) 밖에는 황태후와 태비 등이 거주하는 자녕궁(慈寧宮), 수강궁(壽康宮), 수녕궁(壽寧宮)이 자리하였다. 광장 서쪽의 경운문(景運門) 밖에는 한때 황태자궁으로 사용되었던 육경궁(毓慶宮) 및 태상황을 위해 세워진 영수궁(寧壽宮), 황자들이 기거하던 힐방전(擷芳殿) 등이 있다. 이들 궁전을 통칭하여 내정 혹은 대내(大內), 내금(內禁), 금액(禁掖), 후침(後寢)이라 불렀다.

1) 황제의 침궁

자금성 중축선에 자리한 건청문 안에는 후삼궁이라 칭하는 건청궁, 교태전, 곤녕궁이 자리하고 그 뒤로는 곤녕문이 있다. 사방이 회랑으로 둘러쳐진 3궁의 동서 양편으로는 동육궁과 서육궁이 배치되어 있다.

건청궁은 명대부터 황제의 거처로 사용되었다. 청도 초기에는 명의 제도를 그대로 답습하여 강희제까지는 건청궁을 처소로 사용하였다. 옹정제부터 양심전이 황제의 침궁으로 사용되자 이후 건청궁은 황제의 청정과 내조의례가 펼쳐지는 장소로 활용되었다. 건청궁 동쪽에는 강희제가 독서할 때 이용하였던 소인전(昭仁殿), 서쪽에는 황제가 식사와 정무를 처리하던 홍덕전(弘德殿)이 위치하였다.

건청궁 원내 주위의 회랑에는 황제를 도와 정무를 처리하는 기구 외에도 황제 개인의 생활기거를 위해 복무하는 기구들이 있었다. 동쪽 회랑의 가장 북쪽 3칸은 어차방(御茶房)으로 이곳은 건청궁에서 일하는 태감들의 당직실로도 사용되었다. 어차방 남쪽의 3칸은 단응전(端凝殿)으로 이곳은 황제의 각종 의복과 모자, 의대, 신발 등이 보관된 곳이다. 단응전 남쪽의 3칸에는 명대 이래 유럽 각국에서 들여온 자명종과 역대 황제들이 사용했던 관복의 일부를 보관하였다. 다시 그 남쪽에는 일정문(日精門)이 있고 그 남쪽에는 어약방이 있었다.

건청궁 원내 서쪽 회랑의 북쪽 3칸은 무근전(懋勤殿)으로 강희제가 어렸을 때 독서하던 곳이다. 어용의 도서와 문방사우는 모두 이곳에 보관하였다. 무근전 남쪽은 비본처(批本處), 다시 그 남쪽에는 월화문(月華門)이 있고 월화문 남쪽에는 황제의 출입 시 사용하는 가마를 보관하는 상승교(尙乘轎)가 있었다.

황제의 침궁은 건청궁 서쪽에 있는 양심전 후전으로 옹정제 이후의 역대 황제들은 모두 이곳을 거처로 삼았다. 전전에서 정무처리를 마친 황제는 보좌 뒤 좌우의 문을 나서 복도를 거쳐 침궁으로 직행할 수 있었다. 황제의 부름을 받은 후비와 권속 혹은 황제를 모시는 태감 외에는 어느 누구도 함부로 침궁에 출입할 수 없었다. 양심전 황제의 침궁은 일(一)자형 5칸으로 구획되었다. 가운데와 서쪽칸은 휴식장소이고 가장 동쪽칸이 침실로 이용되었다.

양심전 후전의 동이방(東耳房)⁹⁸⁾ 5칸은 황후의 휴식장소이고, 서이방
과 동서위방(圍房)⁹⁹⁾은 비빈이 잠시 휴식하는 장소로 사용되었다. 동치
제 즉위 초기 자안태후는 동이방, 자희태후는 서이방에 머물며 함께 어
린 황제를 돌보기도 하였다. 동치제가 장성한 이후 자안태후와 자희태
후는 각기 종수궁과 장춘궁으로 거처를 옮겼다. 후일 동치제의 황후와
광서제의 황후도 동이방에 거주하였다. 전하는 바에 따르면 황제가 따
로 부르지 않은 이상 후비도 함부로 황제의 침궁에 출입할 수 없었다
한다. 황제가 직접 후비의 거처에 행차하였는지에 대해서는 기록이 없
어 확인할 수 없다.

매일 황제의 일상사는 특별한 일이 없는 한 아래와 같은 생활의 반복
이었다. 기상 후에는 먼저 제비집으로 만든 맑은 탕을 한 사발 들이키
고 건청궁 서난각 혹은 홍덕전이나 양심전에서 전 왕조의 실록이나 조
상의 성훈 등을 열람하였다. 8시 전후 혹은 그보다 이른 시간에 아침식
사를 하게 된다. 식사도중 대면을 요청하는 왕공대신들의 명단이 적힌
선패(膳牌)를 확인하기도 하였다. 식사를 마치면 내외의 신하들이 올린
주첩을 살피거나 관원들을 불러 관련업무에 대한 보고를 받거나 지시
를 내렸다. 오후 2시 이전에 저녁식사를 마치고 각 부, 원에서 내각을
통해 올린 상주문을 살핀다. 저녁에는 필요에 따라 간식을 올리게 된
다. 황제가 자금성이 아닌 창춘원이나 원명원 혹은 피서산장에 머무는
경우에도 일상생활은 대동소이하였다.

---

⁹⁸⁾ 사람의 귀가 머리에 붙은 것처럼 주건축물에 붙여 중축한 조그마한 방을 이방
   이라 한다.
⁹⁹⁾ 양심전 동편과 서편에 위치한 부속건물.

2) 후비의 침궁

곤녕궁은 명대 황후의 거처로 사용되었다. 청대 초기에도 황후가 이곳에 거주하도록 규정하였으나 이곳이 황후의 실제거처는 아니었다. 단지 황후가 교태전에 나가기 전 잠시 머물며 휴식하는 장소로 이용되었다. 청대 초기 만주족의 습관에 따라 심양 황궁의 청녕궁(淸寧宮)을 모방하여 중수할 때 정면과 서쪽칸은 제사장소로 활용하였고, 동난각이라 부른 동쪽칸은 황제의 대혼 시 임시동방으로 사용되었다.

교태전 또한 명대 황후의 침궁으로 사용되었다. 청대에 이르러서는 건륭제 이후부터 25개의 보새, 적루와 자명종을 안치하는 장소로 사용되었다. 교태전 정중앙에는 보좌가 있어 매년 생일과 원단에 황후는 이곳에서 비빈과 공주 등으로부터 축하인사를 받았다. 또한 매년 2월 황후는 선잠단(先蠶壇)에 가례를 행하기 하루 전 교태전에서 잠상에 사용되는 도구들을 살펴보았다. 명대 환관의 발호를 거울삼아 순치제가 환관의 정치간여를 금한다는 철패를 궁내에 세웠는데 그 하나가 교태전 앞에 있었다.

후삼궁의 동서 양편으로는 동육궁과 서육궁이 나란히 자리하였다. 명대에는 황후를 제외한 기타 비빈은 모두 이곳에 거주하도록 하였다. 청대에 이르러 제도에 약간의 변화가 있어 황후를 포함하여 모든 비빈은 일률적으로 동·서육궁에 거주하도록 하였다. 황후는 동·서육궁의 내치를 총괄하였고 그 아래 황귀비 1인, 귀비 2인, 비 4인, 빈 6인이 황후의 내치를 보좌하도록 하였다. 빈 이하로는 귀인, 상재, 답응이 있었으나 정원이 정해진 것은 아니었다.

사실상 청대의 역대 황제들이 둔 비빈의 숫자는 반드시 위의 규정에 따른 것은 아니었다. 강희제는 후, 비, 빈 25인과 귀인, 상재, 답응 54명을 두었다. 건륭제는 후와 비 24인, 귀인과 상재 16인을 두었다. 광서제는 후와 비를 합쳐 3인만을 두었다.

제왕의 후비는 각기 동·서의 12궁에 나누어 거주하였다. 경인궁(景仁宮)·승건궁(承乾宮)·종수궁(鐘粹宮)·연희궁(延禧宮)·영화궁(永和宮)·경양궁(景陽宮)은 동육궁에 속하였다. 서육궁은 영수궁(永壽宮)·익곤궁(翊坤宮)·저수궁(儲秀宮)·계상궁(啓祥宮)·장춘궁(長春宮)·함복궁(咸福宮)이다. 각 궁은 모두 독립된 공간으로 정원을 포함하여 대략 2,500㎡의 면적을 차지하였다. 건물은 의식을 행하는 전전과 거주와 침실공간인 후전 등 22칸으로 구성되었다. 이 외에 태감과 궁녀들이 머무는 이방이 부속건물로 딸려 있었다.

빈 이상의 신분을 가진 자들이 각 궁의 주인이 되고, 귀인 이하는 각 후비와 함께 여러 궁에 나누어 거주하도록 하였다. 각 궁의 주인 간에는 별다른 왕래가 없었고, 그녀들의 자녀(아가, 공주)는 대부분 다른 곳에 거주하며 필요 시 모친의 거처에 출입하였다. 예외적으로 함풍제가 어렸을 때 모후와 함께 종수궁에 기거했던 것처럼 모친과 같이 거주하는 경우도 없지 않았다. 다만 전체적으로 볼 때 궁중은 일반가정과는 달라 부모와 자식간에 화기애애한 분위기를 찾아 볼 수 없었다. 황제나 황후의 생일 혹은 원단과 같은 절일기간에만 제후와 자녀들이 비로소 한 자리에 모여 서로 축하할 뿐이었고 그나마도 순식간에 불과하였다.

2. 황제와 비빈의 의관

황제와 황후 및 비빈의 관복은 어떤 장소와 어떤 용도에 착용하는지에 맞추어 엄격한 예제의 규정에 따라 신분에 맞게 제작되었다. 청 황실은 일관되게 만주족의 전통습속 보존을 강조하였다. 그럼에도 건륭 연간 규정된 관복제도와 황제 복식의 변화과정을 살펴보면 명대의 제도를 많이 채용하고 있음을 알 수 있다. 대표적인 예가 황제 예복의 표지인 12장(章)[100] 문양이 명대의 규정을 그대로 따르되 위치만 약간 변경한 것이다.

청대의 관복제도는 등급과 명분에 따라 황제, 황자, 친왕, 군왕, 패륵, 패자, 부마, 공, 후, 백, 자, 남, 장군 및 1품에서 9품관까지 여러 계층으로 나누어 규정하였다. 또한 각 등급마다 고유한 관, 복, 대, 조주(朝珠)[101]에 관한 규정이 있었다. 여성의 경우에도 황태후, 황후, 비, 빈 이하 공주, 복진, 부인, 명부 등 신분과 등급에 따라 그에 상응한 관, 복, 조주 및 기타 장식품에 대한 규정이 엄격하게 구분되었다.

1) 황제의 관복

황제의 관복은 여름용과 겨울용의 구분이 있을 뿐만 아니라 각기 다른 용도에 따라 예복(禮服), 길복(吉服), 조복(朝服), 상복(常服), 행복(行服)과 우복(雨服)으로 구분하였다.

예복은 황제의 등극, 천지일월에 대한 제배(祭拜) 시 혹은 원단·만수절·동지 등 3대절일에 착용하는 복장이다. 청대 황제의 예복은 단조(端罩), 곤복(袞服) 및 조포(朝袍) 등이 포함되는데 각 복장의 설계와 색상 등은 모두 고대로부터 전해 내려오는 예제에 따랐다. 겨울철용 단조는 검은 담비 혹은 검은 여우의 가죽으로 만들었다. 조복 혹은 길복 겉

---

100) 해·달·별·산·용·꿩·범·해조·분미(쌀)·불(火)·불(黻), 두개의 궁(弓)자가 서로 등을 맞댄 모습·보(黼, 도끼) 등 제왕의 예복에 수놓은 12가지 문양을 말한다. 해·달·별은 밝음, 산은 온중(穩重), 용은 신이(神異)와 변환(變幻), 꿩은 문채(文彩), 범은 공봉(供奉)과 효양(孝養), 해조는 정결(淨潔), 분미는 백성을 먹여 살리는 양인(養人), 불은 광명(光明)과 명량(明亮), 불(黻)은 변별(辨別)과 명찰(明察), 보(黼)는 과단(果斷)을 상징한다.

101) 청대 문관 5품 이상, 무관 4품 이상만이 찰 수 있는 염주 모양의 목걸이.

에 입는 곤복은 맛 섶에 편평한 소매를 하였고 길이는 조복이나 길복보다 약간 짧게 만들었다.

길복은 예복 다음가는 규제에 따라 만들어졌으며 용곤 혹은 용포라고도 하였다. 용포에는 9마리의 용과 12장문이 수놓아졌다.[102] 용은 용포의 전후에 각 3마리, 양쪽 어깨에 각 1마리, 옷깃의 안쪽에 1마리를 수놓았다. 용과 용 사이는 오색구름 문양을 장식하였다. 12장의 배치는 왼쪽 어깨에 해, 오른쪽 어깨에 달, 앞면에는 위로부터 종이, 조, 불, 분미, 보(黼), 불(黻)을 배치하고 뒷면에는 별, 산, 꿩, 용을 배치하였다.

예의를 중시한 고대중국에서는 황제가 어떤 장소에서 어떤 의복을 입어야하는지 등에 대해 모두 상세한 규정이 있었다. 고대의 예제에 따르면 새로 건립된 왕조는 모두 어떤 색을 가장 존귀한 색상으로 정할지 등을 규정한 새로운 여복(輿服)제도를 정하여 반포하였다.[103] 청대 황제의 조복(朝服)은 명황(明黃), 홍(紅), 남(藍), 월백(月白, 옅은 남색)의

---

[102] 명대의 복제규정에 따르면 천자는 12장, 황태자와 친왕은 9장의 장식을 달 수 있었다. 조선의 의관제도는 명의 제도를 모방하였고, 복제에 있어 청은 명의 규정을 답습하였기에 조선국왕은 9장 면복(冕服)을 착용하였다. 상의(上衣)는 청색에 5장 장식(양 어깨에 용, 등에 산, 양 소매에 불, 꿩, 종이를 위에서 아래로 각 3개씩), 하의(下衣)는 옅은 홍색에 4장 장식(조, 분미, 보, 불을 각 2개씩)을 하였으며 조선의 왕세자는 7장 장식을 하였다. 그러나 대한제국 성립을 선포한 후 고종은 황제를 칭하며 12장 면복을 착용하여 중국황제와 동격임을 표시하였다.

[103] 고대중국에서는 의복의 색상에 대해 특별한 주의를 기울였다. 색상을 정할 때는 정색(正色)과 간색(間色)을 두고 각 색상을 통해 존비(尊卑)를 나타내고 음양오행론과 결부시키기도 하였다. 고대중국에서는 청(靑), 적(赤), 백(白), 흑(黑), 황(黃) 다섯 가지 색을 정색이라 하여 존귀한 색상으로 간주하였다. 두 가지 혹은 두 가지 이상의 정색이 합쳐진 색은 간색이라 하였다. 서주에서 춘추시기에 이를 무렵 사람들은 복색으로 사람의 존비를 구분하는 관념을 갖게 되었다. 당시 사람들은 적, 현(흑) 두 가지 색상을 가장 존귀한 색상으로 여겼다. 색상과 음양오행론의 관계에 있어서, 진시황은 화덕(火德)을 입은 주를 대신하여 진이 천하의 주인이 된 것은 수덕(水德)이 화덕을 이겼음을 의미한다며 흑색을 가장 존귀한 색으로 정하였다. 수당대에 이르러서 황색이 제왕의 복색으로 채용되어 민간에서 사용하는 것을 금하였다.

네 가지 색상의 구분이 있어 계절과 의례의 형식에 따라 각기 다른 색
상의 복장을 착용하였다. 네 가지 색상 가운데 밝은 황색의 등급이 가
장 높아 원단, 동지, 만수절 및 태묘 제사 시에 착용하였다. 홍색은 춘
분에 태양에 제사지낼 때, 남색은 환구단에서 하늘에 제사지낼 때, 백
색은 추분에 달에 제사지낼 때 착용하였다. 조복은 윗도리와 치마형태
의 하의 등 여러 건으로 구성되어 사계절에 맞추어 착용하였으며 용포
와 마찬가지로 12장 문양으로 장식하였다.

  상복은 황제의 일상복으로 만주족 전통복장인 장포(長袍) 형태로 간
단하였다. 사용되는 옷감이나 색깔, 문양은 황제의 기호에 맞춰 임의로
정해졌다.

  행복은 순행이나 사냥 시 착용하는 복장으로 양식은 상복과 비슷하
였으나 길이는 10분의 1정도를 줄였다. 말을 탈 때 편하도록 왼쪽 깃과
안깃을 묶을 수 있도록 하였는데 오른쪽 깃이 1자 적도 짧게 만들었다.
우복은 황제가 입는 비옷을 말한다. 재료는 새의 깃털을 사용하였다.

  황제가 길복과 조복을 입을 때는 허리에 길복대나 조복대(조대)를 매
었다. 조대는 두 종류가 있어 하나는 대전 시 매었고 밝은 황색의 비단
실로 만들었다. 띠에는 용 문양이 새겨진 사각형의 금판 네 개를 부착하
였고 여기에 보석이나 동주(東珠)[104]로 장식하였다. 다른 하나는 제사
시 매는 것으로 띠에는 네 개의 사각형 금판이 붙어 있고 각기 동주나
보석으로 장식하였다. 일반적으로 조대에는 좌우의 패분(佩帉), 쌈지, 부
싯돌, 끈을 풀 때 쓰는 뿔 송곳 등 부대적인 장식품이 붙어 있었다.

  길복대는 조대와 색깔이나 형태가 크게 다르지 않았다. 다만 띠에 붙
은 금판에 어떤 장식을 하는지에 대해서는 따로 규정하지 않았다. 띠에

---

104) 중국 동북지방 송화강, 흑룡강, 우수리강, 압록강 및 그 유역에서 생산되는
    민물진주.

붙은 장식용의 분이나 쌈지 역시 조대와 다르지 않았다. 전하는 바에 따르면 말 위에서 천하를 얻은 만주족은 출정 시 포대에 식량을 넣고 다니다 중도에 말 위에서 허기를 달랬다 한다. 그 전통이 조대와 길복대에 쌈지를 매다는 장식으로 변하였다고 전해진다. 같은 맥락에서 분은 말고삐를 상징하였다고 한다. 원래 분은 포로 만들어 기마 시 말고삐가 끊어지면 고삐대용으로 썼다. 후일 조대를 장식하면서 비단으로 만든 것으로 알려지고 있다.

황제의 관은 조관, 길복관, 상복관과 행복관으로 나누었다. 조관은 동절기용과 하절기용의 구분이 있어 동조관은 해마, 담비 혹은 여우가죽으로 만들었다. 사발을 엎어놓은 형상의 하조관은 등나무나 대나무를 세공하여 만들었다. 꼭대기는 기둥형으로 3층으로 나누었다. 각 층마다 금으로 된 용을 4마리 장식하고 용 위에는 동주 하나씩을 얹었으며 층간에도 동주 하나씩을 두었고 맨 위에는 가장 큰 동주를 얹어 장식하였다.

하조관은 앞쪽 챙에 금불을 장식하고 그 주변에 동주 15개를 둘러 배치하였다. 뒤편에는 만주족의 전통에 따라 동주 7개로 장식한 사림(舍林)이라는 장식품을 붙였다. 길복관은 꼭대기에 커다란 진주 하나를 붙여 장식하였다. 상복관은 검은색 융으로 만들고 붉은색 끈으로 장식하였다. 행복관은 겨울용과 여름용으로 나누었다. 겨울용은 검은 여우나 양의 가죽과 청색 융으로 만들고 꼭대기는 붉은색 끈으로 장식하였다. 하절기용은 황색으로 앞면에는 진주 하나를 박아 장식하였다. 황제의 각종 의복과 모자 및 신발 등은 내무부 소속 사집고(四執庫)에서 관리하며 필요에 맞추어 수시로 바꾸어 착용할 수 있도록 하였다.

2) 후비의 관복

황후의 복식도 용도에 따라 조복, 길복, 상복 등으로 나누었다. 황제
와 마찬가지로 황후도 조복을 입을 때는 조복관, 길복을 입을 때는 길
복관을 착용하였다. 후비의 기타 장식품에 대해서도 엄격한 규정이 있
었다. 황후가 조복을 입을 경우에는 동주로 만든 하나와 산호로 만든
둘, 합계 셋의 조주를 두르도록 하였다. 기타 비빈은 황후와 같은 장식
을 할 수 없었다.

황제나 황후가 조복과 길복을 입을 때 패용하는 조주는 목에 걸어 가
슴 앞쪽으로 내려오도록 하였다. 108개의 동그란 구슬로 만든 조주는 4
부분으로 나누고 각 부분의 사이에는 다른 재질의 큰 구슬 하나를 넣었
는데 이를 불두(佛頭)라 불렀다. 불두 가운데 하나는 호로병 형태의 불
탑과 연결되어 등 뒤로 늘어뜨리도록 하였는데 이것을 배운(背雲)이라
하였다. 조주의 양측에는 왼 쪽에 두 줄, 오른쪽에 한 줄 등 다른 색깔
의 구슬 세 줄을 달아 장식하였는데 이것을 기념(紀念)이라 불렀다. 조
주의 재질은 동주와 산호가 가장 진귀한 것으로 대접받았다. 따라서 황
제, 황태후, 황후만이 이런 재질의 조주를 패용할 수 있었다.

황제나 황후가 입고 쓰는 관, 복 등을 만드는 재료는 공급과정도 특
별하였다. 필요한 재료가 있으면 궁중에서 남경, 소주, 항주 3곳에 있는
직조아문(織造衙門)에 사람을 보내 생산과정을 감독하도록 하였다. 옷
에 문양이 들어갈 경우 먼저 궁정의 여의관(如意館)에 근무하는 화공에
게 도안을 그리도록 한 뒤 황제가 직접 심사한 뒤 직조아문에 보내 제
작하도록 하였다.

제2절 어선(御膳)과 궁중연회

1. 어선의 변화

중국에서는 황제가 먹는 밥을 어선(御膳)이라 부르고, 황제와 후비의 식사를 전선(傳膳), 진선(進膳) 혹은 용선(用膳)이라 하였다. 황제와 비빈의 일상적인 전선 이외에도 궁중에서는 각종 명목의 연회가 수시로 거행되었다. 송 이전의 기록은 많지 않아 어선의 구체적인 상황을 파악하는데 어려움이 없지 않다. 그러나 송 이후, 특히 청대 어선과 관련한 기록은 많을 뿐 아니라 매우 상세하다.

제왕(帝王)의 식사인 어선에 대해서는 각 시대마다 독특한 취향과 규정이 있었으나, 한 가지 분명한 것은 중국 역대의 제왕들은 식생활을 매우 중시했다는 것이다. 지고무상의 지위와 절대적인 권세를 지닌 제왕들은 동시대 최고의 요리사를 궁으로 불러 모아 최고의 재료로 만든 최상의 요리를 즐겼다.

특별한 존재인 제왕과 왕실 구성원을 위해 고대로부터 중국에서는 별도의 관리기구를 궁중에 설치하였다. 『주례(周禮)』의 기록에 따르면 주대에 이르러 천자와 왕실 구성원의 식사를 전담하는 관리기구가 출현하였다. 당시 정무를 총괄하는 태재(太宰)의 아래에는 59개 부문이 있었는데, 이 가운데 20개는 전적으로 천자를 비롯하여 세자와 왕후 등 왕실 구성원의 식생활을 담당하는 기구였다.

진한 이후 요리기법이 축적되면서 어선의 종류도 풍부해지고 새로운 요리들도 개발되기 시작하였다. 한에 이르러 어선 가운데는 밀가루를 이용한 음식이 전대에 비해 많이 늘어난 특징을 보여주었다. 당시 황제의 수랏상에 올랐던 대표적인 밀가루 음식은 탕병(湯餅), 증병(蒸餅)과 참깨를 넣어 부친 전병인 호병(胡餅) 등이었다. 이 외에 콩을 이용한 두시(豆豉), 두장(豆醬) 등 조미료가 등장하여 어선을 풍부하고 다양화시키는 중대한 변화가 일어났다. 전한 중엽에는 영양이 풍부하고 사시사철 먹을 수 있는 두부가 발명되어 황제들의 입맛을 사로잡았다.

분열과 혼란의 시대였던 위진남북조시기는 다른 한편으로는 각 민족 간의 문화교류가 활발하게 이루어진 시기였다. 음식문화방면도 예외는 아니어서 여러 소수민족의 음식습관이 중원지구에 전해지고 융합되어 궁중의 음식문화도 한층 풍부해졌다. 이 시기 궁중 음식문화에 가장 큰 영향을 미친 것은 신강지역에서 전해진 고기를 이용한 다양한 조리법, 복건과 광동 등 동남연해지역에서 전해진 어패류조리법이었다. 또한 원래 서북지역에 근거하고 있던 다수의 유목민족이 중원까지 진출하여 정거하게 되면서 소나 양의 젖을 이용한 유제품도 중원에 보급되기 시작하였다. 이로써 원래 동물의 젖을 먹지 않았던 한족의 식생활에 큰 변화가 있게 되었고, 유제품이 궁중에 전해지면서 어선도 더욱 풍부해졌다.

당에 이르러 어선이 더욱 풍부해지게 되는데 이는 당시의 경제발전과 음식물재료의 공급이 원활해진데서 그 이유를 찾을 수 있다. 송대 어선은 전후기에 따라 큰 차이가 있었다. 일반적으로 북송 초중엽 어선은 가짓수도 많지 않고 간소하였다. 그러나 북송 후기부터 남송대의 어선은 사치스러울 정도로 다양하고 풍부하였다.

원대 황제들의 어선에는 몽고풍이 강하게 나타났다. 중원의 주인이
된 몽고족은 본시 목축을 위주로 하던 민족인지라 육식, 그 가운데서도
양고기를 특히 많이 소비하였다. 따라서 원대 어선 역시 양고기를 위주
로 한 식단이 차려졌다. 여기에 한족, 여진, 인도, 아랍, 터키 심지어는
유럽 일부 민족의 전통요리까지 가미되어 어선의 내용을 풍부하게 하
였다.

명대 어선은 가능한 제철에 나는 재료를 이용한 요리의 제공을 원칙
으로 하였으며 동시에 남방의 요리를 즐겨하였다. 비록 북방에 위치한
북경을 수도로 정하기는 하였지만, 영락제는 남방 출신이고 그의 비빈
도 대부분 강소와 절강 등 강남지역 출신이었다. 따라서 명대 초엽 어
선은 주로 남방의 전통음식으로 채워졌다. 4대 황제인 인종(仁宗, 1424~
1425)[105] 이후에야 양고기를 이용한 요리 등 북방의 풍미를 간직한 음
식들이 어선에서 점차 높은 비중을 차지하기 시작하였다. 당시 황제들
은 양고기가 양생(養生)과 보건(保健)에 이롭다하여 애용하였는데, 특히
겨울철 보양식으로 꼽혔다.

청대 어선의 수준은 역대 최고봉에 이르렀다. 청대 어선은 진귀한 재
료들만 골라 요리를 만들었을 뿐만 아니라 완성된 요리의 외형에도 주
목하였다. 또한 청대 어선은 조리방법에 있어 규격화를 중시하여 수많
은 요리들이 원재료와 조미료의 양, 조리방법 등에 있어서 대대로 전해
지는 레시피를 그대로 따르도록 하였다. 청대 어선은 만주족의 전통요
리를 기본으로 하면서 산동과 안휘지역 한족요리를 가미하였다.

청대 어선은 매 끼니당 120가지 요리를 기본으로 구성하여 3개의 식
탁에 차리도록 하였다. 그러나 낭비가 심하다하여 64가지로 줄이고, 함
풍제는 다시 32가지로 줄이도록 하였다. 함풍제 사후 수렴청정에 나섰

---

[105] 인종 주고치(朱高熾, 1378~1425)의 실제 재위기간은 8개월에 불과하였다.

던 자안태후는 다시 24가지로 줄이도록 하였다. 자안태후 사후 권력을
독차지한 자희태후는 매 끼니 100가지로 요리의 가짓수를 늘리도록 하
여 한 끼 식사에 은 200냥이 소요되었다.

2. 어선 관리기구

황제의 일상적인 식사준비는 송대에는 어주(御廚)를 설치하여 여기
에서 모든 준비를 하였고, 명대 초기 황제의 식사는 상선(尙膳)에서 담
당하였다. 헌종(1465~1487), 효종(1488~1505) 이후에는 원래의 인원 이
외에 120명이 추가로 상선에 투입되었다. 명 중기 이후와 청대에는 어
선방에서 황제의 식사를 맡아하였다.

규정에 따르면 청대 궁중의 음식을 담당하는 기구는 내무부와 광록
시였다. 황제의 일상 어선은 내무부에 소속되어 있는 어차선방(御茶膳
房)에서 전담하였다. 일반적으로 어선방이라 부르는 어차선방은 자금
성의 동편 남삼소(南三所)의 서쪽에 자리하였다. 황제와 후비 및 궁내
기타 황실 구성원의 식사와 연회 등 사무를 담당하는 기구로 순치 연간
두어졌던 차방(茶房)과 선방(膳房)이 건륭 13년(1748) 어차선방으로 합
쳐졌다.

어차선방의 부속기구로는 선방(膳房), 차방(茶房)[106], 육방(肉房), 간
육방(幹肉房)[107]이 있었고 선방과 차방에는 각기 은기고(銀器庫)를 두었
다. 어차선방의 우두머리인 관리(총리)사무대신은 정원은 없으며 황제
의 직접 명령에 의해 왕이나 대신 가운데서 임명되었다. 어선방에는 사

---

[106] 어차방은 건청문 내 동쪽 회랑에 위치하였다.

[107] 간육방은 서화문(西華門) 내의 어서처(御書處) 동쪽에 두어졌다.

무대신 외에 상선정(尙膳正), 상선부(尙膳副), 상차정(尙茶正), 상차부(尙茶副), 상선(尙膳), 상차(尙茶), 주사(主事), 필첩식(筆帖式) 등 관원이 있었다. 이들 외에 어선방에는 포장(庖長), 부포장(副庖長), 포인(庖人) 등 요리사 370명, 어차방(御茶房)과 청차방(淸茶房)에 각기 120명의 인원 및 두 곳에 총 156명의 태감이 소속되었다. 이상은 고정된 인원이고 필요에 따라 수시로 인원이 증원되었다.

어선방에는 전문분야에 따라 훈국(葷局), 소국(素局), 괘로국(掛爐局), 점심국(點心局), 반국(飯局) 등 5국의 구분이 있었다. 훈국에서는 어류와 육류 등을 주재료로 한 요리를 담당하였다. 소국은 채소와 식물성 기름을 이용한 요리를 담당하였고, 괘로국에서는 불에 찌거나 굽는 요리를 전담하였다. 점심국에서는 만두나 교자 등 밀가루를 사용한 음식을 담당하였고, 반국에서는 죽과 밥을 담당하였다.

자금성 내에는 여러 곳에 선방이 있었는데 경운문(景運門) 밖에 있는 선방을 외어선방 혹은 어차선방이라 하였다. 이곳에서는 대규모 연회시 '만한전석(滿漢全席)'을 준비하고 어떤 경우에는 숙직을 서는 대신들의 식사도 마련하였다. 양심전 정남에 자리하여 전적으로 황제만을 위해 음식을 준비하던 선방은 '양심전어선방' 혹은 '대내어선방'이라 불렀다. 이곳에는 포장 2인, 부포장 2인을 비롯하여 222명의 인원이 배속되었다.

이 외에도 특별히 궁밖에서 초빙한 요리사도 적지 않았다. 예를 들어 황제가 모 왕부(王府) 혹은 모 대신(大臣)의 집이나 시중의 음식점에서 맛본 음식 가운데 특별히 생각나는 것이 있을 경우에는 그 음식을 만든 주방장을 입궁시켜 어선방에서 요리를 준비하게 하였다.

자금성 외에도 원명원, 이화원 등등 황실정원에도 선방이 설치되어 이들을 '원정선방(園庭膳房)'이라 하였다. 열하 피서산장과 난하(灤河), 장삼영(張三營) 등 행궁에도 선방이 있어 이들을 '행재어선방'이라 불렀다. 황제는 매번 출궁 시 전속요리사를 대동하여 먹거리를 준비하도록 하였다.

후비의 일상 식사는 각 궁의 선방에서 독자적으로 해결하였다. 자금성 곳곳에 위치한 대소 규모의 궁원(宮園)에도 각기 선방이 있었다. 최소 8등급으로 나뉘어진 후궁들은 각기 등급에 따라 매 끼니마다 10여 냥에서 50냥까지 차등하여 식비가 지급되었다. 따라서 신분이 낮을수록 선방의 규모도 작고 매 끼니 준비되는 요리의 가짓수도 적었으며 사용하는 식기도 차별이 있었다.

연연(筵宴)은 조정에서 베풀어지는 대형 연회를 말하며 모든 준비는 광록시(光祿寺)108)에서 맡아하였다. 북제(北齊, 550~577)시대 처음으로 설치된 광록시의 우두머리는 광록시경이라 칭하였으며 북제 이후 역대 왕조가 대대로 이 관직을 두었고 명대에는 예부에 소속되었다. 청 강희 10년(1671) 광록시는 예부에서 분리되어 전적으로 제사, 연회에 필요한 음식 준비를 관장하였다. 건륭 13년(1748) 황제는 특별히 만주족 대신 한 명을 파견하여 광록시의 업무를 총괄하도록 하였다.

광록시의 우두머리는 예부의 정선청리사(精膳淸吏司) 및 어차선방과 공동으로 황실의 연회를 주관하였다. 내무부에서 관장하는 내정과 종실의 연회를 제외하고 3대절인 원단, 동지, 만수절의 연회 등 모든 궁중 잔치는 광록시와 정선청리사 등이 담당하였다.

---

108) 진(秦)에서는 낭중령(郎中令)이라 칭하였으며 한(漢) 초기에도 역시 같은 이름을 사용하였다가 무제(武帝) 때 광록훈(光祿勳)으로 고쳐 불렸다. 후한 말년에는 다시 낭중령이라는 이름을 회복하였다. 원래 궁중에서 숙위(宿衛)하거나 황제의 시종을 드는 여러 관원의 우두머리를 칭하였다. 위(魏), 진(晉)과 남조의 송(宋), 제(齊) 및 북조의 북위(北魏) 때까지도 낭중령이라 불렸는데 중간에 폐지된 경우도 있었다. 남조의 양(梁)에서는 광록경(光祿卿)이라 부르기도 하였다. 북제(北齊)에서 처음 광록시를 두었는데 황실의 음식을 전담하는 부서로 이전과는 전혀 다른 직무를 갖게 되었다. 명청 시대에는 그 조직이 더 복잡하고 규모도 커졌으며, 궁중의 제사나 조회 및 연회에 필요한 술과 음식의 조달을 전담했다.

3. 황제의 일상식사와 황제 주관의 연회

황제가 평소 식사하는 장소는 고정되지 않고 대부분 침궁이나 주로 활동하는 장소에서 이루어졌다.[109] 일반적으로 황제들은 하루에 아침과 저녁 두 끼만 들었는데[110] 아침은 대략 6시에서 8시 사이, 저녁은 낮 12시에서 2시 사이에 올렸다. 이밖에 매일 술과 안주 및 간식이 준비되는데, 이는 정해진 시간은 없었으나 대개 오후와 저녁시간 필요할 때마다 준비토록 하였다.

어선방에서 식사를 준비하는데도 일정한 규정에 따라야 하였다. 즉 선방은 선단(膳單)이라 칭하는 메뉴를 매일 작성하여 내무부 대신의 비준을 받은 연후에야 조리에 들어갈 수 있었다. 선단에는 매일 매일 음식을 만드는 요리사의 이름을 명기하여 책임을 분명히 하였다.

황제의 식사시간이 되면 태감은 식사할 장소에 식탁을 준비하였다. 모든 준비가 완료된 연후에 음식은 신속하게 선방에서 운반되어 규정에 맞추어 식탁에 올리도록 하였다. 황제의 특별한 지시가 없는 경우에는 어느 누구도 황제와 같은 식탁에서 식사를 할 수 없었다. 이는 황태후나 황후도 물론 예외가 있을 수 없었다.

황제의 식사는 재료, 가공, 조리 모든 면에서 최고의 수준을 유지하도록 세심한 배려가 이루어졌다. 황제가 먹고 마시는데 들어가는 비용은 엄청났다. 청대의 기록에 따르면 매년 어선방의 경비로 은 3~4만 냥이 소요되었는데, 여기에는 각 지방에서 올라온 조공품과 유제품 및 건

---

[109] 당안(檔案)기록에 따르면 건륭 12년 9월 30일 건륭제는 홍덕전(弘德殿)에서 아침식사를 하였다. 다음날 중화궁(重華宮)에서 저녁식사를 한 건륭제는 저녁에는 양심전(養心殿)에서 주안상을 받았다. 곧 이틀 사이에 각기 다른 세 군데서 식사와 간식을 취한 것이다.

[110] 한대에는 일반평민은 하루 두 끼, 귀족과 종실은 세 끼를 먹었으며, 황제는 매일 네 끼를 먹었다 한다.

과류는 포함되지 않은 것이다. 따라서 황제의 한 끼 식사가 농민의 반 년 양식이라는 원성도 없지 않았다.

청대 남겨진 기록 가운데 건륭 12년(1747) 10월 초하루 오후 2시의 선 단이 보이는데 당일 저녁식사의의 메뉴는 총 23가지에 달하였다. 놀라 운 것은 각각의 요리마다 담는 그릇의 재질, 크기까지 명확하게 규정되 어 있었다는 점이다.

황제 및 비빈의 식탁에 오르는 식료품은 신분에 따라 일정한 양이 정 해져 있었다. 황제의 경우는 매일 반육(盤肉) 22근, 탕육(湯肉) 5근, 돼 지기름 1근, 양 2마리, 닭 5마리, 오리 3마리, 배추·근채·시금치 등 채 소류 19근, 무·당근 등 뿌리채소 60개, 과류(瓜類) 채소 각 1개, 양배추 5개, 파 6근, 술 4량, 장 3근, 식초 2근, 아침과 저녁 접시당 30개의 간식 8접시[111]가 정량이었다. 이외에도 어차방에서는 황제를 위한 차와 우 유를 따로 준비하였다. 이를 위해 황제 전용으로 젖소 50두, 옥천수 12 항아리, 버터 2근, 차 75포를 준비하였다.

매일 황후 몫으로 정해진 식료품은 반육 16근, 채육(菜肉) 10근, 닭과 오리 각 1마리, 채소류 23근 13량, 무·당근 각 20개, 호박 1개, 파 1근, 장 1근 반, 초 1근, 아침과 저녁 간식 4접시(매 접시 30개, 재료는 황제 와 동일)이며 전용으로 젖소 25마리, 옥천수 12항아리, 차 8포 등이다. 기타 비빈, 황자, 시위 등에게 매일 공급되는 식료품도 역시 신분에 따 라 일정한 양이 정해져 있었다.

매번 중요한 절일을 맞아 내정에서 벌어지는 축하연이나 종친연, 가 연(家宴)은 모두 건청궁에서 거행되었다. 이때 정대광명(正大光明)의 편 액 아래, 곧 평소 보좌가 위치한 자리에는 그야말로 산해진미가 망라된

---

111) 1접시당 밀가루 4근, 기름 1근, 깨·앙금 약간, 설탕·호두알·흑대추 각 12량 의 재료가 소요되었다.

황제의 선탁이 차려졌다. 청대의 경우 만주족의 특색을 살린 황제 선탁의 차림은 냉채 20가지, 열채 20가지, 탕 4가지, 소채 4가지, 신선한 과일 4가지, 밀전(蜜餞)과 과과(瓜果) 28가지, 면식류 29가지 총 109가지가 차려졌다.

보좌대 아래에는 동서 양측으로 연탁이 놓여지게 되는데 동쪽의 첫 번째 탁자는 황후용으로 보좌가 따르지만 황귀비 이하는 좌위(座位)가 마련되지는 않았다. 가연에는 황후, 황귀비, 귀비, 비, 빈, 귀인, 상재, 공주 등이 참가하였다. 종친연에는 친왕, 군왕, 아가, 패륵 등이 참가하였다. 연회 시 차리는 상은 참가인원에 따라 정해지며 황제와 황후만이 독상을 하고 나머지는 2인 1상을 차지하는데 통상 상 하나에는 약 15가지의 음식이 차려졌다.

황제가 자리하면서 연회는 시작된다. 통상 냉채는 연회가 시작되기 전 이미 상에 차려지게 된다. 연회가 정식으로 시작된 뒤 순서대로 열채, 탕 등이 나오고 마지막으로 차가 나오면 식사는 마감되고 뒤이어 술자리가 준비된다. 이때 황제의 식탁에는 약 40가지, 여타 식탁에는 약 15가지의 안주가 차려지며 술자리가 파하면 비로소 대연(大宴)이 마감되는 것이다.

연연(燕宴)은 외조에서 베풀어지는 연회로 절일이나 국가적인 중요 경축행사시 태화전에서 거행되었다. 연연이 베풀어지는 명목은 수없이 많았지만 그때마다 일정한 규칙에 따라 거행되었다. 매년 원단이나 만수절의 연연은 의식이 장중할 뿐만 아니라 규모도 여타 연연에 비해 성대하였다. 이때는 단계 위와 단지 내에 약 200여 개의 식탁이 마련되는데 각 식탁마다 60근의 잡곡가루로 만든 높이 1~2척의 간식이 마련되기에 발발탁(餑餑桌)[112]이라고도 하였다. 연회에 참가한 신하들은 두 사

---

112) 발발은 만주어로 조, 기장, 수수 등 잡곡의 가루로 만든 간식의 총칭이다.

람당 하나의 탁자를 차지하게 되며 식탁 위에는 통상 45접시 정도의 음식이 차려졌다.

연연은 통상 광록시와 예부 소속의 정선청리사가 준비를 맡게 되나 황제의 잔칫상은 별도로 어차선방에서 준비하였다.

4. 천수연

수(叟)란 연로한 남자를 칭하며 천수연이란 천 명 이상의 노인이 참가하는 대형 연회를 의미한다. 청대 강희, 건륭연간은 국고가 충족하고 백성들이 태평을 구가하던 안정기였다. 여기에 두 황제의 재위기간도 중국 역사상 가장 길어 만수절이나 중요한 행사에 맞추어 총 4차례의 천수연이 거행되었다. 당시 연회의 규모라든가 의식의 장중함은 역사상 그 유례를 찾아보기 힘들 정도였다.

제1차 천수연은 강희 52년(1713) 음력 3월 25일, 곧 강희의 60세 생일에 맞추어 창춘원(暢春園)의 정문 앞에서 거행되었다. 당시 연회에 초청받은 이는 현직에 있거나 이미 퇴직한 관리를 포함하여 각지의 65세 이상 노인 약 2,000명이었다.

제2차는 강희 61년(1722) 정월에 거행되었다. 명목은 강희의 재위 61년과 69세의 생일을 앞둔 축하의 성격으로 건청궁에서 행사가 진행되었다. 이때는 제1차에 비해 약간 규모가 작아 65세 이상 노인 1,500명이 참가한 가운데 거행되었다. 이 행사를 치르고 얼마 후 강희제는 사망하였다.

제3차는 건륭 50년(1785) 윤 3월 14일에 역시 건청궁에서 거행되었다. 이때의 천수연은 규모 면에서 강희제 때의 행사를 능가하여 당시 참가자는 60세 이상의 노인 3,900여 명으로 800개의 식탁이 차려졌다.

제4차는 건륭 61년, 즉 가경 원년(1796) 정월에 거행되었는데 명목은 새 황제의 즉위를 축하하기 위해서였다. 태화전에서 거행된 당시 연회에는 전국에서 화갑을 넘긴 5,900명이 초청되어 만주족과 한족으로 나누어 두 차례 연회가 베풀어졌다. 연회 시작과 더불어 주악이 연주되고 사회자의 인도에 맞추어 참가자들이 황제에게 삼궤구고의 예를 올렸다. 이어 황제가 술을 내리고 각종 선물을 참가자들에게 나누어 주기도 하였다. 건륭 이후 청조의 재정상태가 곤란해지면서 천수연과 같은 대형 연회는 더 이상 베풀어지지 않았다.

5. 황실전용의 식기

궁정에서 사용되는 쟁반, 접시, 젓가락, 숟가락 등 식기는 당연히 금·은·옥·자기·법랑·비취·마노 등 귀한 재료를 써 정교하게 제작되었다. 이러한 식기는 황실 생활의 호사스러움을 반영한 것으로 민간의 백성들은 아무리 돈이 많다하여도 구하기 힘든 것들이었다.

궁정의 조판처(造辦處)는 전문적으로 궁정에서 사용되는 기물의 제조와 완상용 수공예품의 제작을 담당하였다. 자기는 대부분 경덕진(景德鎮)의 관요에서 매년 정해진 수량만큼 제조하여 궁정에 공급하였다. 어선방에는 정교한 자기 이외에도 금·은으로 만든 각종 기물들이 가득하였다. 도광 연간 어선방의 금기와 은기는 총 3천여 점에 달하였다. 그 가운데 금기의 총중량이 약 4,600량(약 140kg), 은기는 약 4만 여 량(약 1,250kg)에 이르렀다.

매일 식사 시 황제는 금·은·자기 등으로 만든 각양각식의 식기를 사용하였으며 겨울에는 열과(熱鍋)와 난완(暖碗)이 따로 준비되었다. 대연 시 어용 연탁에는 대부분 옥으로 만든 그릇이 사용되었다. 한편 가

연 시 사용되는 각종 식기는 신분에 따라 엄격하게 그 재질과 형상이
규정되어 있었다. 예를 들어 황태후와 황후는 황색 식기, 귀비와 비는
황색 바탕에 녹색 용무늬 식기, 빈은 남색 바탕에 황색 용무늬 식기, 귀
인은 녹색 바탕에 보라색 용무늬 식기를 이용하도록 하였다. 그러나 평
소 식사 시 후비가 이용하는 식기는 위와 같은 규정에 따르지 않아도
무방하였다.

제3절 제후(帝后)의 진료

　황제, 후비가 발병할 경우에는 태의(太醫)가 진료를 담당하였다. 태의가 소속된 태의원(太醫院)은 궁중의 진료기관으로 명청대 태의원은 천안문의 동남부에 위치하였다. 평시에도 긴급상황에 대비하기 위해 치반(値班)이라 하여 주야로 태의가 궁중에 파견되었다.

　태의원의 원장은 정5품으로 원사(院使)라 칭하였다. 종5품으로 부원장에 해당하는 좌우원판(院判)이 각 1인, 그 밑으로 어의(御醫), 이목(吏目), 의사(醫士), 의생(醫生) 등이 있었는데 이들을 통틀어 태의라 하였다. 태의의 정원은 일정한 제한규정이 없어 수시로 증감이 이루어졌다. 태의원 소속 태의는 당대 최고의 인원들로 구성되었는데, 청대의 규정에는 오직 한족만이 태의가 될 수 있었고 만주족이나 몽고족은 제외되었다. 이는 아마 만주족과 몽고족 출신의 의료수준이 한족에 비해 뒤떨어진 데서 연유하였을 것이다.

　『대청회전(大淸會典)』에 따르면 광서대 태의원의 소속 인원은 원사와 원판을 제외하고 어의 13명, 이목 26명, 의사 20명, 의생 30명 총 89명에 이르렀다. 이들은 전문분야에 따라 대방맥과, 소방맥과, 상한과, 부인과, 창양과, 침구과, 안과, 구치과, 정골과의 9과(科)로 나누어 진료를 담당하였다. 이외에도 치약원사(治藥院使)와 교습소(敎習所) 교습이 태의원에 소속되었다.

평소 태의들은 원사로부터 의사에 이르기까지 전문분야에 따라 인원을 나누어 차례로 입궁 치반하게 되는데 이를 궁직(宮直)이라 하고 외정에서 근무하는 것을 육직(六直)이라 하였다. 태의들이 각 궁을 돌며 진료 시에는 모두 어약방의 태감이 이들을 인솔하였다. 특히 황제를 진료하고 약을 조제할 경우에는 반드시 태감, 내의원과 연명으로 약첩을 작성하고 이를 봉하도록 하였다. 이어 약의 성질, 치료의 방법과 처방전의 작성 연월일을 적고 의관과 태감의 서명을 받아 황제에게 올리도록 하였다. 더불어 처방전의 내용은 장부에 등록하도록 하고 월일의 아랫부분에 의관이 서명하면 태감이 이를 접수 관리하여 후일의 조사에 대비토록 하였다.

황제가 복용하는 어약은 태의원의 관리와 태감의 감시 아래 정성스럽게 달여졌다. 이때 두 차례 복용분의 약이 한꺼번에 달여지고, 다 달여진 약은 두 그릇으로 나누었다. 그 중 한 그릇은 주치 태의가 먼저 마셔보고 뒤이어 원판과 태감이 마셔보아 문제가 없음을 확인한 뒤, 다른 한 그릇이 비로소 황제에게 바쳐져 복용하도록 하였다.

태의가 처방전을 황제에게 올린 뒤 어약방이 처방전대로 약을 달이게 되는데 이 과정에서는 조금의 변경도 용납되지 않았다. 만일 달여진 약이 조금이라도 이상한 맛이 난다거나 혹은 처방전대로 따르지 않는 경우, 봉함이 조금이라도 어긋나 있는 경우에는 대불경의 죄로 다스리게 하였다. 만일 황제가 약을 복용한 뒤에도 차도가 없거나 혹은 사망한 경우에는 관례에 따라 태의원관이 책임을 지고 자책한 뒤 면직처분이 내려졌다. 그러나 일정한 기간이 지나면 이들은 다시 원직에 복귀되었다.

태의들이 궁중에서 황제, 황태후, 황후, 비, 빈 등을 치료하고 처방전을 작성할 때는 반드시 환자의 이름, 의원의 성명 등을 일일이 진약부

(進藥簿)에 등록하여 장래 유사시의 조사에 근거로 삼도록 하였다. 현재 고궁박물원에는 자희태후의 진료기록이라 할 수 있는 『노불야진약부(老佛爺進藥簿)』 몇 책이 남아 있다. 거기에는 매번 자희태후를 진료한 태의의 성명과 처방이 남겨져 있다.

궁 밖의 왕공, 공주, 부마 및 문무관원들이 병에 걸린 경우에도 태의를 청하여 진료를 받을 수 있었다. 이 경우는 황제의 유지가 필요하였다. 일단 황제의 명령을 받으면 태의원에서는 소속 의관을 파견하여 진료한 다음 해당 태의는 진료 상황을 낱낱이 제본(題本)의 형식으로 보고하였다. 혹 태의의 진료를 받은 환자가 감사의 뜻으로 사례할 경우, 태의원 관원은 사사로이 이를 접수할 수 없었으며 반드시 황제에게 보고하여 허락이 있은 후에야 사례를 받아들였다.

간혹 황제가 궁성을 벗어나 원림을 구경하거나 사냥을 나가는 경우 태의원관은 반드시 황제를 수행하도록 하였다. 이 때 어약방은 약대(藥袋)를 휴대하고 황제를 따르도록 하였다. 황색 비단으로 만들어진 대약대에는 각기 다른 초약(草藥)을 담은 약 100여 개의 소약대가 붙어있는데 소약대의 표면마다 약명을 명기한 표지가 있어 혼동을 방지하였다. 이외에도 어약방은 환, 산 등 성약(成藥)을 따로 준비하였다.

건청궁 원내에 위치한 어약방에는 관리대신 등 관직이 있었다. 여기에 비치된 약재는 모두 궁중에서 일정한 값을 지불하고 태의원에서 들여온 것이다. 약재는 통상 약재상이 사 모은 것 가운데 태의원이 감정하여 최상급의 것만을 고른 뒤 생약채로 어약방에 넘기면 어약방의 의생이 이후의 처리를 담당하였다. 어약방은 또한 환, 산, 고, 단 등 성약의 제조와 관리도 담당하였다. 이들 성약의 원료 배합과 제조는 태의원관의 감시 아래 이루어졌다. 전국 각지에서 진상된 진귀한 약재는 직접 궁중으로 보내진 뒤 황제의 지시에 따라 어약방에 넘겨져 사용되었다.

청대 후기에는 황태후를 위해 곤녕궁 양측 회랑에 수약방(壽藥房)을 두었다. 수약방 내에는 약궤가 가지런히 놓여있는데 각 궤마다 28개의 서랍이 달려 있었다. 각 서랍은 3부분으로 나뉘어 태의원에서 들여온 각종 약재를 넣게 되어 있었으며 서랍 표면에는 약재의 이름이 적혀 있었다. 약궤의 상단에는 도자기로 만든 크고 작은 약관이 진열되어 있고 그 안에는 인삼고, 웅유호골고, 익수고(益壽膏)를 비롯한 각종 환, 산, 고, 단 등 성약을 보관하였다.

제4절 오락

1. 시·서·화·금·기(詩·書·畫·琴·棋)

고래로부터 중국에는 수많은 시인이 활동하며 헤아릴 수 없을 정도로 많은 시작품을 후세에 남겼다. 시가(詩歌)의 왕국이라 해도 과언이 아닐 중국에서는 지존의 몸인 황제가 지은 시도 없지 않았다. 다만 역대 중국 황제가 지은 시작품 가운데는 특색 있거나 문학적으로 특별히 뛰어나 후세에까지 널리 알려진 작품은 그다지 많지 않다.

중국역사상 처음으로 황제를 칭한 진시황은 정치적, 군사적 업적에 비해 상대적으로 예술방면에 있어서의 관심과 성과는 잘 알려지지 않았다. 시를 지을 줄 몰랐던 것인지, 아니면 시를 좋아하지 않았던 것인지 모르겠지만, 진시황이 지은 시작품은 지금 하나도 전해지는 것이 없다. 역대 황제의 시작 가운데 현존하는 가장 오랜 것으로는 한 고조가 지은 「대풍가(大風歌)」113)가 유명하다.

---

113) 유방을 도와 천하를 얻는데 공을 세웠던 초왕(楚王) 한신(韓信)과 양왕(梁王) 팽월(彭越)이 잇따라 제거되자 다음은 자기가 제거될 차례라고 여긴 회남왕(淮南王) 영포(英布)가 선수를 쳐 기원전 196년 한에 반기를 들었다. 영포의 위세에 눌려 전황이 급박해지자 유방은 직접 군대를 이끌고 출정하여 난을

대풍기혜운비양(大風起兮雲飛揚)

　　　큰 바람 불어오니 구름이 날리네.

위가해내혜귀고향(威加海內兮歸故鄉)

　　　천하에 위세를 떨치고 고향에 돌아왔노라.

안득맹사혜수사방(安得猛士兮守四方)

　　　어찌하면 용사를 얻어 천하를 지킬 것인가.

생전 비록 황제를 칭하지는 않았지만, 사후 황제로 추존된 조조는 무공이 뛰어났을 뿐만 아니라 대단한 문학적 재능을 가지고 있었으며 문학 자체를 중시했다. 조조는 문학사에서는 그의 두 아들 조비(曹丕), 조식(曹植)과 더불어 조씨삼부자(曹氏三父子)로 불렸다. 조조의 작품은 인생의 무상함을 한탄하며 지은 유명한 「단가행(短歌行)」을 비롯하여 26수가 지금까지 전해지고 있다. 삼국시대를 주름잡았던 인물 가운데 조조의 문학적 재능이 후세까지 널리 알려지고 다수의 시작품이 지금도 인구에 회자되고 있음에 비해, 손권(孫權)이나 유비(劉備)의 시적 재능은 별로였는지 남겨진 작품을 찾을 수 없다.

중국문학사에서 차지하는 비중으로만 따지면 위 문제 조비의 지위는 아버지 조조보다도 더욱 주목된다. 정권을 찬탈하고 동생 조식을 박해하는 등 정치적인 면에서는 평가가 높지 못하지만 그의 문학적 성과는 분명 대단하였다. 40여 편의 작품을 후대에 남긴 조비의 작품 가운데 가장 유명한 것은, 전장에 나간 남편을 애타게 기다리는 여인의 슬픈 심정을 잘 묘사한 「연가행(燕歌行)」이다. 이 작품은 현존하는 가장 오

진압하였다. 장안으로 귀환하던 도중 고향 패현(沛縣)에 들른 유방은 젊은 시절을 같이 보냈던 고향사람들을 위해 십수일 간 잔치를 베풀었다. 그러던 어느날 술에 취한 유방은 직접 축(築)이라는 악기를 연주하며 자신이 창작한 대풍가를 불렀다 한다.

래되고 완전한 모습의 7언시라는 점에서 중국문학사에서 높은 지위를 차지하고 있기도 하다.

남조 송의 효무제(孝武帝, 453~464) 유준(劉駿, 430~464)은 상당한 문학적 재능을 지녔던 것으로 평가받으나 현재 남아있는 작품은 「등작낙산(登作樂山)」한 수에 불과하다.

남조 양의 무제 소연(蕭衍)은 황제의 자리에 오르기 이전부터 시가를 좋아하여 당시의 유명한 문사들과 널리 교유하였다. 황제의 자리에 오른 뒤에는 강남지방의 민요를 널리 모으고 직접 시작에 나서기도 하였다. 양 무제는 특히 7언시의 발전과 유행에 큰 작용을 한 인물로 평가받는다.

소연의 두 아들도 문학에 뛰어난 재능을 보였다. 유명한 소명태자(昭明太子) 소통(蕭統)은 어려서부터 독서를 유달리 좋아하였고, 기억력도 출중하였으며 문학방면의 소양도 탄탄하였다. 또한 주위에 학식이 풍부하고 재능 있는 인사들을 많이 불러 모아 수시로 그들과 교류하며 토론하였다. 소통이 편집한 역대 시문총집인 『문선(文選)』30권은 후대 문학의 발전과정에 지대한 영향을 미쳤다. 다만 아쉽게도 병약한 소명태자는 32세의 젊은 나이에 세상을 떠나고 말았다.

소연의 셋째 아들이자 소명태자의 동생인 소강(蕭綱)도 총명하고 영리하여 6세 때 이미 문장을 지을 정도였다 한다. 소강의 재능을 높이 평가한 양무제는 그를 삼국시대의 유명한 문학가이자 조조의 아들인 조식에 비유하였다. 소통 사후 태자로 책봉된 소강은 당시의 유명한 문사들과 폭넓게 교유하였으나 후경의 난 때 아버지와 함께 유폐되었다가 49세에 피살당하였다.

망국의 군주 가운데도 시문 창작에 뛰어난 재주를 보인자가 없지 않았다. 남북조시기 남조 진(陳)의 마지막 군주인 후주(後主) 진숙보(陳叔寶)는 시문을 워낙 좋아하여 주변에 시인묵객이 무리를 이루었다. 진숙

보는 종일 시인들과 어울려 시를 짓고 술에 취해 지내며 정사를 멀리하
다 결국 나라를 빼앗기고 말았다.

오대시기 남당(南唐)의 중주(中主) 이경(李璟)과 그의 아들 후주(後主)
이욱(李煜) 부자도 뛰어난 문학적 재능을 가졌던 인물로 평가받는다.
문학과 예술에 깊은 소양을 갖추었던 이경은 독서를 좋아하고 다양한
예술적 재능을 갖추었다. 수시로 아끼는 신하인 한희재(韓熙載) 등과
어울려 시사(詩詞) 짓기를 즐겨하였던 그의 작품 5수가 지금까지 전해
지고 있다.

문학을 애호하고 직접 작품 짓기를 즐겨하였던 부친의 영향을 받은
후주 이욱은 서법과 회화는 물론이고 시에도 뛰어난 재능을 보였다. 이
욱은 재위 15년간 다수의 문학작품을 창작하였고, 그 가운데 40수 가량
이 현재까지 전해지고 있다. 북송의 군대가 금릉(金陵, 현 남경)을 공격
해오자 속수무책으로 투항하여 포로가 된 후주는 결국 독살되었다.

망국의 군주 가운데 한 사람이었던 수 양제는 이름난 폭군이지만 호
방한 기상이 그대로 드러난 훌륭한 시작품을 남기기도 하였다. 그의 대
표적 시작으로는 「춘강화월야(春江花月夜)」가 있다. 질투심이 강한 양
제는 자신보다 재능이 뛰어난 사람이나 뛰어난 시를 짓는 사람은 모두
죽여 없앴다 한다.

당(唐)의 군주들은 시가를 매우 중시하였으며 대부분 시에 능하였다.
특히 태종과 현종의 재능은 당시 일부 문인들이 칭찬을 아끼지 않을 정
도였다. 태종 이세민은 공무로 번망한 가운데서도 「초하(初夏)」와 같은
시작품을 후대에 남겼다. 다만 태종의 시작품은 순수한 문학적 각도와
가치라는 점에서 놓고 보면 크게 뛰어난 것은 아니었다는 후대의 평을
받았다. 태종은 오히려 서법 방면의 재능과 열정으로 유명하였다.

진시황으로부터 시작하여 중국역사상에는 400여 명의 황제가 있었
고, 이들 가운데는 시작에 능한 황제도 적지 않았다. 역사상 가장 많은

시작품을 남긴 황제는 청의 건륭제로, 그는 재위기간 43,630수의 시를 남겼다. 건륭 한 개인이 쓴 시가 300년간 존속한, 중국문학사에서 시가 가장 흥했고 많은 작품이 남겨졌다는 당 한 왕조대에 수많은 시인이 남긴 작품의 총합에 버금가는 것이다.

당 태종은 왕희지의 서법에 매료되어 그를 서성으로 추앙하고 『진서(晉書)』에 특별히 「왕희지전(王羲之傳)」을 첨가하도록 하였다. 심지어 죽을 때 왕희지의 친필인 난정서(蘭亭序)를 함께 묻도록 할 정도였다. 당 태종은 휘호에 일가견이 있었을 뿐만 아니라 서법이론에도 밝아 「필법론(筆法論)」, 「지법론(指法論)」, 「필의론(筆意論)」등 서법에 관한 문장을 손수 짓기도 하였다. 중국의 서법발전사에 있어 당 태종은 나름의 공헌을 하였으나 한 가지 커다란 잘못을 저질렀다. 난정서의 원본을 그와 함께 묻도록 하여 왕희지의 친필을 후세의 사람들이 감상할 기회를 앗아간 것이다.

정치적으로는 혼용하고 생활기거는 황당하며 음탕하였던 송 휘종(徽宗, 1101~1125) 조길(趙佶, 1082~1135)은 예술적 재능과 열정 및 남긴 성과만큼은 중국역사상 어느 황제에게도 뒤떨어지지 않았다는 평가를 받았다. 북송이 멸망하는 과정에서 휘종은 아들 흠종(欽宗, 1126) 조환(趙桓, 1100~1156) 및 후비, 황자, 공주 및 종실대신 등 3,000여 명과 함께 잡혀가 8년간을 포로로 지내다 오국성(五國城)[114]에서 사망하였다. 예술이라는 관점에서 말하자면, 휘종은 천부적인 재능을 타고난 화가이자 예술활동의 창도자이며 후원자였다.

휘종은 중국서예사에 매우 중요한 업적을 남긴 황제로 널리 알려져 있다. 처음 황정견(黃庭堅)의 서체를 따라하는데 주목했던 그는 마침내 '수금체(瘦金體)'라는 자신만의 독창적인 서체를 개발하였다. 수금체는

---

114) 현 흑룡강성(黑龍江省) 의란(依蘭).

세로로 가늘면서도 매우 강한 힘이 느껴지는 서체이다. 휘종의 아들로 남송의 첫 번째 황제인 고종(高宗, 1127~1162) 조구(趙構, 1107~1187)도 해서, 행서, 초서에 능했다. 요양을 이유로 황제의 자리를 조카인 효종(孝宗, 1163~1189)에게 물려주고 난 뒤에는 글씨를 쓰고 그림을 즐겨 하면서 휘종 시대의 고미술품과 서화의 회수에 힘썼다.

휘종은 민간에 흩어져 있는 금석문과 서화 등 유물을 널리 수집하고 한림도화원(翰林圖畵院)을 확충하였다. 휘종은 화원의 일을 매우 중시하고 수시로 직접 화원에 가 지도에 나서기도 하였다. 그는 화원에 소속된 화공들에게 그림을 그리기 전 먼저 사물과 풍경에 대해 세심히 관찰하여 있는 그대로를 사실적으로 묘사하는데 주목하도록 당부하였다. 예를 들어 꽃을 그릴 때에는 각기 다른 계절, 각기 다른 시간 꽃의 모습을 주의 깊게 관찰한 뒤 붓을 들도록 하였다.

역대 중국의 제왕 가운데 휘종의 그림솜씨가 가장 뛰어났다는데 이견을 가진 사람은 거의 없을 정도이다. 휘종은 인물, 산수 및 화조 등 그림에 뛰어났다. 특히 화조화 방면의 성과가 대단하여 부용금계도(芙蓉錦鷄圖), 서학도(瑞鶴圖), 행화앵빈도(杏花鸚鵡圖) 등 유명한 작품을 다수 남겼다. 누구보다도 그림을 좋아하고 스스로도 훌륭한 화가였던 휘종의 적극적인 지원에 힘입어 송대의 회화예술은 중국회화사상 가장 손꼽히는 찬란한 발전상을 보였다.

천부적인 재능을 지닌 서화가로, 예술활동의 창도자로 휘종은 민간에 유산된 문물, 특히 금석서화의 수집에 많은 후원을 하였다. 또한 문신들에게 명하여 『선화서보(宣和書譜)』, 『선화화보(宣和畵譜)』, 『선화박고도(宣和博古圖)』 등 서화예술 관련서적을 편찬하도록 하였다.

기(棋)는 바둑을 의미하는 것으로 361점은 주천(周天)을, 4각은 4시를, 흑백은 음양을 상징한다. 바둑은 상당히 오랜 역사를 가진 오락으로 고대의 사서인 『좌전(左傳)』에 이미 바둑에 관한 기록이 보일 정도이다.

한번 빠져들면 헤어나기 어렵다하여 '목야호(木野狐)'라 불리기도 한 바둑은 일반 평민뿐만 아니라 황제와 같은 존귀한 신분을 가진 자도 여기에 빠진 자가 적지 않았다.

조조, 진(晉) 무제, 북위 세조, 명 선종 등이 바둑에 심취한 군주로 유명하다. 남송 문제대의 양현보(羊玄保)는 황제와 군(郡)을 놓고 바둑을 두어 이긴 결과 선성태수(宣城太守)에 임명되었으며 이후에도 바둑실력으로 연달아 고위직을 맡을 수 있었다.

2. 악무(樂舞), 백희(百戲), 연희(演戱)

전하는 바에 따르면 하의 마지막 군주인 걸은 여악(女樂) 3만 명을 거느렸다 한다. 물론 이 숫자는 상당히 과장된 것이겠지만, 고대로부터 궁정에 예속된 악사와 무희의 수는 상당한 수준에 이르렀음이 분명하다. 춘추시기 월의 유명한 미녀 서시(西施)는 3년간 집중적인 가무훈련을 받은 뒤 오에 보내져 부차(夫差)의 애첩으로 활약하였다. 서시의 춤추는 모습에 반한 부차는 서시를 위해 호화로운 궁전을 짓게 하고 그곳에서 서시의 가무를 즐겼다.

부차는 또한 길다란 회랑의 지면을 파 그곳에 큰 옹기를 묻고 위에는 나무판을 덮은 향섭랑(響屜廊)을 만들도록 하였다. 부차는 수많은 궁녀들에게 나막신을 신기고 치마에는 조그마한 방울을 달게 한 뒤 서시로 하여금 궁녀들을 이끌고 나무판 위에서 춤추도록 하였다. 나막신이 나무판을 두드리는 소리, 방울소리에 어울려 서시와 궁녀들이 춤추는 모습을 보며 주색에 빠진 부차는 결국 나라를 멸망의 길로 이끌고 말았다.

춘추전국 이후 중국의 가무예술은 한대와 당대 두 차례 큰 발전이 있었다. 한 무제는 궁정에 악부(樂府)라는 기구를 설립하여 악무를 관장

토록 하였다. 악부의 기구는 상당히 방대하여 전국에서 선발된 약 800
명의 예인이 소속되었다.

한 무제의 6대손인 성제는 미색과 가무에 깊이 빠진 인물로 유명하
였다. 조비연(趙飛燕) 자매를 총애하여 그녀들이 춤추는 모습을 보고
혼을 빼앗긴 성제는 조비연을 위해 궁중 태액지 가운데의 인공섬에 정
자를 지어 그 위에서 춤추도록 하였다. 어느 날 정자 위에서 춤추던 조
비연이 홀연 불어온 강풍에 휩쓸려 물에 빠지려던 순간, 궁녀들이 치마
를 움켜쥐어 다행히 불상사를 면하였다. 이 과정에서 조비연의 치마에
주름이 지게 되었는데, 주름진 치마를 입은 조비연의 자태가 더욱 빛난
다 한다. 이후 궁중에는 일부러 치마폭에 주름을 낸 유선군(留仙裙)이
유행하였다. 조비연은 사람의 손바닥 위에서도 춤을 출 수 있었다는 말
이 전해지기도 한다.

가무를 즐기기로 유명한 당 현종 이융기는 향락생활의 필요를 위해
궁정 내 악무기구를 확대하여 소속인원이 수만 명에 이르렀다. 현종은
제사시의 악무를 관장하는 태상시(太常寺)와 가무·백희 등 오락성 연
출을 관장하는 교방(敎坊)을 분리시켜 좌우교방을 두었다. 좌교방은 노
래를, 우교방은 무용을 관장하였다. 이로써 교방은 태상시의 예하기구
에서 독립하여 직접 궁중에서 파견된 교방사(敎坊使)의 관리에 놓이게
되었다.

고대 민간에서 유행하던 악무, 잡기, 마술, 무술 등을 통칭하여 백희
라 하였다. 역대 왕조 가운데 궁중에서 백희가 가장 유행했던 것은 당
대이다. 고조, 태종, 현종, 헌종, 경종, 선종 등이 모두 백희를 좋아하였
는데 특히 현종은 교방을 확대하면서 그 안에 백희를 전담하는 고가부
(鼓架部)를 두었다.

씨름과 비슷한 각저(角抵)는 진대(晉代)에는 상복(相扑)이라 불렸다.
당대에 이르러 상복과 각저 두 명칭이 함께 사용되었다. 각저는 당대

궁중에서 펼쳐진 주요 오락항목의 하나였다. 『문헌통고(文獻通考)』의
기록에 따르면 각저는 당대 모든 궁중 내 연출이 끝나면 맨 나중에 펼
쳐지는 가장 인기 있는 오락프로그램이었다. 당시 궁중에는 좌·우군
에서 선발된 전문 씨름꾼으로 구성된 팀이 따로 있었고, 그 가운데서
적지 않은 씨름 명수가 배출되었다.

당대에는 마희(馬戱)도 궁중오락으로 크게 사랑받았다. 궁중에는 전
문적으로 말을 훈련시키는 기구가 따로 두어졌고 매번 연출의 규모도
엄청났다. 궁중에 삼층으로 된 무대가 마련되어 특별히 제작된 기수복
을 갖춰 입은 기수가 채찍을 들고 말 위에 올라타 음악에 맞추어 말이
춤추도록 조종하였다.

중국에서 희곡의 기원은 매우 오랜 것이나 송, 금대에 이르러서야 비
교적 완전한 체계를 갖추었다. 청대 궁중에서는 연희가 자주 베풀어졌
는데 황궁이나 행궁, 황실 정원을 물론하고 모두 희대(戱臺)가 마련되
어 있었다. 청대 황궁의 가장 큰 희대는 창음각(暢音閣)으로 1772년에
세워졌다.[115] 매년 춘절, 황제나 황후의 생일, 입춘, 단오, 중추절 등 중
요한 절일에는 황제와 황후 및 문무대신이 창음각 북쪽의 열시루(閱是
樓)와 좌우 회랑에서 연극을 감상하였다.

청대 궁중에는 연희를 전담하는 기구가 있어 처음에는 교방사(敎坊
司)라 하였으나 강희대에는 남부(南府), 도광대에는 승평서(升平署)라 개
칭하였다. 건륭제 때 열하에 머물던 황제가 중추절 이틀 전 생일을 맞
이하게 되자 8월 6일부터 15일까지 매일 성대한 연희가 공연되었다는
기록도 있다.

---

[115] 총면적 686㎡에 20.71m의 높이로 만들어진 창음각은 3층으로 맨 윗층은 복대
(福臺), 중간층은 녹대(祿臺), 아래층은 수대(壽臺)라 하였다.

3. 사냥

고대로부터 제왕들 가운데는 사냥을 즐기는 자가 적지 않았다. 본시 사냥은 연무(鍊武), 제해(除害)와 더불어 사냥물을 종묘에 바친다는 여러 가지 목적을 지니고 있었으나 대부분의 제왕들은 사냥을 오락의 일환으로 간주하였다. 궁중에서는 즐길 수 없는 사냥의 매력에 빠져 정사를 게을리 한 군주도 적지 않아 초 장왕, 한 무제 같은 이는 주위의 우려를 자아내기도 하였다.

심지어는 사냥에 빠져 나라의 멸망을 재촉한 군주도 없지 않았다. 북제의 후주(後主, 565~576) 고위(高緯, 556~578)는 풍숙비(馮淑妃)[116]를 총애하여 그녀가 좋아하는 사냥에 함께 빠져들었다. 북주와의 전쟁이 한창일 때도 사냥에 몰두하였던 그는 수도가 적군에 함락될 때도 숙비와 함께 사냥에 여념이 없었다.

청대의 황제들 역시 사냥을 몹시 즐겼다. 청대 초기에는 만주족의 습속을 보존한다는 의미에서 매년 가을 한 차례 사냥을 제도화시키기도 하였다. 청대 가장 사냥을 즐긴 황제는 강희제로 사냥의 횟수도 빈번하였을 뿐만 아니라 사냥물도 풍부하여 강희 22년(1683) 2월의 10일간 호랑이 8마리를 사살한 기록이 보일 정도이다. 강희는 말년에 주변 사람들에게 자신의 평생 사냥성과를 이르길 호랑이 135마리, 곰 20마리, 표범 25마리, 늑대 96마리, 멧돼지 132마리 이외에 사슴 수백 마리 등 부지기수에 이른다고 자랑하였다. 더욱 놀라운 것은 그가 하루에 토끼 318마리를 잡았다는 기록이 보일 정도이다.

---

[116] 생몰연대는 미상으로 본명은 풍소련(馮小憐)이다. 악기를 잘 다루고 가무에 능하여 숙비(淑妃), 좌황후(左皇后)에 봉해졌다. 577년 북제가 멸망하자 북주의 수도인 장안으로 압송되어 무제(武帝) 우문옹(宇文邕)의 동생인 대왕(代王) 우문달(宇文達)의 후궁으로 분배되었다.

건륭제의 사냥 애호 또한 할아버지인 강희제에 못지않았다. 건륭 8년 (1743) 조상의 능묘를 참배하기 위해 첫 번째 동순차 성경(盛京, 심양)으로 향하던 건륭제는 도중에 직접 팔기군을 이끌고 대규모 수렵활동을 펼쳤다. 당시 사냥은 사병들을 훈련시키기 위한 목적도 있었다. 현재 북경 고궁박물원에 소장되어 있는 홍력자호도(弘曆刺虎圖)가 당시 건륭이 호랑이를 사냥하던 모습을 그린 것이다. 그림에는 3명의 용사가 설봉창(雪鋒槍)을 들고 호랑이와 대치하고 있는 모습이 그려져 있는데 중간에 서 있는 인물이 건륭이다. 지존의 몸임에도 직접 호랑이를 상대하고 있는 이 그림을 통해서 건륭이 얼마나 사냥을 즐겼는지 알 수 있다.

강희, 건륭 등은 매번 승덕(承德)에 있는 황실수렵장을 갈 때마다 초록(哨鹿)이라는 사냥법을 즐겨하였다. 초록은 추분 전후 무렵에 행하였다. 새벽 무렵 인공으로 만든 사슴머리를 쓴 사람 한 명을 미리 수풀사이에 숨겨두어 사슴을 유인하는 녹초를 불게 하는 것으로 사냥이 시작되었다. 대나무, 나무, 동 등으로 만들어 상아처럼 생긴 녹초는 길이가 2~3척으로 이것을 불면 사슴의 울음소리 비슷한 소리가 나게 되어 있었다. 추분 전후 초록을 하는 까닭은 이때가 숫사슴의 발정기이기 때문이다. 또한 해가 뜨고 나면 녹초를 불어도 사슴이 모이지 않기 때문에 새벽 무렵에 사냥을 시작하였다.

매번 초록을 행하는 날이면 황제는 직접 말을 몰고 3무리의 시위(侍衛)와 수행원을 이끌고 초록지점으로 향하였다. 대략 어영에서 10리 정도 떨어진 곳에 제3대를 남겨두고, 다시 4~5리를 더 간 곳에 제2대를 남겨둔 뒤 2~3리를 더 가 초록지점 인근에 제1대를 남겨 두었다. 그런 뒤 황제는 시위와 수종대신 10여 명만 데리고 초록지점에 은폐하였다. 사슴떼를 발견하면 사슴머리를 쓴 사람이 녹초를 불어 사슴을 유인하였다. 사슴이 나타나면 황제는 매복지점에서 조총이나 활을 이용하여 사냥하고 잡은 사슴의 피는 그 자리에서 나누어 마셨다. 건륭은 초록과 같은 소규모 수렵활동을 몹시 즐겨하였다. 이를 기념하기 위해 건륭은 1741년 낭세녕(郎世寧, Giuseppe Castiglione, 1688~1766)에게 폭 3.2m 높이 2.7m에 이르는 홍력초록도(弘曆哨鹿圖)를 그리게 하였다.

4. 축국(蹴鞠)

답국(蹋鞠) 혹은 답국(踏鞠)이라고도 칭한 축국은 중요한 궁중오락의 하나였다. 여기서 답, 답, 축은 모두 발로 찬다는 의미이며 국은 공의 명칭으로 구(毬)라고도 하였다. 축국의 역사는 상당히 오랜 것으로 한의 유향(劉向)이 편찬한 『별록(別錄)』에는 축국이 황제(黃帝)대부터 전해져 내려온다는 기록이 보일 정도이다. 그러나 축국의 기원이 언제인가 하는 문제는 사실 밝혀내기 쉽지 않다. 다만 춘추전국시대부터 유행했다는 것으로 보아 그 역사가 오래되었음은 분명하다 하겠다.

전한 초년 유방은 그의 부친을 위해 장안 부근에 축구장을 마련했다는 기록이 보인다. 황제에 즉위한 유방은 아버지에 대한 효심을 보이기 위해 고향 풍읍(豐邑)에서 아버지를 장안으로 모셔왔다. 그런데 장안으로 올라온 뒤부터 유방의 아버지는 매일 시름에 겨워하며 웃는 모습을 볼 수 없었다. 원래 고향사람들과 투계와 축국을 즐기던 그가 궁정에서는 이런 오락을 즐길 수 없게 되자 궁중생활이 즐겁지 않았던 것이다. 이를 알게 된 유방은 서둘러 장안 부근에 풍읍을 그대로 옮겨놓은 듯한 신풍(新豐)을 조성하고 고향사람들을 모두 이곳으로 이주시켜 아버지와 어울리도록 하였다. 이때부터 투계와 축국이 장안에 널리 유행하여 관료귀족과 황실도 이를 즐기기 시작하였다.

무제 역시 축국의 애호가였다는 기록도 보인다. 서역을 평정한 뒤 축국에 능한 호인(胡人)을 얻은 무제는 그의 축국실력에 매료되어 본인도

직접 경기에 참가할 정도로 축국을 좋아하였다. 성제(成帝) 또한 축국
을 좋아하여 직접 경기에 나섰던 관계로 과도한 체력소모를 염려한 신
료들로부터 축국을 그만두라는 간언을 들을 정도였다. 그럼에도 축국
을 그만두지 않을 정도로 황제가 심취하자 자연 신민들도 축국에 빠져
전한 후기에는 사회에 보편화되었다.

당에 이르러 축국은 크게 발전하였는데 우선 국에 큰 변화가 있었다.
원래 국은 동물의 털을 모아 원형으로 만든 것이었다. 그런데 당 초기
에 이르러 안에 동물의 오줌보를 넣어 공기를 불어넣은 다음 겉을 가죽
으로 덮은 공심구(空心球)가 선을 보이기 시작하였다. 공심구는 중량이
나 탄력면에서 이전의 실심구(實心球)와는 비교할 수 없을 정도로 진보
된 것이었다. 이로써 축국은 새로 축구(蹴毬)라는 이름이 더해져 양자
가 혼용되었다.

또한 당대에 이르러 골문에 대한 개혁도 이루어졌다. 그 중 하나는
두 개의 골문을 두고 축국을 행한 것으로 오늘날의 축구와 다를 바 없
는 것이다. 다른 하나는 하나의 골문만 두어 이를 사이에 두고 어느 편
이 골을 많이 넣느냐로 승부를 가린 것이다. 이 방법은 이전보다 격렬
한 정도가 낮아지기는 하였으나 오락성이 더욱 배가된 경기방법이었
다. 축국을 좋아한 당 태종과 현종은 황실 정원 가운데 대규모 축구장
을 건설하고 전문적으로 이를 관리하는 관원을 파견할 정도로 당시 축
국은 대단히 유행하였다.

송대에도 축국은 매우 성행하여 궁중에 축국단이 두어졌다. 대원은
3등급으로 나뉘었는데 상급을 구두(毬頭), 중급을 차구두(次毬頭), 3등
을 보통대원이라 칭하였다. 각 팀은 구두 1명, 차구두 2명, 보통대원 10
여 명으로 구성되었으며 조정에 중대한 연회가 있으면 대부분 축국경
기가 벌어졌다. 또한 당시에는 혼자서 묘기를 부리는 백타(白打)도 크
게 유행하였다.

송원 이후 축국은 점차 쇠락하기 시작하였다. 특히 명 태조는 축국을 향락과 동일시하여 이를 금지하는 명령을 내리고 어기는 자는 중벌에 처하였다. 이런 연유로 천 수백 년 동안 성행하던 축국은 청대에 이르러서 완전히 맥이 끊기게 되었다.

5. 마구(馬球)

말 위에서 막대를 휘둘러 공을 치는 운동인 마구는 삼국시대에는 격국(擊鞠), 당대에는 격구(擊球) 혹은 타구(打球)로 불렸다. 공을 치는 막대는 구장(球杖)이라 칭하였다. 구장은 길이가 몇 척 정도의 목제로 끝이 초승달 모양으로 구부러져 마치 오늘날의 아이스하키용 스틱과 흡사하였다.

마구에 사용하는 공은 가죽으로 만들어졌는데 안에 털을 넣어 탄성을 유지하도록 하였다. 다른 설에 따르면 공은 주먹만한 나무로 만들어져 안이 비어 있었고 겉에는 붉은 칠을 입혔다 한다. 오랜 역사를 지닌 체육활동인 마구는 고대 전쟁과 생활 중 마필의 사용 범위가 확대되면서 널리 발전되었다. 또 다른 설에 따르면 마구는 당대 서역에서 처음 전해진 것이라 한다. 그러나 조식(曹植)의 「명도편(名都篇)」에 이미 마구에 관한 기록이 있는 것으로 보아 최소한 후한 시대 이미 마구가 선보였음을 알 수 있다.

당대에 이르러 마구가 상당히 유행하여 궁중에서도 이를 중요한 체육활동의 하나로 즐겨하였다. 당대에는 고조 이연으로부터 시작하여 측천무후를 비롯한 20여 명의 황제가 대부분 마구를 즐겨하였다. 당의 봉연(封演)이 쓴 『봉씨문견기(封氏聞見記)』에 따르면 당 태종, 현종이 특히 마구를 즐겨하였으며 현종의 경우는 마구에 대단한 재질을 보이

기도 하였다. 여타 목종, 경종, 소종, 선종 역시 마구를 즐겨하였다. 무
종대 주보(周寶)는 순전히 마구에 능한 배경으로 황제의 은총을 입어
금오장군(金吾將軍)의 직에 올랐다. 후일 마구 경기도중 부상을 당하여
한쪽 눈이 실명하였음에도 주보의 관운은 형통하여 공부상서(工部尚
書), 경원절도사(涇原節度使)의 자리까지 차지하였다.

6. 투계(鬪鷄)

투계 역시 상당히 오랜 오락활동으로 『장자(莊子)』「달생편(達生篇)」,
『전국책(戰國策)』「제책(齊策)」등에 이미 투계에 관한 기록이 보일 정도
이다.

조조의 아들인 조비와 조식은 투계를 즐겨 손님들을 불러 모아 함께
투계를 관전하였으며 조식은 「투계편(鬪鷄篇)」을 남겨 생동감 넘치는 투
계의 현장을 잘 묘사하였다. 북제의 유주(幼主) 고항(高恒)은 자신이 기
르는 투계에게 관작(官爵)을 내리기까지 하였다.

당에 이르러 위로는 왕공으로부터 아래로는 일반평민에 이르기까지
사회 전체적으로 투계가 성행하였다. 특히 현종은 투계를 너무 좋아하여
투계황제라는 별명으로 불릴 정도였다. 현종은 궁중에 계방(鷄坊)을 두
고 장닭 천 여 마리를 사육하였다. 이를 위해 동원된 인원만도 500명으로
이들은 투계의 사육과 훈련을 전담하였다.

현종은 13세에 불과한 가창(賈昌)을 이들 500명의 우두머리로 임명하
였다. 매년 만수절, 청명 혹은 대형 연회가 있는 날은 반드시 궁정에서
황실의 투계를 전시하는 행사가 벌어졌다. 현종은 가창에게 특별한 은혜
를 베풀어 엄청난 선물을 하사하였다. 개원 13년(725) 가창은 투계 300마
리를 거느리고 현종을 따라 태산에 올라 제천의식에 참가하기도 하였다.

7. 투실솔(鬪蟋蟀)

실솔(蟋蟀, 귀뚜라미)은 촉직(促織), 공(蛩)이라고도 불리며 울음소리
가 맑고 싸움에 능한 곤충이다. 고래로부터 사람들은 두 마리 귀뚜라미
가 싸우는 모습을 보고 즐거워하며 내기를 걸기도 하였는데, 이러한 풍
습은 맨 처음 궁정에서부터 시작되었다. 기록에 따르면 투실솔은 당 현
종 천보(天寶, 742~755) 연간부터 시작되어 당시 장안의 부호들은 다투
어 엄청난 돈을 주고 싸움에 능한 귀뚜라미를 사모으기 바빴다.

명 선종(宣宗, 1426~1435)은 특히 귀뚜라미 싸움을 좋아하여 한때 소
주지부(蘇州知府)에게 명하여 귀뚜라미 1천 마리를 잡아 올리도록 칙령
을 내리기도 하였다. 명령을 받은 지방관은 백성들에게 귀뚜라미 잡이
를 명하여 백성들의 고생이 이만 저만이 아니었고 그 중에는 제때에 귀
뚜라미를 잡아 바치지 못하여 큰 화를 입는 자도 적지 않았다. 청대 문
학가인 포송령(蒲松齡)117)의 단편소설집 『요재지이(聊齋志異)』118)에 수
록된 「촉직(促織)」이라는 소설은 바로 황제의 귀뚜라미 싸움 취미가 만
들어낸 비극을 생생하게 묘사하고 있다.

---

117) 포송령(1640~1715)의 자는 유선(留仙) 혹은 검신(劍臣)이며 별호는 유천거사
(柳泉居士)이다. 세간에서는 그를 요재선생이라 불렀고, 포송령 스스로는 이
사씨(異史氏)라 자칭하였다. 현 산동성(山東省) 치박시(淄博市) 출신이다. 여
러 차례 과거시험에 실패하자 사숙을 열어 호구지책으로 삼았다. 말년에 유
명한 문언 단편소설집인 『요재지이(聊齋志異)』를 창작하였다.

118) 『요재(聊齋)』라 간칭하며 『귀호전(鬼狐傳)』이라는 이름으로 널리 알려져 있
다. 요재는 포송령이 쓰던 서재의 이름으로, '요재지이'는 서재에서 기이한 이
야기를 기록했다는 의미이다. 판본에 따라 491편 혹은 494편의 단편소설이
수록된 것으로 전해지고 있다.

8. 사금양수(飼禽養獸)

고대로부터 제왕들은 맹금, 맹수사육을 위해 전담기구를 설치하고 관원을 배치하였다. 당대의 경우는 골(鶻), 조(鵰), 요(鷂), 응(鷹), 구(狗) 5방(坊)을 두어 사냥용으로 이용하였다.

청대에는 내무부에 양응요처(養鷹鷂處)를 두고 사냥 시 사용할 응견 (鷹犬)의 사육을 관장토록 하였는데 관리를 위해 왕공, 어전대신, 시위 등 관원 3인을 파견하였다. 이외에도 궁중에서 사육하는 동물의 수는 헤아릴 수 없을 정도였다.

황제가 동물과 새 관상을 즐겨하는 경우 지방관들은 특이한 동물이 잡히면 모두 궁정에 진헌하였다. 이 경우 맨 먼저 황제의 어람(御覽)이 있은 뒤 양생처(養牲處)에 보내져 사육하도록 하였다. 이와 동시에 태감총관이 경사방(敬事房)에 게첩(揭帖)을 내려 각종 동물의 사양에 필요한 사료의 종류와 양 및 주의해야 할 사항을 일러주게 되면, 경사방은 다시 양생처에 이를 통보하여 규정에 따라 사육토록 하였다.

궁중에서 사양되는 동물의 사료는 당연히 일반 민간에서 사용하는 것보다 우수한 것들을 이용하였다. 예를 들어 까치 한 마리의 사료로는 매달 쌀 1되, 매일 돼지 안심살 1조각, 계란 1개로 정해져 있었다. 궁중에서 일정기간 사육된 동물은 시간이 지나면 일부는 원명원과 같은 황실 원림에 보내지고 일부는 신하들에게 주어졌다.

명대 궁중에는 전적으로 고양이 사육만을 담당하는 묘아방(猫兒房)이 있었다. 이곳의 고양이들은 모두 이름이 있어 수컷은 '모소시(某小廝)', 거세된 고양이는 '모노야(某老爺)', 암컷은 '모아두(某丫頭)'라 칭하였으며 전체적으로는 '모관사(某管事)'라고 고양이를 칭하였다. 황제의 총애를 받는 이들 고양이는 전담 사육사가 파견되어 사육을 맡고 죽은 뒤에는 안장하고 비를 세워주기도 하였다.

청대 궁중에는 사냥용과 애완용 등으로 수많은 개가 사육되었다. 이를 위해 내무부 안에는 내외양구처(內外養狗處)가 설치되어 수많은 인원이 파견되어 동물들을 관리하였다. 옹정제는 특히 개를 좋아하였기에 각지에서 진헌된 명견이 이루 헤아릴 수 없을 정도였다. 옹정제는 애견을 위해 친히 개집의 크기와 재료, 옷·방석의 재료, 양식과 도안까지 일일이 규정하였다. 마지막 황제인 부의는 퇴위 후에도 궁중에 100여 마리의 개를 길렀는데 전담사육사를 두고 매일 돼지 간, 쌀밥 등을 사료로 먹여 그 비용만도 만만치 않았다.

9. 순행(巡幸)

궁을 벗어나 경치 좋은 산천을 유람하는 것 역시 역대 황제들이 즐겨한 여가활동의 하나였다. 다만 황제가 한 차례 순행할 때마다 거기에 소요되는 시간과 경비가 엄청나 백성들의 부담을 크게 가중시켰다. 역대 황제들이 궁을 떠나 천하를 유력(遊歷)한 사례는 매우 많았지만, 순행의 목적과 까닭은 각기 달랐다.

역사상 처음으로 전국적인 범위 내에서 통일적 중앙집권체제를 완성한 진시황은 자신의 공덕을 널리 떨쳐 보이고 싶었다. 더불어 천하를 안정시키기 위한 정치적 목적 외에도 각지의 군사와 정무를 직접 눈으로 확인하고 신선을 찾기 위해, 태산에 올라 하늘에 제사지내어 인간세상을 다스리는 자신의 통치권이 하늘로부터 부여받은 것임을 표시하기 위해 전국을 순행하기로 결심하였다. 전후 5차례 전국을 순시한 진시황의 족적은 북으로는 진황도(秦皇島)로부터 시작하여 남으로는 강소·절강·호북·호남에 미쳤다. 동으로는 산동의 연해지역 곳곳을 두루 살피고 가는 곳마다 돌에 자신의 위업을 새겨 기념으로 남겼다.

　　장차 순행을 위한 준비의 하나로 치도(馳道)119)건설을 명한 진시황은
천하통일 다음해인 기원전 220년 첫 번째 순행길에 나섰다. 후방을 공
고히 하기 위한 목적에서 순행을 시작한 진시황은 현재의 영하 서부와
감숙 동부 등지를 돌아보고 자신의 조상들이 터전으로 삼았던 감숙 동
남부 천수(天水)와 예현(禮縣)도 둘러보았다. 이곳에서 동쪽으로 방향을
바꾼 진시황은 섬서 경내로 접어들어 보계(寶雞), 기산(岐山), 봉상(鳳
翔)을 거쳐 함양으로 귀환하였다.

　　진시황의 두 번째 순행은 첫 번째 순행을 마친 바로 다음해에 이어졌
고, 당시 주요 순행방향은 동방의 여러 군현(郡縣)이었다. 동부지역은
본시 대부분 전국시대 6국의 통치영역에 포함되어 통일전쟁 과정에서
새롭게 설치된 군현이 많았다. 이런 까닭에 진시황은 이 지역의 군사와
정무를 직접 살펴보고자 하였다. 순행과정에서 진시황은 봉선을 행하
고 명산대천에 제사를 지내는 등 각종 의식을 행하였는데, 이는 통치권
강화를 위한 수단의 하나이기도 하였다. 두 번째 순행 도중 진시황은
처음으로 태산에 올랐고 산동 연해지역을 거쳐 강소, 안휘, 하남, 호남
등지를 돌아본 뒤 섬서 상현(商縣)을 거쳐 함양으로 귀환하였다.

　　기원전 218년의 세 번째 순행 시 진시황은 현 하남성 양무(陽武) 박랑
사(博狼沙)에서 자객을 만나기도 하였다. 따라서 다른 때의 순행에 비

---

119) 수도인 함양을 중심으로 사면팔방으로 연결된 치도는 오늘날의 고속도로와
같은 기능을 하였다. 당시 저명한 치도는 아래 몇 개의 노선이 있었다. 상군
도(上郡道)는 함양에서 섬서성 북부까지 연결되었다. 함양에서 출발 황하를
건너 산서성까지 연결되는 노선은 임진도(臨晉道)라 하였다. 함곡관을 거쳐
하남·하북·산동 등 동부로 이어지는 노선은 동방도(東方道)라 칭하였다. 현
섬서성 동남부, 하남성과 호북성의 경계지대에 위치한 상락(商洛)에서 동남
부로 연결되는 노선은 무관도(武關道), 진령(秦嶺)을 넘어 사천으로 연결되는
노선은 잔도(棧道)라 하였다. 이외에 현재의 농현(隴縣)을 거쳐 영하·감숙으
로 연결되는 서방도(西方道), 현재의 순화(淳化)에서 구원(九原)까지 통하는
직도(直道) 등이 있었다. 『한서』의 기록에 따르면 평탄한 곳의 직도는 넓이가
50보였으며 약 7m 간격으로 나무 한 그루를 식재하였다.

해 길지 않은 시간의 대부분은 산동반도 연해지역에서 보냈다. 이는 신선들이 산다는 섬에 사람을 보내 불로장생의 영약을 구하기 위해서였으며, 이를 위해 서복(徐福)이 이끄는 500명의 선남선녀를 파견하였다.

세 번째 순행에서 돌아와 2년을 쉰 진시황은 기원전 215년 네 번째 순행이자 일생 중 유일한 북순(北巡)에 나섰다. 동관(潼關)에서 황하를 건너 한단(邯鄲)을 거친 진시황은 진황도를 지나 산해관 밖까지 행차하였다. 현재 요녕성에 속하는 수중(綏中)까지 북상한 뒤 내몽고로 방향을 튼 진시황은 섬서의 유림(楡林), 연안(延安)을 거쳐 남하하여 함양에 당도하였다. 북순에 즈음하여 진시황은 30만 명을 동원 함양에서 내몽고 포두(包頭)에 이르는 전장 700km의 직도를 건설하도록 하였다.

기원전 210년 10월 진시황은 마지막 순행에 나섰다. 이번의 순행은 이전과는 달리 '여행'이라는 개념이 강하였다. 호북, 호남, 안휘, 강소를 거쳐 절강 회계(會稽)에서 북상한 진시황은 산동 래주(萊州)에서 서쪽으로 방향을 틀어 함양으로 향하던 도중 현재의 하북성 형태시(邢台市) 부근인 사구(沙丘)에서 병사하였다. 천하통일 후 사망까지 10여년 사이에 다섯 차례나 함양을 벗어나 천하를 유력하였다는 점에서 진시황은 상당히 빈번하게 순행을 행한 황제라 할 수 있다.

순행을 위해 수도를 비운 시간이 가장 길었던 황제는 수 양제였다. 14년의 재위기간 중 11년은 전국 각지를 순행하였던 양제는 궁중생활의 따분함을 벗어나기 위해 대업 원년(大業, 605) 8월 첫 번째 순행지로 강도(江都)를 찾았다. 한동안 이곳에 머문 양제는 다음해 4월이 되어서야 육로를 통해 낙양으로 귀환하였다.

당시 그를 따른 수행원은 거의 20만에 육박하였으며 양제가 탄 4층 용주(龍舟)는 높이가 45척, 길이가 200척에 이르렀다. 용주의 맨 윗층은 내전과 동서의 조당(朝堂)이 배치되고, 중층에는 금은보화로 치장된 방이 120간, 하층은 태감들의 거처가 마련되었다. 용주의 뒤로는 황후가 탄 상리주(翔螭舟), 비빈이 탄 소수전(小水殿) 혹은 부경주(浮景舟)가 뒤따랐다. 이외에도 양채(漾彩), 주조(朱鳥), 창리(蒼螭) 등 이름을 붙인 수천 척의 선박이 왕공, 제왕, 공주, 백관, 승니, 도사, 번객을 태우고 혹은 필요한 물품을 싣고 뒤를 따랐다.

이상의 대선단을 위해 동원된 인원 가운데 약 8만 명은 배를 끌기 위한 장정들이었으며 양채급 이상의 선박을 끄는데만 9천 명 이상이 동원되었다. 이뿐만이 아니고 평승(平乘), 청룡(靑龍) 등 이름을 붙인 수천 척의 선박에는 각종 무기와 치중(輜重)을 싣고 병사가 승선하였으며 이들의 선박은 병사들이 직접 끌도록 하였다. 전후 200리에 달한 어마어마한 규모의 대오는 50일에 거처서야 비로소 후미가 출발할 수 있을 정도였다. 세 차례 강도를 순행한 양제는 자신과 수행원이 탄 선박이 자유롭게 오갈 수 있도록 수많은 인원을 동원하여 2천리에 달하는 통제거(通濟渠)를 개착하기도 하였다.

607년과 608년 연달아 만리장성 밖 내몽고를 돌아본 양제는 609년에는 서역의 길목인 감숙 장액(張掖)까지 걸음하여 수많은 서역의 사신들을 접견하였다. 610년 재차 강도를 유람한 양제는 611년부터 614년까지는 세 차례 고구려에 친정하느라 한동안 순행에 나서지 못하였다. 고구려와의 전쟁이 끝난 직후인 615년, 양제는 다시 장성 밖까지 순행에 나섰다가 돌궐족에게 포위되는 고초를 겪기도 하였다. 616년 양제는 세 번째로 강도에 행차하였으나 다음해 봄부터 곳곳에서 반란이 발생하여 낙양으로 귀환하지 못하고 결국 반란군에 의해 목매어 죽임을 당하였다.

61년의 재위기간 강희제는 3차례 '동순(東巡)'과 6차례 '남순(南巡)'을 행하였다. 1671년, 1682년, 1698년 왕공대신을 거느리고 관외의 동북지구를 순행한 강희제는 성경(盛京)에서 조상들의 능묘를 참배한 뒤 길림의 변경지대까지 행차하여 동북 변방의 정치와 군사를 공고히 하려는 목적을 달성하였다.

재위기간 여섯 차례 화중과 화남지역을 돌아본 강희제의 남순은 기존 황제들의 순행 목적과는 다른, 사회안정에 주안점을 둔 매우 특별한 의미의 순행이었다. 1644년 입관(入關) 후 장기간 반청복명(反淸復明)을 기치로 내건 각지의 기의와 삼번의 난을 진압한 청은 대만(臺灣)의 정씨왕국(鄭氏王國)을 굴복시킴으로써 비로소 전 중국에 대한 통치권을 공고히 할 수 있게 되었다.

그러나 수십 년간 이어진 정권공고화 과정에서 피치 못하게 발생한 다수의 전란은 다량의 인구감소와 토지의 황폐화로 인한 사회경제적 폐퇴현상을 막을 수 없었다. 따라서 평화시기 첫 번째 요무는 생산을 신속히 회복시키고 발전시켜 민심을 안정시키는 것이었다. 이에 강희제는 민심을 이해하고 아우르기 위해 강남을 순행하며 치수상황을 시찰하고 이재민을 구제하였다.

즉위 23년째인 1684년 9월 첫 번째 남순에 나선 강희제는 태산에 올라 하늘에 제사지낸 뒤 황하의 치수와 조운(漕運) 등 상황을 직접 살피고 이재민을 위로한 뒤 정확히 두 달만에 궁으로 귀환하였다. 1689년 두 번째 남순에 나서 역시 황하의 치수사업에 큰 관심을 보였던 강희제는, 이후 한동안은 러시아 세력의 동진에 맞서 변경지대의 사무를 처리하느라 순행에 나설 여유를 갖지 못하였다. 두 번째 남순을 마친 뒤 10년이 지난 1699년 세 번째 남순에 나선 강희제는 이후 1703년, 1705년, 1707년 세 차례 더 남순을 행하였다. 후기의 남순도 역시 치수상황을 살피고 민심을 안정시키는데 주안점을 두었다. 또한 공묘(孔廟)와 우릉(禹陵)은 물론이거니와 주원장의 능에서도 제사를 지냈다. 이는 한족에 대한 존경을 표시하고 한족의 마음을 다스리기 위한 것이었다.

중국역사상 출순(出巡)의 횟수가 가장 많고 가장 빈번했던 황제를 꼽으라면 단연 건륭제를 지목하지 않을 수 없다. 실록(實錄)과 당안(檔案) 자료들을 종합해보면 건륭제는 6차례의 남순 외에 열하 피서산장을 찾고 가을철 사냥을 위해 52차례 북경을 비웠다. 또한 조상들의 능묘인 동릉과 서릉 및 성경 3릉을 배알하기 위해 66차례, 태산과 곡부 방문을 위해 8차례, 숭산과 오대산을 각기 1차례와 6차례 방문하여 총 150여 차례 순행하였다.

건륭제는 「어제남순기(御制南巡記)」에서 재위기간의 가장 큰일로 서북쪽 변강지역의 안정과 남순을 꼽을 정도로 특히 강남지역 순행을 중시하였다. 건륭이 남순을 행한 것은 한족 사대부와 상인들을 회유하고 민정을 살핀다는 정치적 목적도 중요하였지만, 강남의 풍부함과 북방과는 다른 경치를 즐기자는 목적이 있었음도 부인할 수 없을 것이다.

1751년, 1757년, 1762년, 1765년, 1780년, 1784년 여섯 차례 강남을 순행한 건륭제는 순행 시마다 매번 강녕부(江寧府, 현 남경시)와 소주, 항주, 양주 등 강남의 중요도시를 빠짐없이 방문하였다. 조부 강희제의 순행목적이 민심을 살피고 아우르기 위한 것이었음에 비해 건륭제의 순행은 경치가 아름다운 곳을 둘러보는 것이 첫 번째 목적이었다. 북경에서 출발하여 항주를 되돌아오는 길은 수로와 육로를 합쳐 약 6천리에 이르러 매번 남순은 대략 3~4개월이 소요되었다.

처음 4번째까지 매번 남순 때 건륭은 황태후, 황후, 비빈을 대동하였으며 여타 수행원은 왕공대신에서 호위병을 합해 대략 2,500명 정도였다. 수로를 이용할 경우 약 1천 척의 선박이 동원되고 3,600명이 6조로 나뉘어 밧줄을 당겼다. 육로로 행진시에는 대신 1인당 5필에서 병사들에게는 1인당 1필의 말이 배당되어 대략 6천 필이 동원되었다. 이외에도 천막, 식기, 각종 용구를 실은 낙타 700필이 동원되고 연도의 지방관은 수천 이상의 인부를 대기시켜 잡일을 거들도록 하였다.

본시 식성이 까다롭기로 유명한 건륭의 환심을 사기 위해 연도의 지방관들은 온갖 산해진미를 구해 바치기 바빴다. 남순 행렬이 출발하기 전 궁정에서는 젖소 75마리와 양 1,000마리를 먼저 지정된 지방에 보내 이용하도록 하였으며 부족시에는 계속 보급하였다. 건륭이 마시는 식수는 매일 북경에서 운반하거나 각 지방에서 얼음과 천수(泉水)를 공급하였다. 예를 들어 직예에서는 정의원(靜宜園)의 천수, 산동에서는 제남의 진주(珍珠)천수, 강소에서는 진강의 금산(金山)천수, 절강에서는 항주의 호포(虎跑)천수가 공급되었다. 건륭이 매번 남순할 때마다 연도의 지방관이 바치는 비단과 은패 등 공물의 양도 대단하였다.

강남에 도착한 뒤 건륭은 운하의 정비상황을 시찰하고 서호의 명승을 두루 찾아 관상하였다. 이어 서원에 들러 직접 시제를 내고 재주가 뛰어난 선비는 문학시종으로 삼았다. 황후와 직조아문에 들러 장인들의 비단 짜는 모습을 살펴보기도 하였다. 전당강을 건너 소흥(紹興)에 있는 우(禹)의 능을 참배하였으며 귀경길에는 남경에 들러 명 태조의 능묘에 제사를 올리기도 하였다. 곡부에서는 공묘에 예를 올리기도 하였다.

여섯 차례 남순은 이해득실이 분명하였다. 남순을 통해 건륭제는 강남의 관풍(官風)과 민정(民情)을 비교적 소상히 파악할 수 있었고, 이는 강남의 사회경제적 안정과 생산발전에 적극적인 작용을 하였다. 그러나 다른 한편으로 매번 순행에는 은 백만냥 이상이 소요되고 백성들에게도 커다란 부담으로 작용하였다. 말년에 이르러 건륭제 스스로도 "남순이 국가재정과 백성들의 삶에 큰 부담을 안겨주었다"고 반성하였다.

제7장

황제의 상례(喪禮)와

능침(陵寢)

　자고로 죽지 않는 사람은 없다. 사람이 죽은 뒤 처리방식은 각 역사 시기마다, 각 민족마다 달랐다. 사후 처리방식은 또한 인류사회의 발전, 종교의 탄생과 더불어 점차 인간사의 매우 중대한 한 단계로 간주되었다. 원시사회 초기에는 사람이 죽으면 매장만 하거나 심지어는 그대로 방치하여 자연적으로 썩도록 하였다. 그러나 시간이 흐르면서 영혼불멸의 관념이 생겨나고, 이에 따라 사람이 죽으면 묘장하는 관습도 생겨나게 되었다. 종교 또한 이러한 관념과 관습에 기원을 두고 발전한 것이다.

　인류문명의 진화과정에서 어느 때부터인가 사람들은 육체는 영혼을 담는 껍데기에 불과하다는 인식을 갖기 시작하였다. 사람이 죽으면 영혼은 육체를 떠나 신비로운 영적세계에 들어가 그곳에서 계속 살아 움직인다고 인식하였던 것이다. 원고시대 사람들은 아직 자기 신체의 구조에 대해 제대로 알지 못하였고 종종 꿈에 나타난 현상들의 영향을 받아 인간의 사유와 감각은 신체의 활동이 아니라 신체 중에 깃들어 있다 사람이 죽으면 신체를 벗어나는 영혼의 활동이라고 믿기 시작하였다. 이때부터 사람들은 영혼과 외부세계와의 관계를 궁구하기 시작하였다. 사람이 죽으면 육체를 떠난 영혼은 계속 살아있다고 믿기 시작하면서 영혼불멸의 관념이 생겨나기 시작한 것이다.

　영혼불멸의 관념은 귀신에 대한 숭배를 낳게 하였고, 이로써 종교가 생겨나 인류사회에 거대한 작용을 미치게 되었다. 또한 이때부터 점차 엄숙하고도 복잡한 제사숭배의 예의제도와 매장제도가 생겨나기 시작하였다. 곧 영혼불멸의 관념이 생겨나면서 자연스럽고도 필연적으로 죽은자의 매장문제가 대두되었고, 사회의 변화발전과 종교관념의 증강에 따라 매장의 형식과 내용도 갈수록 확대되고 복잡화되었다.

　중국의 역대 제왕을 비롯한 통치계급은 매장제도를 더더욱 중요시하였다. 지고무상의 황권을 널리 드러내 보이고, 이를 통해 피통치자들에게 위압감을 안겨주기 위해, 역대 제왕들은 자신의 사후 거처인 능침의 건설과 관련된 제사의식의 수립에 특별한 주의를 기울였다.

고고학적인 발굴성과와 고문헌의 기록을 통해 밝혀진 바에 따르면 중국에 분묘형식의 매장법이 처음 시작된 것은 춘추시대 후반부터이다. 곧 기원전 6~5세기 이전까지 중국인들은 사람이 죽으면 봉분을 만들거나 주위에 나무를 심는 관습이 없이 묘지를 평지와 다름없이 만들었다.

춘추 말기 이후 수 천 년간 역대 제왕의 능묘가 중국 곳곳에 거대한 규모로 세워지게 되었는데, 현재까지 알려진 것만으로도 그 규모와 숫자는 세계에서 유례를 찾아볼 수 없을 정도이다. 역대 제왕의 능침은 단순한 의미에서 보면 이미 사망한 제왕의 제사를 지내기 위해 마련된 것이긴 하지만, 그 기원과 제도의 변화과정을 살펴보면 당시 사회의 변혁 및 정치정세의 변동과 밀접한 관계가 있음을 알 수 있다.

제1절 황제의 상례

　고대 중국에서는 황제가 사망한 경우를 산릉붕(山陵崩) 혹은 가붕(駕崩)이라 하였으며, 황제가 사망한 뒤 시호를 올리기 전까지는 대행황제(大行皇帝)라 하였다. 대행황제란 인간세상을 떠났다는 의미이다. 선황제가 사망하면 궁중에서는 망자에게 시호라는 새로운 이름을 바치는 상시(上諡)전례가 펼쳐졌다. 시호는 고대 제왕, 귀족, 대신 등이 사망하면 그의 생전 사적에 맞는 칭호를 올리는 것이다. 예를 들어 명의 세 번째 황제인 주체(朱棣)의 연호는 영락(永樂), 묘호는 성조(成祖)이며 시호는 태종문황제(太宗文皇帝)이다.

　시책의 양식은 고대의 간책을 모방하였다. 곧 나무조각을 줄줄이 엮어 그 위에 선황제의 공덕을 찬양하는 글을 쓰고 마지막에 묘호와 시호를 적었다. 선황제가 사후에 사용할 보인(寶印)은 목재로 생전에 쓰던 옥새와 양식은 똑같이 만들고 묘호와 시호를 새겼다. 능묘에 수장될 명기(冥器)는 실물을 그대로 본떠 축소제작하였다.

　봉건시대 황제와 황후의 장례의식은 그들이 살아생전 누리던 각종 의식과 마찬가지로 장중하고 화려하게 진행되어 지고무상과 존엄함을 표현하였다. 명청대 황제의 장례는 번잡하면서도 세밀하게 계획된 장의에 따라 진행되었다. 명대의 능장제도는 영락제 주체의 능묘인 장릉

(長陵) 조성과정에서 비롯되었다. 이후 조성된 각 능원의 규제는 기본적으로 일치하였다.

황제가 사망하면 예부아문에서 장의의 모든 절차와 행할 의식을 정리한 장의단을 먼저 작성하였다. 황제의 관은 재궁(梓宮)이라 불렸으며 우선 궁중에 안치하였다. 발인 하루 전, 오문 밖에 운구도구인 대승여(大升輿)를 준비해두고 도식에 맞추어 명정(銘旌), 진정(眞亭), 신백여(神帛輿) 등 모든 의장을 진열하였다. 이날부터 황위계승자와 후비, 황자, 대신 등은 효복을 갖춰 입고 선황제의 관이 모셔진 대전에서 제례를 거행하였다. 발인 전날 저녁에는 사전(辭奠)이라 하여 고별의식이 행해졌다.

발인 당일에는 이승을 떠나 저승으로 향한다는 의미의 장의를 거행하였다. 이어 비단 여러 겹으로 관을 싼 뒤 간편한 운반도구에 실어 오문으로 옮겨갔다. 이곳에서는 이제 영원히 궁을 떠난다는 의미의 의식이 행해졌다. 황위를 계승한 새 황제는 여기까지만 선황제를 배웅하고 오문 밖으로는 나서지 않았다. 이는 이제 막 즉위한 상황에서 의외의 사건이 발생할 것을 염려하여 궁을 떠날 수 없었기 때문이다.

선황제의 관은 오문에서 미리 준비해 둔 대승여에 실려 단문으로 옮겨지게 된다. 이어 태묘에서 조상들과 작별하는 의식이 행해지고 관을 실은 대승여는 덕승문을 통해 능원(명 13릉)으로 향하였다. 능원으로 향하는 연도에는 제단이 차려져 왕공과 대신, 승려와 도사들이 제를 올렸다.

능원에 도착한 재궁은 잠시 형전(享殿)에 안치되고 간단한 의례를 마친 뒤 미리 예정된 시간이 되면 매장의 절차를 밟았다. 지궁(地宮)으로 관이 옮겨지는 과정에서 지궁문 밖에 관이 도착하면 시책, 보인, 명기 및 수장할 의복과 완상품을 각각의 자리에 놓아두는 장의가 행해지고 이 의식이 끝나면 관을 안치한 뒤 지궁문을 봉쇄하였다. 마지막으로 지궁 앞에서 행해지는 의식을 끝으로 황제의 장례는 끝이 났다. 이상이 명 영락제의 장례 절차였고, 명의 마지막 황제인 숭정제를 제외하고 여타 황제는 사후 모두 위와 같은 의식절차를 거친 뒤 매장되었다.

청대에 접어들어 황제의 장례제도는 더욱 번잡하고 엄격하게 치러졌다. 청대 황제의 장례는 흉례(凶禮)라 불렸으며 등극, 대혼, 만수절과 마찬가지로 중시되었다. 청대 황제의 장례는 예부와 란의위 및 내무사가 공동으로 맡아 진행하였으며 여기에 소요되는 비용은 가히 천문학적이었다.

청대 황제들은 생전에 자신의 능묘 위치를 정할 수 있었다. 청의 황제와 황후들의 능묘는 동릉과 서릉 두 곳 가운데 한 곳에 자리하였다. 그들은 재위 기간 자신의 '지하궁전'을 조성하였는데 자희태후의 묘지는 전후 35년에 걸쳐 완성되었다. 황제나 황후의 관은 운남에서 생산된 중국 특산의 금사남목(金絲楠木)을 사용하였다. 청의 제도는 황제의 관은 완성과정에서 49번의 옻칠을 하도록 규정하였다.

황제가 사망하면 당일 계위황제와 황자, 황손 등은 모두 효복을 입고 변발을 잘랐다. 길시를 택해 염을 하고 이튿날 입관의식이 행해졌다. 영안소는 건청궁 내에 차려져 일정기간 관을 이곳에 안치하였다. 입관을 전후하여 덕승문에서는 출빈 시의 규모와 요구에 맞추어 열흘간 상여를 매는 연습이 진행되었다. 이와 동시에 능묘 진입로인 어도를 조성하는 작업이 주야로 계속되었다.

출빈 당일에는 72명이 동원되어 우선 관을 동화문으로 운반하였다. 이때 64명이 맨 앞에서 인도하고 1,628명의 의장대가 뒤를 따랐다. 소복 차림의 상여꾼은 128명이 1조를 이루어 3조가 돌아가며 상여를 매었다. 상여 뒤로는 완전무장한 팔기병이 호위하였다. 그 뒤로 황친과 문무백관이 따르고 장례행렬 가운데는 다수의 스님과 도사가 합류하여 망자를 위해 의식을 행하였다. 10여리에 이르는 장례행렬은 북경에서 능묘에 이르는 수백리 길을 이동하는데 일정한 거리마다 잠시 휴식을 위한 시설이 마련되었다.

제2절 능침규제의 변화

　중국 역대의 통치자들은 대량의 물력과 인력을 동원 곳곳에 길지를 택하여 거대한 규모의 능묘를 세우고 제사와 조배(朝拜)를 위한 건축물까지 부설하였으니 이를 통틀어 능침이라 하였다. 이러한 능침제도는 전국시대부터 창설되어 진·한대에 점차 그 체제가 갖추어져 청조가 멸망할 때까지 약 2,300여 년간 지속되었다. 물론 이 사이 능침제도는 쇠락한 단계도 있었고 전대에 비해 확대발전되는 과정을 거치기도 하였다.

　춘추시대 말기, 곧 공자가 생존해있던 시대 중원지방에서 비로소 분구 형식의 묘장이 시작되었다. 고고학적 발굴성과에 따르면 기원전 5세기 무렵 조성된 하남(河南) 고시(固始) 후고퇴(侯古堆) 분구는 높이가 7m, 직경이 55m에 달하였다.

　전국시대에 이르러 분구식 묘장은 상당히 보편적으로 행하여져 당시 열국(列國)의 통치자들의 묘는 모두 거대한 분구를 이루었다. 춘추말기에 시작된 분구식 묘장법이 전국시대에 이르러 점차 유행하게 된 것은 당시 사회조직의 변화에서 그 원인을 찾을 수 있다. 즉 이 시기에 이르러 이전까지 종족을 단위로 했던 귀족의 묘장법이 와해되고 가족을 단위로 한 묘장제도가 흥기하기 시작하였던 것이다. 또한 지금까지 한곳에 집중되어 있던 묘지가 곳곳에 분산되는 경향이 나타나면서 식별을 쉽게 하기 위해 각종 형식의 분구가 선을 보이기 시작하였다. 이와 동시에 가족 사유재산의 계승제도가 전통적인 종족 공유재산의 계승제도를 대신하면서 가족관념이 이전보다 한결 강화되고 이에 수반하여 돌아가신 조상에 대한 상례의 예와 분묘 건설이 중시된 것도 분구식 묘장제의 확대 원인으로 지적할 수 있다.

또 한편으로 이 시기 사회적으로 신분의 등급제도가 확립되면서 분묘와 상장(喪葬)의 등급제도 역시 점차 확립되었다. 당시 분묘와 상장제도에 있어 신분등급의 차이는 주로 지하묘실의 관곽(棺槨)과 수장품의 질량에 반영되었으며 지상 분묘의 외관, 곧 분묘의 대소 및 고저와 분묘 부근에 심는 나무의 다소에 더욱 분명하게 반영되었다.

군주의 분묘가 능이라 불리게 된 것은 전국시대 중기부터이다. 이는 첫째로 당시 신분등급제에서 최고위에 속하는 군주의 분묘는 당연히 산릉과 비견될 정도로 가장 높게 조성된 데서 연유하고, 둘째로는 당시 사람들이 산릉을 최고통치자에 비유하여 통치자가 사망한 경우에도 죽었다는 표현 대신 은유적으로 산릉붕이라 표현한데서 연유한 것이다.

고대 전적의 기록에 따르면 군주의 능원 가운데 침을 건축한 능침제도는 진대에 처음 시작되어 전한대에 확대되었다. 그러나 고고학자들의 지하발굴 자료에 따르면 능침제도는 상대에 기원을 둘 정도로 역사가 오랜 것으로, 전국시대에 이미 보편화되었다.

영혼불사를 믿거나 믿고 싶었던 제왕들은 자신의 능침을 생전에 기거하던 궁정의 격식에 맞추어 건설하였고, 당시의 예제에 근거하여 전체적인 규획을 진행하였다. 고대 제왕이 기거하던 궁전은 크게 전후 두 부분으로 나뉘었다. 군주가 신하를 접견하고 정무를 처리하는 공무집행장소인 앞 부분은 조라 하였으며, 군주와 그의 가족이 기거하는 뒷부분을 침이라 하였다.

사람이 사망한 이후에도 그 영혼은 여전히 살아남는다는 것을 믿는 이상, 제왕들은 자신이 죽은 이후에도 여전히 살아있을 때처럼 정무를 처리하고 기거할 장소가 필요하였다. 따라서 살아있을 때 조가 필요했던 것처럼 죽어서도 정무를 볼 조가 필요하였으니 이를 묘(廟)라고도 하였다. 마찬가지로 살아있을 때 기거하던 침과 같은 형태의 침이 죽어서도 필요하였기에 제왕의 분묘에는 조와 더불어 침이 마련되었다.

묘와 침의 용처는 원래부터 달랐던 관계로 능묘에 마련된 묘와 침의 건축구조 역시 상이하였다. 묘는 궁전의 조와 같은 양식으로 축조된 관계로 조견(朝見)과 신하들의 정무처리 장소로 동서(東西) 양편에 상(廂)이 마련되었다. 그러나 침은 군주와 그 가족이 음식기거의 장소로 사용한 까닭에 상이 필요치 않았다.

후한시대의 고적(古籍) 가운데는 진시황대에 침을 원래 위치하고 있던 종묘에서 분리시켜 능묘의 옆에 건축하였다고 기록하고 있다. 이러한 새로운 제도는 전한대에도 계속되어 이때부터 묘는 능원 이외의 지역에 세워져 매년 여러 차례 제사가 행해졌다. 반대로 침은 능원 가운데 조성되어 매일 네 차례 음식이 봉헌되었다. 이런 까닭으로 능원을 침원이라 하며 혹은 능과 합하여 능침이라 칭하는 것이다. 이로써 결국 이전 종묘에 같이 있던 묘와 침이 분할되어 침은 능원 가운데, 묘는 능원의 옆에 두어져 종묘와 능묘가 결합된 형태가 나타나기 시작하였다.

이처럼 군주의 묘를 능침 부근에 조성한 이유는 당시 사람들이 죽은 이의 영혼은 능묘와 능묘 옆의 침에 머문다고 믿었기 때문이었다. 곧 죽은 이의 영혼이 손쉽게 종묘에서 베풀어지는 제사의식에 참여할 수 있도록 배려한다는 의미에서 침 부근에 묘를 둔 것이다.

전국시대 중기부터 전한대까지 침은 주로 능묘의 위 혹은 바로 옆에 두어 능과 침이 밀접하게 결합된 형태를 보였으나 묘는 능원 밖 멀지 않은 곳에 두어 여전히 능원의 일부를 이루지는 않았다. 따라서 당시

침은 묘주(墓主)의 영혼이 일상적으로 기거하는 처소로 간주되었을 뿐
이고 제사의식은 여전히 능원 밖의 묘에서 거행되었다.

전한대에 이르러 능원의 침에는 정침과 편전의 구분이 나타나게 되
었다. 편전은 정침의 옆에 부속된 별전(別殿)으로 묘주의 영혼이 휴식
을 취하고 오락을 즐기는 장소로 마련되었고, 정침은 묘주의 영혼이 기
거음식하는 장소로 간주되어 그 안에는 각종 일상생활용품과 더불어
신좌(神座)까지 마련되었다. 평상시 정침에는 살아있는 사람을 모시듯
이 매일 네 차례 음식이 올려지고 한 달에 한 번 능침 옆의 묘에서 제례
가 거행되면 월일유의관(月―游衣冠)이라 하여 침 안의 의관을 꺼내어
묘를 한 바퀴 돌도록 하였다.

능침의 관리는 의례제사를 관장하는 태상시(太常寺)의 휘하에 침원
령(寢園令)을 두고 침원에서 발생한 사항에 대해 침원령은 즉각 이를
상부에 보고하도록 하였다.

제3절 역대 황제의 능침

전국시대 처음 군주의 능침이 건설된 이후 명청대에 이르기까지 능침의 건축방식과 조배·제사의 예제는 부단한 변혁이 이뤄졌다.

1. 진시황릉

진시황릉은 현 섬서성 임동현(臨潼縣) 현성(縣城)의 동쪽 약 5㎞로 지점, 곧 서안에서 서쪽으로 약 35㎞ 가량 떨어져 북으로는 위수(渭水), 남으로는 여산(驪山)에 둘러싸인 곳에 위치하고 있다. 『사기』에 따르면 기원전 246년 13세에 즉위한 진왕 정은 즉위 후 얼마 지나지 않아서부터 자신의 능묘를 건설하기 시작하였다. 천하를 통일한 뒤에는 전국에서 수십만의 인력을 징발하여 능묘건설을 서둘렀으나 기원전 210년 사망 때까지도 공사가 완성되지 못하였다. 이세황제 호해가 즉위한 뒤 다시 2년의 공사를 더해 마침내 전후 40년의 대역사가 마무리되었다. 능원 조성공사가 진시황 사망 수십 년 전부터 진행되었던데 비해 제사장소인 종묘는 전국을 통일한 일 년 뒤부터 진시황의 직접 감독하에 공사가 진행되었다. 당시 진시황릉에는 묘와 침이 동시에 두어져 묘에서는 희생을 바치는 제사가 행해지고, 침에는 전국 각지 산천에서 나는 특산품을 봉헌하였다.

진시황릉은 진말의 전란기에 상당부분이 파괴되었다. 역시『사기』의 기록에 따르면 함양에 입성한 항우의 30만 대군은 능묘를 파헤치고 부장품들을 약탈한 뒤 지상의 건축물과 아방궁을 함께 불태워 화재가 3개월이나 계속되었다 한다. 이어 당말 오대시기에 진시황릉은 또 한 차례 대규모 도굴이 이루어져 남아있는 부장품은 하나도 없게 되었다.

진시황은 전국시대 각 제후국 군주의 분묘를 능이라 칭하였음에 비해 자신의 묘는 산이라 칭하고 여산(麗山)이라 이름을 정하였으며 자신의 능원은 여산원이라 하였다. 진시황이 자신의 묘를 능이라 하지않고 산이라 칭한 것은 아마 황제능묘의 등급은 전국시대 각 제후국 군주의 위에 두어야한다는 생각에서 연유한 것인 듯하다.

삼국시대에 남겨진 기록에 따르면 진시황릉은 높이가 50여장, 주위가 5리 정도로 미터법으로 환산하면 높이는 120여m 둘레는 약 2,167m에 달한다. 분묘의 윗 부분에는 여러 가지 나무를 심어 실제로 자연적으로 이루어진 산을 방불케 하였다. 그런데 진시황릉이 소재한 지역에는 본시 황토가 없고 사석(沙石)만이 있었기에 능 조성에 필요한 황토는 동북으로 약 2km 정도 떨어진 곳에서 운반하였다.

진시황 능원 배치구조의 특징은 능묘를 가운데 두고 남북이 긴 회(回)자 모양의 내외 두 겹의 담이 둘러쳐져 있었다는 것이다. 외성의 네 귀퉁이에는 경비용 망루가 세워졌는데 외성은 남북이 2,173m 동서가 974m에 이르는 장방형을 이루어 둘레가 6km에 달했다.

1974년 우물을 파던 농부에 의해 진시황릉 동쪽 약 1.5km 지점에서 거대한 병마용이 발견되었다. 이 부분은 이전까지 사서에 전혀 기록되어 있지 않았던 것인지라 병마용의 발견은 세상을 놀라게 하였다. 보병, 마차병, 기병 등 3종 병종을 표현한 말 500여 필, 목제마차 130대와

1만여 명에 달하는 병사를 실물의 크기와 같게 제작한 대군단은 동쪽을 향하고 있었다.

진시황릉의 능침은 전체 능원의 서쪽에 위치하여 서쪽을 등지고 동쪽을 향해 있는데, 이는 당시 도읍의 전체적인 방위 배치에 따른 것이다. 당시의 예제(禮制)에 따르면 서쪽을 가장 존귀한 방향으로 여겨 살아 있을 때나 죽어서나 존장자는 서쪽에 자리하도록 하였다.

진시황릉은 중국역사상 최초의 황제 능원이다. 기본적인 구조와 형식에 있어서는 전국시대 각 제후국 군주의 능묘제도를 계승하면서도 전체적인 배치와 구조면에서는 훨씬 발전된 모습을 보여 이후 능원 건축, 특히 전한시기 각 황제능원의 조성과정에 지대한 영향을 미쳤다.

2. 한대 능묘

역대 황제들의 능원은 대부분 각 왕조의 도성에서 멀지 않은 곳에 자리 잡았는데, 이는 조배·제사·관리 및 보호의 편의를 위해서였다. 이 점에 있어서는 한대의 경우도 마찬가지였다. 전한시기 황제의 능묘는 대부분 당시의 수도인 장안의 동북방과 서북방인 오능원(五陵原) 지구에 조성되었고, 일부는 장안의 서남지역에 조성되었다.[120]

전한 여러 황제의 능원은 모두 동쪽을 향하였고 능묘는 능원의 서부에 배치되었다. 이는 진시황릉 능원 배치구조의 영향을 받은 것이다. 능원의 주위는 담으로 둘러 쌓여 있고 사면에는 문이 하나씩 나 있었다. 능묘 옆에는 침이 세워졌고 배장(陪葬)묘역은 능묘의 동방 혹은 동

---

[120] 전한시기 11명의 황제 가운데 문제의 패릉(霸陵)과 선제의 두릉(杜陵)만이 장안의 서남부에 자리하고, 나머지 9명의 황릉은 장안의 동북과 서북방에 자리하고 있다.

북방에 배치되었다. 이상과 같은 배치방법 역시 진시황릉의 배치구조를 그대로 답습한 것이다.

전한 황제들의 능묘는 문제의 패릉(霸陵)만이 분구를 만들지 않았을 뿐 고조의 장릉(長陵)과 혜제의 안릉(安陵)이 장방형의 분구, 여타 황제의 능은 모두 정방형의 분구를 이루었다. 각 황후들은 모두 황제와 같은 능원에 매장하였으나 각각의 능묘가 따로 조성되었다. 전한대 대다수 황후의 능은 황제능의 동편에 위치하였으나 일부는 황제능의 서북쪽에 위치한 경우도 있었다. 그러나 황제능의 서남쪽에 황후능을 두는 경우는 없었다.

전한시대 초기에는 능묘를 보호하기 위해 다수의 귀족·공신·부호를 고조의 무덤인 장릉 부근으로 이주시키고 능원 북쪽에 장릉현을 두었다. 전한시대에는 이후 여러대에 걸쳐 이와 같은 방법이 시행되어 장안 부근에는 몇 개의 번화한 신도시가 형성되었다. 그 가운데 유명한 것이 혜제의 안릉현(安陵縣), 경제의 양릉현(陽陵縣), 소제의 평릉현(平陵縣), 무제의 무릉현(茂陵縣)이다. 여기에 장릉현을 합쳐 다섯 능원이 위치한 함양일대를 오능원이라 하였다.

전한시대 조성된 능묘 가운데 가장 대표적인 것으로는 무제의 무릉을 들 수 있다. 장장 53년에 걸쳐 완성된 무릉은 전한대의 능묘 가운데 가장 규모가 컸을 뿐만 아니라 능원의 규모 역시 최대였으며, 침전 및 그 부속건물의 건축도 가장 화려함을 자랑하였다. 실측에 따르면 무릉은 봉분의 높이가 46.5m, 기단 각 변의 길이가 240m로 서안시에서 40km 정도 떨어진 섬서성 흥평현(興平縣) 위수(渭水) 북부의 고원에 자리하였다.

무릉의 능원과 무릉현은 무제가 즉위한 다음해부터 조성에 들어가 53년만에 완성되었다. 무릉 주변에는 20여 개의 배장묘가 조성되었는데 주인공은 대부분 공신, 무장, 후궁, 외척 등이었다. 배장묘 중 규모가 큰 것으로는 위청(衛靑)과 곽거병(霍去病)의 묘를 들 수 있다. 무릉

의 동남지역에 조성된 무릉읍으로 이주한 부호와 귀족은 여타 능읍보
다 많아 약 1만 6천호나 되었다.

후한시대 각 황제 능묘의 정확한 위치는 아직까지도 완전히 밝혀지
지 않고 있다. 다만 후한의 개국군주인 광무제의 원릉(原陵)은 북송대
에 이르러 그 정확한 소재가 밝혀졌다. 현 하남성 맹진현(孟津縣) 망산
(邙山)의 북쪽 황하 인근에 자리한 광무제의 묘는 주위가 487m, 높이가
약 15m에 이르렀다.

여타 기록을 종합해보면 후한시대 황제의 능은 대부분 당시의 도성
인 낙양의 동남부와 서북부에 집중되어 있었던 것으로 보인다. 즉 광무
제의 원릉, 안제의 공릉(恭陵), 순제의 헌릉(憲陵), 영제의 문릉(文陵)은
낙양의 서북지구에 위치하였다. 명제의 현절릉(顯節陵), 장제의 경릉(敬
陵), 화제의 신릉(愼陵), 상제의 강릉(康陵), 충제의 회릉(懷陵), 질제의
정릉(靜陵), 환제의 선릉(宣陵)은 모두 낙양의 동남지구에 위치하였다.

후한시기에 이르러 조배·제사를 위주로 하는 능침제도가 확립되었
다. 곧 후한 명제때부터 상릉(上陵)조배와 제사전례가 거행된 대신 각
각의 조상마다 하나씩의 묘를 건립하던 제도를 폐지하였다. 이로부터
역대의 신주를 한곳에 모은 동당이실(同堂異室)의 공봉(供奉)법이 시행
되었던 것이다. 이때부터 능침제도와 종묘제도는 중대한 변화가 일어
나게 되었다.

본래 매년 원단 공경백관과 황친 및 각 지방에서 경사(京師)에 올라
온 관리들은 조정에 모여 조하(朝賀)의식을 행하였는데 이를 원회의(元
會儀)라 하였다. 그런데 명제는 즉위한 다음해 공경백관을 이끌고 원회
의를 광무제의 원릉 앞에서 거행하였다. 이처럼 원회의를 능침 앞에서
행하는 상릉례가 거행되면서부터 궁중제례 가운데 능침이 차지하는 비
중이 종묘를 능가하게 되었다. 이와 동시에 원래 종묘에서 거행되는 예
의 가운데 가장 중요한 주제례(酎祭禮)마저 능침으로 옮겨 상릉례의 의

식에 맞추어 진행되게 되었다.

이로써 종묘의 가장 중요한 헌제(獻祭)의식이 취소되고 대신 매년 정월과 팔월에 두 차례 능침에서 성대한 조배제사 의식이 거행되기 시작한 것이다. 그 결과는 물론 능침의 지위가 크게 상승한 반면 종묘의 지위가 현저하게 격하되었다. 한편 상릉례의 규모가 매우 컸던 까닭에 능침의 건축물도 불가불 확대하거나 개조하지 않을 수 없게 되어 이후 능침에는 의식을 거행하는 대전(大殿)이 준비되었다.

3. 육조시기의 능묘

육조시기는 한과 당 두 통일왕조의 중간에 끼어 있는 과도기라 할 수 있다. 이 시기는 정치적으로 불안하여 정권이 자주 바뀌고 북방의 소수민족이 중원을 침범하여 사회질서가 혼란의 극에 달하였다. 따라서 이 무렵에는 수많은 대묘들이 도굴당하여 제왕의 능묘도 안전을 보장할 수 없었던 관계로 제왕들도 이전과 같이 거대한 능묘를 조성하는 것을 꺼려하였다.

기록에 따르면 육조시기에 조성된 제·후·왕후(王侯)[121]의 능묘는 총 71기에 이르는데 그 가운데 지금까지 확인된 것이 31기로 그 대부분은 남경(南京)과 단양(丹陽) 일대에 집중되어 있다.

육조시대 능묘의 조성은 무엇보다 풍수를 중시하여 대부분의 능묘는 산기슭이나 산허리에 조성되었으며 분구를 세운 경우와 그렇지 않은 경우가 혼재하였다. 따라서 이 시기 조성된 능원의 방향은 모두 산천의 형세에 의해 결정되어졌으며, 능묘 앞의 평원에 신도를 개설하고 석수

---

121) 위진남북조시기는 왕후의 분묘도 능묘라 칭할 수 있었다.

(石獸) · 석주(石柱) · 석비(石碑) 등을 세웠다. 현존하는 자료를 통해보면 묘 앞 신도에 석인 · 석수를 세우는 풍습은 후한대에 처음 시작되었는데 석인은 묘주의 경호와 시종, 석수는 길상과 구귀(驅鬼)를 상징하였다.

육조시기 조성된 능묘 앞 신도에는 석수 · 석주 · 석비 3종의 석각장식품이 세워졌는데 그 가운데서도 석수가 가장 많은 수를 차지하였다. 석주는 통상 6개가 세워져 신도육주라 하였으며 원형(圓形)으로 상 · 중 · 하 3부분으로 구성되었다. 현재 남아있는 고대 유명 서예가의 필적은 대부분 능묘 앞에 세워진 비각 묘지문이다. 따라서 남조 능묘의 비각 묘지는 고대 서법예술을 연구하는데 있어서 매우 귀중한 자료로 간주된다.

육조시기에 조성된 능묘로 현재까지 확인된 것들은 모두 산기슭, 산허리, 산꼭대기에 장지가 위치하며 지상축조물은 모두 평지에 위치하는 공통점을 보이고 있다. 이러한 육조시기 능묘조성양식은 당 · 송 · 원 · 명 각 왕조의 장제에 직접적인 영향을 끼쳤다.

발굴성과에 따르면 육조시기 조성된 능묘는 모두 전실(磚室)구조로 되어있는데 돌을 쌓아 묘문을 만들고 묘 앞에는 모두 기다란 배수구를 둔 것이 특징이라 하겠다. 배수구를 둔 이유는 습기가 많은 남방의 기후를 감안하여 묘실의 침수를 방지하기 위한 것으로 생각된다.

4. 당송시기 능침제도의 변화

당이 새로운 통일왕조를 건설한 이후 중국의 사회경제는 이전과는 비교할 수 없을 정도로 커다란 발전을 보게 되었다. 이에 따라 국가 재정수입이 증가하여 당 현종 통치 전기까지 중국역사상 보기 드문 번영을 구가하였으며, 그에 따라 능침제도도 진일보된 모습을 보였다.

1) 당의 능침제도

635년 곧 태종 정관 9년 고조가 사망하자 헌릉(獻陵)의 축조가 시작되었다. 태종은 대신들의 의견을 받아들여 능묘의 규격을 축소하여 높이를 종래 9장에서 6장으로 줄였다.[122] 후일 태종은 자신의 능묘인 소릉(昭陵)을 축조하였는데 소릉이 축조되면서 당조 일대의 능침제도가 완비되었다.

당조 최대의 황제능인 소릉은 도성인 장안의 서북 예천현(禮泉縣)에 위치하였다. 소릉은 산을 깎아 묘를 만드는 방식으로 조성되었는데 이후 당조의 황제능은 모두 이러한 방식으로 조성되었다. 이렇게 축조된 능묘는 흙을 쌓아 만든 고대 제왕의 능묘보다 훨씬 장중한 모습을 보였다.

도굴을 방지하고 산악의 웅장한 형세를 살려 제왕의 홍대한 기백을 살리기 위해 소릉은 주봉(主峰)에 건설되어 남으로는 종남산(終南山) 여러 봉우리 및 태백산(太白山) 여러 봉우리와 관중평원을 사이에 두고 마주보았다. 소릉의 동서 양측으로는 나즈막한 산들이 둘러쳐져 소릉이 위치한 주봉을 더욱 돋보이게 하였다. 능산(陵山)의 앞으로는 위수(渭水)가 감아 돌고 뒤로는 경수(經水)가 흘러 소릉의 기세는 장관을 이루었다.

사서의 기록에 따르면 소릉은 묘실의 앞뒤로 5개의 석문이 설치되었고 내부의 화려함은 살아생전 궁정의 그것과 전혀 다를 바가 없었다. 묘실의 동서 양측에는 회랑이 만들어지고 석함(石函)을 두어 그 안에

---

[122] 곧 전한 고조의 장릉(長陵) 규격에서 후한 광무제의 원릉(原陵) 규격으로 축소하였다.

진귀한 순장품을 넣어두었으나 오대에 도굴되었다. 현재 소릉의 지상 건축물은 하나도 남아있지 않다. 다만 헌전의 유지에서 출토된 치미(鴟尾)의 높이가 1.5m에 중량이 150kg에 달할 정도로 거대하였음에 비추어 당시 지상건축물의 규모를 짐작해볼 수 있다.

당 태종 소릉의 능원은 주위가 약 60여㎞에 이르렀으며 능원 내에는 공신·귀족의 묘 167좌가 배장되었다. 주봉에 위치한 소릉의 좌우로 조성된 배장묘들은 지고무상한 태종의 소릉을 더욱 돋보이게 하였으며 능원 내에는 창송(蒼松)과 취백(翠柏)을 식재하여 백성(柏城)이라고도 칭하였다. 소릉의 배장묘 가운데는 공신과 귀족의 것 외에도 서북지역 소수민족 출신 장수의 것도 있다. 이는 다민족국가의 통일을 공고히 하려는 당 태종의 정치적 의도가 반영된 결과였다.

당대에는 분묘 앞에 비석을 세우고 묘실 내에는 석각의 묘지명을 설치하는 풍습이 유행하였다. 따라서 소릉의 능원에서도 약 20여개의 비석이 발견되었고 최근 들어서도 계속 발굴이 이루어지고 있다. 당대는 중국의 서예발전사에 있어서 매우 중요한 시기로 소릉에서 발견된 비석의 명문들은 당대 서법예술의 찬란함을 반영하는 걸작품들이다.

소릉 묘실의 건축은 위진과 남조에서 유행하던 방식을 답습하여 산허리의 남록을 깎아 만들어졌으며 분구를 조성하지 않았다. 한편 소릉의 건축양식은 후한의 능침과는 다른 모습을 보여주고 있다. 곧 후한시대의 능침제도에 따르면 침은 조배제사용의 침전, 묘주 영혼이 휴식을 취하는 편전, 묘주 영혼이 기거생활하는 침궁의 세 부분으로 나뉘어 있었으며 이 모두가 한 건물에 모아져 능 부근에 조성되었다.

그러나 소릉은 침을 세 개로 분할하여 각기 다른 곳에 조성하였다. 곧 묘주 영혼이 휴식을 취하는 신유전(神游殿)은 묘실의 문 위에, 상릉 조배 혹은 중요한 제헌(祭獻)전례를 행하는 헌전(獻殿), 묘주 영혼이 음식기거하는 생활공간인 침궁(寢宮=하궁(下宮))의 세 부분이 그것이다.

당대 각 황제의 능묘는 대부분 소릉의 격식을 기본으로 건조되었다. 따라서 다수의 황릉은 산허리에 축조되었고 고조의 헌릉(獻陵), 측천무후의 모순릉(母順陵), 경종의 장릉(莊陵), 무종의 단릉(端陵) 및 희종의 정릉(靖陵) 등 일부만이 평지에 조성되었다. 그러나 산허리에 축조되었든 혹은 평지에 한대의 능묘조성방식을 모방하여 정방형의 능대(陵臺)를 만들고 조성되었든, 당대 모든 황제의 능묘는 소릉의 조성양식대로 능묘 앞에 헌전을 두어 상릉조배 혹은 제헌전례에 이용하고 산 아래에 묘주가 생활하는 침궁을 설치하는 방식으로 조성되었다. 대부분 당대 능묘의 침궁은 능묘에서 3~10리 정도 떨어진 남방 혹은 편서지역에 건축하였다.

당대의 능원에서 헌전(침전)과 하궁(침궁)을 분리시켜 조성한 것은 상릉조배제사와 일상적으로 행해지는 공봉음식과 기거생활을 분리시킨 것으로 이렇게 함으로써 상릉조배와 제사전례의 중요성이 더욱 부각되었다.

2) 송의 능침제도

북송의 능침제도는 기본적으로 당의 제도를 답습하였으나 전혀 변동이 없었던 것은 아니다. 즉 북송의 능묘는 산기슭이나 산허리에 주로 조성되었던 당대의 능묘와는 달리 평지에 조성되었으며, 20여리 정도의 범위에 집중된 능구를 형성하였다. 또한 정치적 상황이 좋지 않았던 관계로 송대 황릉은 당대에 비해 소규모였다. 아울러 송대의 규정에는 황제가 생존 시 자신의 능묘를 조성할 수 없었고 죽은 뒤에야 능묘의 건설이 시작되었다. 또한 능묘 조성 기간도 7개월로 규정되어 이 기간을 초과할 수 없었다. 이처럼 능묘 조성기한을 7개월로 못 박은 까닭은, 당시의 예제에는 사후 7개월 이내에 안장해야만 사자의 신주를 태묘에 모실 수 있었기 때문이다.

북송 황제들의 능묘는 대부분 하남성 공현(鞏縣)[123] 숭산 북록에 몰려있다. 북송의 휘종·흠종 두 황제는 여진족에게 포로로 잡혀 새북(塞北)에서 최후를 맞이하였다. 따라서 두 사람의 무덤은 관외 어딘가에 조성되었다. 이 두 사람을 제외한 7황제의 능묘와 조광윤의 부친묘를 합하여 8기의 능묘가 공현의 서촌(西村)·지전(芝田)·효의(孝義)·회곽(回郭) 등 진(鎮)의 부근에 집중되어 있다.

북송 황제들의 능묘가 공현의 숭산 북록에 집중된 것은 나름의 까닭이 있었다. 이곳의 산수가 수려하고 토질이 우량하여 지하 깊숙이 땅을 파 묘혈을 조성하기 적당하기 때문이었다. 능구에 조성되어 있는 각 능원의 면적은 7만㎡ 이상에 달할 정도로 규모가 컸다. 능원의 사방에는 담이 둘러쳐지고 각루가 있었다. 4개의 신문(神門)이 있고 동, 서, 북 세 신문 밖에는 돌사자 1쌍씩을 배치하였다. 남쪽 신문 밖에는 정교하게 조각된 석상이 즐비하였다.

북송 능묘의 중요한 지상건축물은 당대와 마찬가지로 상궁과 하궁으로 이루어졌다. 상궁은 곧 당대의 헌전으로 침전이라고도 칭하며 능의 앞에 세워졌고, 침궁이라고도 하는 하궁은 능묘의 북방 편서지역에 세워졌다. 이는 당대 침궁이 능의 남쪽 편서지역에 세워진 것과는 방위상으로 큰 차이가 있는 것이다.

이는 하궁 건조 시 방위를 잡는 기준은 순전히 풍수에 의한 데서 연유하였다. 당시의 풍수에 따르면 성씨를 오음(五音)으로 나누어 방위를 택하였는데, 조(趙)는 각(角)음에 속하며 길한 방향은 편서인 임(壬)이었다. 따라서 송대 능묘의 하궁은 능의 북쪽 편서에 두었던 것이다.

---

[123] 현 하남성 공의시(鞏義市)이다. 공의시는 위치상으로는 낙양시에 가까우나 행정구역상으로는 정주시에 속해 있다.

　북송시대 역시 침전과 침궁에서 따로 상릉례를 거행하였으나 예의의
격식에는 차이가 있었다. 즉 침전에서 벌어지는 의식은 소, 양, 돼지 혹
은 양과 돼지 등 희생을 바치는 등 제물도 풍부하고 장중하였으나, 침
궁에서 벌어지는 상릉례는 제물과 의식이 간단하였다.

　북방의 능묘들이 이미 여진족의 손에 들어간 남송시대, 남방에서 사
망한 황제들은 더 이상 조상이 묻힌 능구 부근에 안장할 수 없었다. 따
라서 남송의 황제들은 소흥(紹興)에 능원을 정하고 천매장(淺埋葬)하여
장래 북방의 실지를 수복하면 새로 조상들이 묻혀있는 능원에 능묘를
조성하고자 하였다.

　이런 연유로 남송대 황제들의 능묘 앞에는 석수·석인·석비와 같은
석조물이 존재하지 않았다. 다만 남송의 경우에 있어서도 북송대와 마
찬가지로 능원 내에 상궁과 하궁을 조성하였는데, 남송 능묘의 상궁과
하궁은 이전과는 달리 일직선상에 배치하였다.

5. 원 황실의 장례습속

　몽골족들이 위대한 민족영웅으로 칭송하는 칭키즈칸(成吉思汗)[124]을
포함한 원대 제왕 능묘의 위치는 아직까지 정확하게 밝혀지지 않고 있
다. 현재까지의 연구성과에 의한 결론은 원대에는 특별한 능침제도가
마련되지 않았다는 것이다. 연구조사에 따르면 원대 제왕의 묘는 중국
의 전통적인 능묘제도와는 다른 몽고족의 전통적인 잠장(潛葬) 방식을
취하였던 것으로 밝혀지고 있다.

---

[124] 오논강변에서 열린 쿠릴타이(Khuriltai)에서 테무친이 받은 칭키즈칸이라는 존
　　호의 의미와 어원에 대해서는 여전히 이견이 존재하지만, '우주의 지배자' 혹
　　은 '황제 중의 황제'라는 뜻을 지니고 있는 것으로 해석되고 있다.

격렬한 내부투쟁 끝에 몽고 각 부족을 통일한 테무친(鐵木眞)은 1206
년 칭키즈칸이라는 존호를 받고 정식으로 대몽제국의 유일한 지도자에
추대되었다. 이후 대규모 군사행동을 통해 서하, 금, 호라즘 등 세력을
복속시킨 칭키즈칸은 1227년 금을 완전히 멸망시키기 위한 정복전쟁에
나섰다가 부상 혹은 열병으로 8월 18~29일 사이 서하의 경내에서 사망
하였다.

'위대한 정복군주' 칭키즈칸의 무덤은 현재 내몽고자치구 오르도스고
원상의 이극소맹(伊克昭盟) 이금곽락기(伊金霍洛旗)[125] 경내에 자리하
고 있다. 칭키즈칸의 탄생지도, 성장지도 아닌 여기에 무덤이 있게 된
것은, 서하를 정벌하는 과정에서 오르도스고원을 지나던 칭키즈칸이
주변 풍광에 매료되어 사후 이곳에 묻히기를 원했기 때문이라는 전설
이 내려오고 있다. 이에 따라 멀리 감숙성 청수(淸水)에서 사망한 칭키
즈칸의 유해가 이곳에 운반되어 매장되고, 매장지의 지명도 이금곽락
으로 바뀌게 되었다 한다.

이곳에는 칭키즈칸과 그의 세 부인 및 동생 두 명, 넷째아들 툴루이
(拖雷)와 그 부인의 영구가 안장되어 있다. 사실상 오르도스의 칭키즈
칸능은 의관총이자 상징적 의미의 능침이지 결코 칭키즈칸의 안장지는
아니다. 『원사(元史)』「태조기(太祖紀)」는 칭키즈칸의 유해는 몽고초원
의 기련곡(起輦谷)에 매장된 것으로 기록하고 있다. 『원사』의 여타「제
기(帝紀)」도 원의 역대 황제들은 모두 기련곡에 매장한 것으로 기록하
고 있으나, 아직까지 어떤 황제의 매장흔적도 발견되지 않고 있다.

일부 사료의 기록에 따르면 칭키즈칸을 비롯한 몽고와 원의 제왕들
은 사후 모두 비장(秘葬)제도를 취하였다. 원대의 비장제도에 따르면

---

[125] 몽골어로 이극소는 '태묘(太廟)', 이금곽락은 '성스러운 주인의 능원'이라는 의
미를 지니고 있다 한다.

설령 황제의 무덤이라 하더라도 전통에 따라 봉분이나 눈에 띄는 표지를 따로 만들지 않았다. 당연히 매장지를 공포하거나 기록으로 남기지도 않았다.

매장이 끝나면 말을 동원하여 매장지를 평탄하게 정리하여 풀과 나무가 자랄 수 있도록 하였다. 이는 후대에 도굴당하거나 파괴되는 것을 막기 위한 전통이었고, 이로 인해 몽고인의 무덤은 쉽게 발견되지 않았다. 따라서 원의 멸망 이후 오랫동안 칭기즈칸과 원대 여러 황릉의 위치에 대한 풍문이 자자하였으나 어느 하나도 사실에 바탕을 둔 것이라고 할 수 없다. 수백 년이 지났음에도 무덤의 정확한 위치가 밝혀지지 않자 근자에 이르러서는 칭기즈칸의 시신은 몽고족의 또 다른 풍습에 따라 천장(天葬)을 행하여 어떠한 흔적도 후세에 남기지 않았다는 주장이 제기되기도 하였다.

칭기즈칸 무덤의 위치에 대해서는 후대에 여러 기록들이 생겨나기도 하였으나 이는 대부분 풍문을 사실처럼 기록한 것에 지나지 않았다. 칭기즈칸의 사망과 매장에 관한 고고학계의 일반적인 관점은 이러하다. 서하 경내에서 사망한 칭기즈칸의 유해는 몽고초원의 모처로 옮겨져 땅속 깊이 매장되었다. 몽고족의 풍습에 따라 매장지는 수많은 말을 동원하여 편평하게 정리하였고, 그 주변에는 사방으로 장막을 둘러쳐 외부와 완전히 격리하였다. 이렇게 하여 매장지에 새 풀이 돋아나 주변 풍광과 아무런 차이가 보이지 않게 되면 그때 장막을 거둬들였기에 정확한 매장지를 찾을 수 없었다.

기록에 따르면 원에서는 황제가 죽으면 커다란 나무를 반으로 쪼갠 뒤 공간을 만들어 시신을 안치하고 다시 나무를 합친 형태의 관을 사용하였다. 관의 외곽에는 칠을 하고 관의 중간과 위, 아래 등 세 곳은 황금으로 만든 끈으로 고정하였다. 기타 특별한 부장품이 없어 황금으로 만든 끈이 최고의 배장품이라 할 수 있는데, 이 끈은 못을 대신하여 관을 고정시키는 역할을 하였다. 장지로 운반된 관은 앞서 살펴본 칭키즈 칸의 매장법과 동일한 방법으로 안장되었다.

6. 명 13릉

명 13릉이란 명조 13명의 황제능이 밀집되어 있는 능원을 칭하는데 북경의 서북쪽인 창평현(昌平縣)의 북쪽 약 10리 연산산맥(燕山山脈)의 한 지맥에 자리하고 있다.

명 태조 주원장은 애초 남경을 수도로 정하였고 사망한 뒤에는 남경 교외의 종산(鐘山)에 묻혀 그의 무덤은 효릉(孝陵)이라 칭하였다. 효릉 은 현재까지 보존된 고대 제왕의 능묘 가운데 규모가 비교적 큰편에 속 하여 능원을 둘러싼 담이 20여km에 이르렀다. 현재 효릉에 부속된 목조 건물들은 이미 훼손된 상태이나 건축물의 배치구조와 형식은 북경 13릉 의 그것과 일치하고 있다. 이로 미루어 13릉은 효릉을 기본형식으로 조 성되었음을 알 수 있다.

1367년 공사를 시작하여 1405년에 완성된 효릉의 주위에는 10만주 이 상의 소나무가 식재되었으며 신도 양측으로는 석수·석인을 비롯한 석 각이 배열되었다. 다만 아직까지도 주원장을 매장한 정확한 지점은 밝 혀지지 않고 있다.

1402년 남경을 공격하여 황제의 자리에 오른 연왕(燕王) 주체(朱棣)는 북경으로 수도를 옮기고 1406년부터 자금성의 건설에 나서는 한편 1409 년부터는 자신의 능원인 장릉(長陵)의 조성에 나서 1413년 완성하였다. 이후 명이 멸망하기까지 14명의 황제 가운데 경제(景帝, 1450~56)의 묘 만이 북경 서쪽의 금산(金山)에 위치할 뿐 나머지 13명의 묘는 모두 북 경 서북쪽 창평구 경내 연산산맥 산록의 천수산(天壽山) 아래 약 40km²

의 지역에 밀집하여 유명한 명 13릉을 이루게 되었다.

동, 서, 북 3면이 산으로 가로막힌 분지에 위치한 능구에는 영락제부터 시작하여 명의 마지막 황제인 숭정제가 묻히기까지 230년간 13곳의 황릉, 7곳의 후궁묘, 1곳의 태감묘가 조성되어 황제 13명, 황후 23명, 태자 2명, 30여 명의 비빈, 태감 1명이 안장되었다.

명 13릉의 조성형식은 효릉과 동일하여 신도만도 7km에 이르렀다. 능구를 둘러싼 담은 40km에 이르렀으나 현재는 이미 그 자취를 찾아보기 힘들게 되었다. 능구의 정문이라 할 수 있는 대궁문(大宮門)을 들어서면 비정(碑亭)이 있고 그 뒤로는 한 덩어리의 백석(白石)을 조각한 석수 24, 석인 12이 양편으로 도열해 있으며 그 뒤로는 용봉문(龍鳳門)이 있다.

13릉의 규모를 살펴보면 황제 생전 자신의 능묘를 조성한 경우, 예를 들어 성조의 장릉(長陵), 세종의 영릉(永陵), 신종의 정릉(定陵) 등은 대체로 그 규모가 큰 편에 속한다. 그러나 후임 황제의 손에 의해 조성된 인종의 헌릉(獻陵), 선종의 경릉(景陵) 등은 규모가 작은 편에 속하는데, 다만 규모에 상관없이 건축형식은 대동소이하였다.

명조의 능침제도는 이전과 비교하여 중대한 개혁이 이루어졌다. 첫째로 분묘의 형태가 방형에서 원형으로 변화된 것이다. 명대 이전 한·당·송의 능묘는 모두 방형이었고 다만 육조의 경우는 산허리에 조성하여 분구를 만들지 않은 경우를 제외하고 분구를 세운 경우는 모두 원형이었다.

주원장의 효릉이 방형이 아닌 원형을 취한 것은 장강 유역 분묘의 형태가 모두 원형을 취한 것과 관계있다. 이후 13릉은 모두 효릉의 조성양식을 본떠 원형으로 분구를 만들었다. 다음으로 명대의 능묘는 하궁을 만들지 않는 대신 상궁의 규모를 확대하였다. 곧 궁인을 파견하여 묘주의 일상적인 시봉과 음식기거를 책임지던 방법을 취소한 것과 같은 것이다. 이는 죽은 이를 산 이와 똑같이 시봉한다는 원시 미신적인 방식의 중지와 더불어 더욱 상릉례의 의식을 강화하여 황권을 숭상하고 통치권을 강화시킨다는 수단으로 작용하였다.

이외에도 명조의 능침제도는 전대와 달리 능원 주변의 담을 방형에서 장방형으로 변화시키고 능구를 3개 부분으로 분할하였다. 첫 번째 부분에는 능원문·비정(碑亭)·신주(神廚)·신고(神庫)가 배치되었다. 두 번째 부분에는 전문(殿門)·제전(祭殿) 및 양편의 배전(配殿)이, 맨 안쪽에는 내홍문(內紅門)·패방(牌坊)·오공대(五供臺, 향로 1, 향병 2, 촛대 1)·명루(明樓)[126] 등이 위치하였으며 그 뒤로는 보정(寶頂)이라 불린 원형의 무덤이 위치하였다.

7. 청조의 능침

입관 이전 청조는 관외3릉이라 불리는 3곳의 황릉을 조성하였다. 그 첫째는 누르하치의 6세조로부터 그의 부모까지, 청조 조상들을 함께 모신 영릉(永陵)이다. 그 다음은 현재 심양시의 동쪽 교외에 자리하고 있는 누르하치의 능인 복릉(福陵), 심양시 북쪽 교외에 자리하고 있는 홍타이지의 묘인 소릉(昭陵)이다. 관외3릉은 규모나 규제가 각기 다른데, 이는 곧 입관 이전까지 청은 능침제도에 대해 명확한 제도를 갖지 않았음을 보여주는 것이다. 입관 이후 조성된 청 역대 황제들의 능묘는 기본적으로 명의 관련제도를 답습하였다.

청조의 능묘는 크게 동릉(東陵)과 서릉(西陵) 두 곳에 분산되어 있다. 동릉은 북경 시내에서 약 125㎞ 가량 떨어진 현 하북성 준화현(遵化縣) 서북쪽의 창서산(昌瑞山) 기슭에 위치하고 있다. 남북으로 12.5㎞, 동서

---

[126] 중간에 묘비를 세워두고 방형으로 둘러친 곳.

로 20㎞, 전체 면적이 80㎢에 달하는 능구에는 다섯 황제의 능이 자리하고 있으며 15명의 황후, 136명의 비빈, 3명의 아가, 2명의 공주 등 총 161명이 안장되어 있다.

입관 후 첫 번째 황제인 순치의 무덤인 효릉(孝陵)을 중축선으로, 이후 황제들의 무덤은 장유유서의 순서와 산세에 맞추어 효릉의 양측에 부채살 형태로 배열되었다. 곧 효릉의 좌측에는 강희제의 경릉(景陵), 다시 그 왼편으로는 동치제의 혜릉(惠陵)이 자리하고 있다. 효릉의 우측에는 건륭제의 유릉(裕陵), 다시 그 우측에는 함풍제의 정릉(定陵)이 자리하여 아들과 손자가 아버지와 할아버지를 모시는 듯한 구조를 취하였다. 황후와 비빈의 무덤은 각 황제릉의 옆에 두어 상호 주종과 예속관계를 드러내 보이도록 하였다. 이 능원은 현존하는 중국 최대이자 가장 완전한 모습으로 보존되어 있는 제왕 능묘 건축군이다.

동릉구는 원래 명조가 능구로 지목했던 지역이었으나 명조가 패망한 뒤 1663년 강희제가 창서산 아래에 순치제의 효릉을 조성하면서부터 청조 동릉구가 이곳에 형성되었다. 동릉구의 중심은 창서산 주봉 아래에 위치한 순치제의 효릉으로 신도가 약 5㎞에 달하며 12m 폭의 신도 좌우로 각종 건축물이 배치되었다. 강희제의 경릉은 효릉의 동남에 위치하며 동릉구의 능묘 가운데 효릉 다음으로 규모가 크다. 건륭제의 유릉은 1제 2후 3귀비의 합장묘로 지하궁전은 이미 고고학적 발굴을 마치고 일반에 개방되었다.

동릉구에 5황제가 안장되어 있는데 비해 나머지 5황제 가운데 마지막 황제 부의를 제외한 4명의 황제는 북경에서 서남으로 약 120㎞ 떨어진 하북성 보정시 역현(易縣)의 영녕산(永寧山) 아래 서릉구에 묻혀있다.

옹정제는 즉위 초기 준화 경내에 자신의 음택지를 정하고 다량의 건축자재를 이곳으로 운반하여 묘실 조성에 착수하였다. 그러나 공사가 진행중이던 옹정 7년(1729) 지혈(地穴)에서 모래가 나온다는 이유로 공사를 중단하고 새로운 명당을 물색하였다. 그 결과 옹정 8년부터 태릉(泰陵)을 건설하기 시작하여 동릉에 대비되는 개념으로 서릉이 출현하게 되었다.

동릉과 서릉의 균형을 맞추기 위해 가경 원년인 1796년 태상황 건륭은 이후 각 황제의 능은 소목(昭穆)의 의례에 맞추어 동릉과 서릉에 차례로 조성하도록 유지를 내렸다. 서릉구에는 옹정제의 태릉, 가경제의 창릉(昌陵), 도광제의 모릉(慕陵), 광서제의 숭릉(崇陵) 등 황릉 4기 이외에도 후릉 3기 및 왕공·공주·비빈의 분묘가 산재하여 총 76명이 안장되었다. 이곳의 건축물만도 1천여 칸에 총 5만㎡에 달하는데 그 대부분이 아직까지 잘 보존되어 있다.

참고문헌*

■中文 · 日文

君達,『中國歷代創業皇帝』, 臺北: 國家, 2006.

君達,『中國歷代守成皇帝』, 臺北: 國家, 2006.

高陽,『清朝的皇帝』, 臺北: 風雲時代出版, 2001.

高晉,『南巡盛典』, 廣州: 廣東人民出版社, 2012.

羅哲文,『中國歷代皇帝陵墓』, 臺北: 外文, 1993.

冷山月,『開棺驗史: 中國歷代皇帝死因大揭密』, 臺北: 宇河文化出版, 2015.

單士元,『從紫禁城到故宮: 營建 · 藝術 · 史事』, 北京: 北京出版社, 2017.

段清波,『秦始皇帝陵園考古研究』, 北京: 北京大學出版社, 2011.

賴惠敏,『乾隆皇帝的荷包』, 臺北: 中央研究院近代史研究所, 2014.

馬曉宏,『嘉靖皇帝及其道教信仰』, 北京: 中華書局, 1992.

孟憲明,『帝王的藍海策略: 中國15個中興皇帝』, 臺北: 究竟出版, 2006.

苗棣,『大明亡國史: 崇禎皇帝傳』, 瀋陽: 遼寧人民出版社, 2014.

史景遷,『皇帝與秀才: 皇權遊戲中的文人悲劇』, 上海: 上海遠東出版社, 2005.

史景遷,『康熙: 重構一位中國皇帝的內心世界』, 臺北: 時報文化, 2015.

---

* 참고문헌은 當代의 저작에 한정하였음.

上官雲飛, 『大淸皇權遊戲: 以歷史的細節看皇帝權謀』, 臺北: 大旗出版, 2006.

徐連達, 『中國皇帝制度』, 廣州: 廣東敎育出版社, 1996.

徐衛民, 『夢回大秦帝國: 秦始皇帝陵與兵馬俑』, 北京: 旗林文化出版, 2006.

善從, 『中國皇帝大傳』, 蘭州: 西北國際文化出版, 2017.

蘇同炳, 『中國歷史上最具特色的皇帝』, 臺北: 臺灣商務印書館, 1991.

孫建華 編著, 『皇權中的大太監』, 北京: 西苑出版社, 2007.

於倬雲 主編, 『紫禁城宮殿』, 臺北: 臺灣商務印書館, 1988.

楊書銘, 『皇帝背後的權勢人物』, 臺北: 宇河文化出版, 2011.

楊珍, 『大淸第一家庭: 康熙皇帝一家』, 臺北: 廣場出版, 2016.

餘華靑, 『中國宦官制度史』, 上海: 上海人民出版社, 2006.

吳琦, 『明代'問題皇帝'硏究』, 北京: 中國社會科學出版社, 2015.

吳梓林, 『秦始皇帝』, 西安: 西北大學出版社, 1986.

吳晗, 『朱元璋大傳: 一個平民英雄‧一個血腥皇帝』, 臺北: 遠流, 1991.

劉九生, 『秦始皇帝陵與中國古代文明』, 北京: 科學出版社, 2014.

劉陽, 『五朝皇帝與圓明園』, 北京: 淸華大學出版社, 2014.

劉靜貞, 『皇帝和他們的權力: 北宋前期』, 臺北: 稻鄕, 1996.

陸虹, 『帝王的領導智慧: 中國15個開國皇帝』, 臺北: 究竟出版, 2006.

姚偉鈞, 『中國第一位平民皇帝: 劉邦』, 臺北: 笙易出版, 2000.

龍樹朗, 『秦始皇: 第一個統一中國的皇帝』, 臺北: 久佑達文化出版, 2007.

王鏡輪, 『做一個皇帝讀書郎: 從太子到天子的學習之路』, 北京: 華藝出版社, 2005.

王守棟, 『唐代宦官政治』, 北京: 中國社會科學出版社, 2009.

王一樵, 『紫禁城裡很有事: 明淸宮廷小人物的日常生活』, 臺北: 時報文化, 2017.

王子林, 『紫禁城風水』, 北京: 紫禁城出版社, 2005.

王佩環, 『淸帝東巡』, 瀋陽: 瀋陽出版社, 2004.

李甲孚, 『中國文化故事』, 臺北: 聯合報社, 1986.

李潔非, 『龍床: 14世紀-17世紀的六位中國皇帝』, 蘭州: 敦煌文藝出版社, 2006.

李福君, 『明代皇帝文書硏究』, 天津: 南開大學出版社, 2015.

李岩齡‧顧道馨‧王思厚‧韓廣澤, 『中國宮廷禮俗』, 天津: 天津人民出版社, 1991.

李俊芳, 『漢代皇帝施政禮儀硏究』, 北京: 中華書局, 2014.

李鴻淵 編著, 『宦官』, 北京: 中國社會出版社, 2009.

林永匡, 『清代宮廷文化通史』, 上海: 上海文藝出版社, 2014.

張克貴, 『紫禁城建築: 思想與時空的節點』, 北京: 紫禁城出版社, 2009.

章用秀, 『中國皇帝的婚媾』, 濟南: 山東文藝, 1991.

田家淇, 『秦始皇嬴政: 中華帝國的始皇帝』, 北京: 中國長安出版社, 2012.

趙中男, 『明朝的拐點: 永樂皇帝和他的子孫』, 北京: 中華書局, 2015.

周錫山, 『流民皇帝: 從劉邦到朱元璋』, 上海: 上海錦綉文章出版社, 2012.

朱星, 『中國皇帝評論』, 北京: 中華書局, 2005.

周蘇琴, 『建築紫禁城』, 北京: 故宮出版社, 2014.

周遠廉, 『乾隆皇帝下江南』, 北京: 北京燕山出版社, 1996.

朱鷹, 『王朝更替啟示錄-亡國皇帝』, 臺北: 華齡出版社, 2006.

趙廣超, 『大紫禁城: 王者的軸線』, 香港: 三聯書店(香港)公司, 2005.

趙雲田, 『中國十大開國皇帝』, 臺北: 臺灣商務印書館, 1990.

趙雲田, 『中國歷代亡國皇帝』, 臺北: 臺灣商務印書館, 1991.

陳俊強, 『皇恩浩蕩: 皇帝統治的另一面』, 臺北: 五南, 2005.

陳捷先, 『雍正: 勤政的皇帝.傳奇的一生』, 臺北: 國立故宮博物院, 2009.

陳捷先, 『康熙大帝: 中國歷史上最傑出的皇帝』, 臺北: 國立故宮博物院, 2011.

陳熙遠, 『皇帝的第一道與最後一道命令』, 臺北: 中研院史語所, 2016.

蔡石山, 『永樂皇帝』, 臺北: 聯經, 2008.

湯貴仁, 『泰山封禪與祭祀』, 濟南: 齊魯書社, 2003.

馮天瑜, 『中國七大古都: 從殷墟到紫禁城』, 武漢: 武漢出版社, 1997.

何平立, 『巡狩與封禪: 封建政治的文化軌跡』, 濟南: 齊魯書社, 2003.

鶴間和幸, 『始皇帝的遺産: 秦漢帝國』, 桂林: 廣西師範大學出版社, 2014.

韓養民, 『尊佛的皇帝』, 濟南: 山東畫報出版社, 2008.

邢義田, 『天下一家: 皇帝·官僚與社會』, 北京: 中華書局, 2011.

向斯, 『皇帝的佛緣』, 北京: 紫禁城出版社, 2004.

胡阿祥·宋艷梅, 『中國國號的故事』, 濟南: 山東畫報出版社, 2008.

黃進興, 『皇帝, 儒生與孔廟』, 北京: 生活·讀書·新知三聯書店, 2014.

金子修一, 『中國古代皇帝祭祀の研究』, 東京: 岩波書店, 2006.

磯部淳史,『淸初皇帝政治の硏究』, 東京: 風間書房, 2016.

梅原鬱,『皇帝政治と中國』, 東京: 白帝社, 2003.

福島大我,『秦漢時代における皇帝と社會』, 東京: 專修大學出版局, 2016.

小前亮,『始皇帝の永遠 : 天下一統』, 東京: 講談社, 2016.

■ 국문

구성희,『고대중국의 제왕』, 서울: 신서원, 2011.

김용범,『주제로 읽는 중국역사』, 서울: 도서출판 보성, 2011.

렁청진 지음, 박광희 옮김,『제왕과 책사』, 서울: 다산북스, 2015.

미타무라 다이스케 지음, 한종수 옮김,『환관 이야기: 측근 정치의 구조』,
　　　서울: 아이필드, 2015.

박영규 지음,『환관과 궁녀: 역사를 움직인 숨은 권력자』, 서울: 웅진씽크
　　　빅, 2009.

박인수 지음,『환관: 황제의 비서실장』, 서울: 석필, 2003.

柏楊 저, 김영수 옮김,『제왕지사(帝王之死)』, 서울: 도서출판 창해, 2007.

미타무라 다이스케 지음, 한종수 옮김,『환관이야기: 측근정치의 구조』, 서
　　　울: 아이필드, 2015.

샹관핑 저, 한정민 옮김,『중국사 열전 후비(后妃)-황제를 지배한 여인들』,
　　　서울: 도서출판 달과 소, 2011.

서영,『중국역사가 기억하는 비범한 여성들』, 서울: 책벗, 2015.

시앙쓰 지음, 강성애 옮김,『황제를 지배한 여인들』, 서울: 미다스북스, 2016.

申採湜 著,『宋代 皇帝權 硏究』, 파주: 한국학술정보, 2010.

앤 팔루던 지음, 이동진·윤미경 옮김,『중국 황제』, 서울: 갑인공방, 2004.

옌 충니엔 지음, 장성철 옮김,『청나라, 제국의 황제들』, 서울: 산수야, 2017.

이양자,『역사를 움직인 중국 여성들』, 서울: 살림출판사, 2015.

왕징룬 지음, 이영옥 옮김,『중국의 황태자교육』, 파주: 김영사, 2007.

장위싱 지음, 허유영 옮김,『황제들의 숨겨진 중국사』, 서울: 이가출판사, 2017.

張熙興,『朝鮮時代 政治權力과 宦官』, 서울: 景仁文化社, 2006.

최룡관 편저,『중국황제와 천하를 지배한 여인들』, 서울: 미래문화사, 2012.

찾아보기

ㄱ

가례(嘉禮) 99, 105, 107
가붕(駕崩) 293
가이륵(加異勒) 178
가정(嘉靖) 43, 59, 101, 102, 116, 133, 139, 143, 184, 185
가지(柯枝) 178
가창(賈昌) 279
가평(嘉平) 74
가휘(家諱) 54
각루방(刻漏房) 158
각저(角抵) 272, 273
간문제(簡文帝) 55
간문태후(簡文太后) 55
간육방(幹肉房) 252
감국(監國) 170
감군제도(監軍制度) 165
감로문(甘露門) 85
감로전(甘露殿) 90
감합(勘合) 152, 154
갑자고(甲字庫) 157, 171
갑주(甲冑) 199, 200
강녕부(江寧府) 287
강도(江都) 284, 285
강릉(康陵) 305
강채(姜埰) 134
강해(姜垓) 134
강희(康熙) 36

개부의동삼사(開府儀同三司) 166, 167
개요(開耀) 37
개원(開元) 93
거섭(居攝) 72
거여(車輿) 30
거인(擧人) 128
건강(建康) 40, 227
건녕왕(建寧王) 168
건덕(建德) 230
건륭제 66, 104, 105, 107, 119, 130, 143, 145, 186, 219, 242, 255, 269, 273, 275, 286, 287, 288, 318
건모국(巾帽局) 155
건봉(乾封) 37
건수당(乾壽堂) 66
건안(建安) 72, 73
건원(建元) 36
건원전(乾元殿) 229
건장궁(建章宮) 87
건청궁(乾淸宮) 65, 85, 106, 117, 118, 123, 125, 127, 128, 130, 159, 204, 207, 213, 219, 235, 239, 240, 241, 256, 258, 263, 295
건청문 82, 86, 116, 117, 118, 123, 124, 131, 139, 204, 207, 239, 252
건평(建平) 38
걸(桀) 35
걸교루(乞巧樓) 220
겹제(袷弟) 104

격격(格格) 47
격구(擊球) 278
격국(擊鞠) 278
경고방(更鼓房) 158
경관(京官) 127
경덕진(景德鎭) 259
경릉(敬陵) 305
경릉(景陵) 316, 318
경사(卿士) 22
경사방(敬事房) 159, 209, 281
경상자(庚桑子) 234
경수(經水) 308
경양궁(景陽宮) 243
경양절(慶陽節) 214
경운문(景運門) 207, 239, 253
경원(景元) 75
경원절도사(涇原節度使) 279
경인궁(景仁宮) 174, 243
경적(耕籍) 137
경제(景帝) 304, 315
경종(敬宗) 231
경종(景宗) 39
경초(景初) 74
경친왕(慶親王) 49
계(啓) 22, 57
계방(鷄坊) 279
계상궁(啓祥宮) 243
고가부(鼓架部) 272
고귀향공(高貴鄕公) 74
고금통집고(古今通集庫) 154
고담(高湛) 27, 65, 66
고도(皐陶) 21
고동고(顧棟高) 25
고력사(高力士) 66, 150, 165, 166,
    167, 175
고륜공주(固倫公主) 47, 48
고문(庫門) 84, 89

고문(皐門) 84, 89
고삭(告朔) 103
고산패자(固山貝子) 48, 50
고소대(姑蘇臺) 87
고양(高洋) 66
고연복(高延福) 165
고위(高緯) 66, 274
고조(高祖) 27, 42, 44, 55, 56, 59, 66,
    68, 69, 70, 192, 229, 265, 272,
    278, 304, 308, 310
고종(高宗) 27, 37, 42, 44, 55, 101,
    221, 234, 245, 270
고주도독(高州都督) 165
고항(高恒) 279
고환(高歡) 65, 66
곤(鯀) 19, 20, 21
곤명지(昆明池) 87
곤복(袞服) 244, 245
곤양(昆陽) 177
공(蛩) 280
공녀(貢女) 169
공대명부(恭待命婦) 205
공묘(孔廟) 286, 288
공봉고(供奉庫) 96
공부(工部) 108, 201, 206
공부상서(工部尙書) 119, 279
공비(恭妃) 139
공비고(供備庫) 95
공사(貢士) 128
공심구(空心球) 277
공주(公主) 31, 45, 46, 47, 48, 159,
    161, 186, 196, 200, 206, 208, 242,
    243, 244, 257, 263, 269, 285, 318,
    319
공주(共主) 18, 20, 21, 26, 27
공친왕(恭親王) 49, 126, 146, 173
공현(鞏縣) 311

공후(公侯) 49, 115
과도관(科道官) 117
곽거병(霍去病) 304
관곽(棺槨) 298
관군대장군(官軍大將軍) 166
관례(冠禮) 209
관면(冠冕) 154
관음보살(觀音菩薩) 234
광록경(光祿卿) 254
광록대부(光祿大夫) 71
광록훈(光祿勳) 254
광서(光緒) 42, 105, 175, 194, 197,
    198, 204, 241, 319
광영고(廣盈庫) 157
광적고(廣積庫) 158
광종(光宗) 139, 172
광택(光宅) 38
광평왕(廣平王) 168
광혜고(廣惠庫) 158
괘로국(掛爐局) 253
괵국공(虢國公) 164
교감후(絞監侯) 182
교방(教坊) 221, 272
교방사(教坊使) 272
교방사(教坊司) 273
교사(郊祀) 101, 223, 224
교습소(教習所) 261
교위(校尉) 115, 133, 134, 200
교축가(交祝歌) 205
교태전(交泰殿) 144, 172, 204, 239,
    242
구결(勾決) 130, 131
구겸지(寇謙之) 232
구니도성(仇尼道盛) 163
구도(勾到) 130
구두(毬頭) 277
구순령(鉤盾令) 161, 176

구시(久視) 38
구오지존(九五之尊) 34
구원(九原) 283
구장(球杖) 278
구천구백세(九天九百歲) 170
국보(國寶) 140
국휘(國諱) 54, 55
군(君) 22, 35
군군(郡君) 53
군기방(軍機房) 90
군기처 91, 122, 174
군례(軍禮) 99
군수(軍需) 162
군왕(君王) 35, 44
군왕(郡王) 49, 61
군주(郡主) 52
궁관(宮觀) 235
궁녀(宮女) 34, 87, 94, 96, 116, 139, 182,
    184, 185, 186, 187, 192, 193, 194,
    196, 209, 220, 221, 243, 271, 272
궁비(宮婢) 184, 185
궁빈(宮嬪) 186
궁시(宮市) 83
궁액(宮掖) 79
궁온(宮醞) 184
궁인(宮人) 155, 184, 185, 316
궁전감관사(宮殿監管事) 138
궁전감판사처(宮殿監辦事處) 159
궁직(宮直) 262
궁형(宮刑) 149, 150, 151, 163
귀비(貴妃) 45, 146, 186, 193, 194,
    242, 257, 260
귀인(貴人) 72, 186, 192, 194, 242,
    243, 257, 260
귀첩(貴妾) 192
규의(糾儀) 115
근견(覲見) 136

근신전(謹身殿) 85
근정친현(勤政親賢) 126
금교(金轎) 106
금능원(錦綾院) 96
금릉(金陵) 268
금병(禁兵) 165
금보(金寶) 107, 143, 146, 199, 202,
    206
금봉(金鳳) 108, 109
금사남목(金絲楠木) 295
금산(金山) 288, 315
금수교(金水橋) 105, 109, 204, 114
금액(禁掖) 239
금오장군(金吾將軍) 279
금중(禁中) 30
금중기거주 135
금책(金冊) 146, 199, 202, 206, 207
급사중(給事中) 136, 163
기거랑(起居郎) 135
기거령사(起居令史) 135
기거사인(起居舍人) 135
기거주관(起居注官) 117
기거주관(起居注館) 136
기거주책(起居注冊) 135, 136, 137, 138
기념(紀念) 248
기당태감(記檔太監) 123
기도위(騎都尉) 71
기련곡(起輦谷) 313
기승냥(奇承娘) 169
길례(吉禮) 99
길복(吉服) 244, 245, 246, 248
길선행(吉善行) 233

ㄴ

낙읍(洛邑) 40
난완(暖碗) 259

난의위(鑾儀衛) 107, 108
난정서(蘭亭序) 269
난하(灤河) 253
남경(南京) 40, 85, 177, 179, 248, 268,
    287, 288, 306, 315
남당(南唐) 268
남무리(南巫里) 178
남부(南府) 273
남삼소(南三所) 252
남서방(南書房) 91
남송(南宋) 27, 46, 101, 143, 218, 221,
    250, 270, 271, 312
남순(南巡) 62, 285, 286, 287, 288
남안왕(南安王) 163
남연(南燕) 38
남전(藍田) 141
남화진인(南華眞人) 234
납채(納采) 199, 200, 201
낭세녕(郎世寧) 276
낭중령(郎中令) 160, 254
내각 90, 91, 114, 117, 122, 123, 128,
    130, 131, 132, 137, 153, 184, 199,
    206, 207, 208, 241
내각대학사 131
내각수보 122
내관(內官) 125, 132, 156
내관감(內官監) 153
내금(內禁) 239
내동문사(內東門司) 96
내무부(內務府) 123, 159, 181, 182,
    185, 195, 196, 199, 200, 203, 209,
    247, 252, 254, 255, 281, 282
내물료고(內物料庫) 95
내부(內府) 97, 145
내부공용고(內府供用庫) 156
내비서원(內秘書院) 136
내삼원(內三院) 90

내선대전(內禪大典) 67, 70
내수(內竪) 149
내승운고(內承運庫) 156
내시(內侍) 95, 149
내시성(內侍省) 95, 96, 164, 166
내신(內臣) 149
내안락당(內安樂堂) 186, 187
내외양구처(內外養狗處) 282
내장(內場) 129
내주사처(內奏事處) 123, 124, 125
내직염국(內織染局) 156
내홍문(內紅門) 317
노 은공(魯 隱公) 41
노군묘(老君廟) 233
노문(路門) 84, 85
노불야(老佛爺) 174
녹대(祿臺) 273
농현(隴縣) 283
누르하치(努爾哈赤) 41, 195, 317
누조(嫘祖) 18
능실(凌室) 94, 95
능인(凌人) 94
능침(陵寢) 292, 297, 298, 299, 300,
    301, 303, 305, 306, 307, 308, 309,
    310, 312, 316, 317

ㄷ

다라군왕(多羅郡王) 49
단릉(端陵) 310
단문(端門) 83, 85, 86, 108, 294
단양(丹陽) 306
단응전(端凝殿) 107, 240
단조(端罩) 244
단지(丹墀) 114, 117, 257
단폐(丹陛) 107, 115
답국(踏鞠) 276

답국(蹋鞠) 276
답응(答應) 186, 194, 242
당(唐) 19, 27, 35, 39, 41, 55, 56, 66,
    68, 69, 81, 85, 92, 101, 138, 140,
    164, 165, 193, 214, 217, 219, 221,
    229, 233, 268, 269, 272, 277, 278,
    280, 306, 307, 309
대경전(大慶殿) 81, 90, 95, 217, 218,
    223
대궁문(大宮門) 316
대내(大內) 239
대도(大都) 85, 170
대련(對聯) 201
대만(臺灣) 286
대명궁(大明宮) 81
대명문(大明門) 85, 109
대벽(大辟) 151
대사(大赦) 37
대사구(大司寇) 84
대사마(大司馬) 71, 85, 162, 163
대사마대장군(大司馬大將軍) 71
대송수명지보(大宋受命之寶) 143
대승여(大升輿) 294
대식(對食) 187
대업(大業) 73, 284
대열(大閱) 99
대운경(大雲經) 228
대장군(大將軍) 74, 161, 162, 163
대전(大殿) 70, 81, 82, 294, 306
대전려 129
대정례(大征禮) 200, 201
대족(大足) 38
대종(代宗) 56, 67, 166, 168, 169, 231
대종(大宗) 25, 26
대주(大周) 70
대청문(大清門) 85, 86, 109, 204
대청사자지보(大清嗣子之寶) 143

대청수명지보(大淸受命之寶) 143
대풍가(大風歌) 265, 266
대학사 90, 105, 108, 117, 118, 122,
    131, 185, 199, 202, 207
대합제(大合祭) 103
대행황제(大行皇帝) 293
대혼(大婚) 99, 173, 195, 197, 198, 199,
    201, 204, 205, 206, 208, 242, 295
대흥성(大興城) 85
덕비(德妃) 193
덕주(德州) 62, 174
도관(道觀) 235
도군황제(道君皇帝) 235
도르곤(多爾袞) 105, 195
도무제(道武帝) 193
도지감(都知監) 154
도홍경(陶弘景) 232, 233
독고황후(獨孤皇后) 193
독섭만기(督攝萬機) 142
동경(東京) 90, 231
동관(童貫) 163
동궁(東宮) 45, 89, 161, 166, 209
동난각(東暖閣) 106, 126, 204, 205, 242
동도당(同道堂) 145
동령진인(洞靈眞人) 234
동릉(東陵) 287, 295, 317, 319
동방도(東方道) 283
동석(凍石) 145
동순(東巡) 160, 275, 285
동아프리카 179
동위(東魏) 73, 227
동육궁(東六宮) 159, 174, 239, 242,
    243
동이방(東耳房) 241
동자바 178
동제(東帝) 29
동주(同州) 231

동주(東珠) 246, 247, 248
동중서문하평장사(同中書門下平章事)
    121
동직실(東織室) 94
동진사출신(同進士出身) 129
동창(東廠) 172
동태사(同泰寺) 227, 228
동평왕 163
동혼후(東昏侯) 40
동화문(東華門) 124, 154, 295
두릉(杜陵) 303
두시(豆豉) 250
두여회(杜如晦) 68
두예(杜預) 47
두장(豆醬) 250
두태후(竇太后) 35, 161
두헌(竇憲) 161, 176
등극(登極) 36, 40, 60, 65, 67, 73, 74,
    75, 99, 113, 162, 165, 166, 167,
    168, 169, 195, 206, 228, 244, 295
등작낙산(登作樂山) 267
등절(燈節) 218
등태후(鄧太后) 176

ㄹ

래주(萊州) 284
리호(螭虎) 141, 142

ㅁ

마구(馬球) 278, 279
마외파(馬嵬坡) 66
만귀비(萬貴妃) 45
만력(萬曆) 116, 138, 139, 172
만세등봉(萬歲登封) 38
만세통천(萬歲通天) 38
만수산(萬壽山) 88

만수야(萬壽爺)   34
만한(滿漢)   119, 123, 200
만한전석(滿漢全席)   253
말라카   178
말레이시아   179
망산(邙山)   305
맹동(孟冬)   104
맹진현(孟津縣)   305
맹추(孟秋)   104
맹춘(孟春)   104
맹하(孟夏)   104
면복(冕服)   245
명경(明經)   128
명당(明堂)   229
명루(明樓)   317
명원제(明元帝)   38
명장(命將)   99
명정(銘旌)   294
명제(明帝)   40, 55, 74, 101, 161, 175,
    218, 226, 305
명찬관(鳴贊官)   106
명편교위(鳴鞭校尉)   106, 114, 202
명황(明黃)   245
모가디슈   179
모릉(慕陵)   319
모순릉(母順陵)   310
모용덕(慕容德)   38
모용요(慕容瑤)   38
목야호(木野狐)   271
목종(穆宗)   138, 231, 279
몽고시위(蒙古侍衛)   123
묘계(卯階)   224
묘실   307, 308, 309, 318
묘호(廟號)   42, 43, 54, 293
무관도(武關道)   283
무근전(懋勤殿)   130, 131, 240
무령왕(武寧王)   29

무릉현(茂陵縣)   304
무비원(武備院)   208
무삼사(武三思)   165
무성제(武成帝)   27, 44, 65
무연(舞涓)   192
무영전(武英殿)   90
무왕(武王)   29, 41
무자고(戊子庫)   157
무정(武丁)   42
무제(武帝)   33, 36, 43, 47, 55, 87, 101,
    185, 192, 193, 218, 226, 227, 228,
    229, 230, 254, 267, 271, 272, 274,
    276, 304
무종(武宗)   59, 170, 171, 214, 221,
    231, 310
문덕(文德)   90
문릉(文陵)   305
문사원(文思院)   96
문상(文祥)   146
문서방(文書房)   138, 139
문선왕(文宣王)   234
문성제(文成帝)   164
문수보살(文殊菩薩)   234
문신(門神)   201
문연각(文淵閣)   122
문자(文子)   234
문제(文帝)   59, 74
문종(文宗)   138, 169, 231
문화전(文華殿)   90
문후(文侯)   73
미앙궁(未央宮)   71, 81, 89, 94, 95
미염고(米鹽庫)   153
미인(美人)   192, 193

ㅂ

박륙군왕(博陸郡王)   169

박불화(朴不花) 169, 170
박주(亳州) 73
박희(薄姬) 59
반고(盤古) 17, 34
반국(飯局) 253
반비(潘妃) 40
반주자사(潘州刺史) 165
반차(班次) 116
반청복명(反淸復明) 286
발발탁(餑餑桌) 257
발해군공(渤海郡公) 166
방사(方士) 232, 235
방안(榜眼) 128
방장(方丈) 87
방택단(方澤壇) 102
방현령(房玄齡) 68
배도(陪都) 73
배운(背雲) 248
배장묘(陪葬墓) 166, 304, 309
배주관(陪奏官) 117
백랍(白蠟) 156
백마사(白馬寺) 226
백사등(白紗燈) 124
백성(柏城) 309
백익(伯益) 21
백타(白打) 277
번왕(藩王) 155
범문(梵文) 143
법서(法書) 145
법장(法藏) 229
법주고(法酒庫) 96
벽군(辟君) 23
벽방(辟方) 25
벽옹(辟雍) 137
벽왕(辟王) 23
별전(別殿) 300
병방(兵房) 93

병자고(丙字庫) 157
병장국(兵仗局) 155
병필태감(秉筆太監) 122, 152, 172
보(黼) 244, 245
보건(保健) 251
보국(輔國) 167
보국공(輔國公) 51, 52
보국대장군(輔國大將軍) 164
보국장군(輔國將軍) 51, 52
보록(寶盝) 144
보림(寶林) 193
보문각(寶文閣) 95
보새(寶璽) 140, 142, 242
보안(寶案) 201, 202, 206, 207
보응(寶應) 166, 168
보인(寶印) 293, 294
보정(寶頂) 317
보정(寶鼎) 37
보정대신(輔政大臣) 60
보초사(寶鈔司) 155
보현보살(普賢菩薩) 234
보화전(保和殿) 86, 90, 106, 128
복건(福建) 178, 250
복대(福臺) 273
복릉(福陵) 317
복진(福晋) 49, 205, 206, 244
복희(伏羲) 17, 18
본시(本始) 37
봉국(封國) 22, 26, 49
봉국장군(奉國將軍) 52
봉래(蓬萊) 87
봉상(鳳翔) 37, 283
봉선(封禪) 37, 99, 100, 101, 283
봉선전(奉先殿) 61
봉신전(奉宸殿) 95
봉양(鳳陽) 172
봉은장군(奉恩將軍) 52

봉천문(奉天門) 85, 114
봉천전(奉天殿) 85
봉호(封號) 47, 48, 53, 197
부(符) 140
부경주(浮景舟) 285
부도어사(副都御史) 124
부도통(副都統) 124
부사자계(父死子繼) 24
부성(阜城) 172
부소(扶蘇) 59, 160
부용금계도(芙蓉錦鷄圖) 270
부용탕(芙蓉湯) 88
부인(夫人) 18, 35, 50, 60, 191, 192,
   193, 198, 200, 244, 313
부포장(副庖長) 253
부험(符驗) 154
부형(腐刑) 151
부황(父皇) 70, 170, 214
북궁문(北宮門) 89
북량(北涼) 230
북송(北宋) 44, 56, 67, 143, 222, 223,
   235, 250, 268, 269, 305, 310, 311,
   312
북오소(北五所) 159
북제(北齊) 27, 44, 65, 66, 73, 142,
   230, 254, 274, 279
분대(粉黛) 191
분봉(分封) 22, 25, 26, 31, 32
분수(汾水) 37
불(黻) 244, 245
불두(佛頭) 248
불화(不花) 169
비답(批答) 122
비본처(批本處) 240
비빈(妃嬪) 48, 58, 87, 94, 140, 159,
   175, 191, 192, 193, 194, 196, 197,
   209, 213, 217, 220, 221, 239, 241,
   242, 243, 248, 249, 251, 256, 285,
   287, 316, 318, 319
비상전(飛霜殿) 88
비어(批語) 122
비주(批硃) 122, 153
비첩(碑帖) 145
비홍(批紅) 122
빈례(賓禮) 99

ㅅ

사공(司空) 168
사관(司官) 108, 109
사구(沙丘) 160, 284
사도(司徒) 75
사령태감(使令太監) 123
사례감(司禮監) 122, 133, 152, 153,
   172
사림(舍林) 247
사마광(司馬光) 56
사마망(司馬望) 75
사마사(司馬師) 74
사마소(司馬昭) 74, 75
사마염(司馬炎) 70, 74, 75
사마욱(司馬昱) 55
사마의(司馬懿) 74
사마천(司馬遷) 18, 33, 151
사맹시향(四孟時享) 104
사목합(沙穆哈) 61
사문(司門) 209
사사명(史思明) 66
사설감(司設監) 153
사수산(社首山) 100
사시제(四時祭) 103
사악(四岳) 20, 21
사원국(司苑局) 156
사월고(司鑰庫) 156

사은(謝恩) 115, 201
사의(司儀) 209
사인(寺人) 149
사장(司帳) 209
사전(辭奠) 294
사종(思宗) 172
사집고(四執庫) 247
사침(司寢) 209
삭사감(搠思監) 169, 170
산고수장루(山高水長樓) 219
산릉붕(山陵崩) 293, 298
산서성(山西省) 19, 26, 229, 283
삼공구경(三公九卿) 120, 216
삼궤구고(三跪九叩) 102, 105, 106,
  108, 109, 115, 199, 200, 203, 207,
  225, 259
삼묘(三苗) 21
삼법사(三法司) 130
삼보(三保) 177
삼보(三寶) 177
삼보롱(三寶壟, Semarang) 178
삼사탁지사(三司度支使) 121
삼산오원(三山五園) 88
삼조오문(三朝五門) 80, 84, 85, 86
삼화(三和) 119
삼황(三皇) 17, 18
상계(上界) 96
상관(尙冠) 95
상국(相國) 75
상군도(上郡道) 283
상락(商洛) 283
상련(尙輦) 95
상례(喪禮) 293, 298
상리주(翔螭舟) 285
상림원(上林苑) 87
상방령(尙房令) 176
상방보검(尙房寶劍) 176

상보감(尙寶監) 144, 154
상보사(尙寶司) 144
상복(常服) 107, 131, 244, 246, 248
상복(相扑) 272
상부(尙父) 159, 168, 173, 300
상사(尙舍) 95
상서방(上書房) 106
상석(尙席) 95
상선(尙膳) 252, 253
상선감(尙膳監) 153
상선부(尙膳副) 253
상선정(尙膳正) 253
상승(尙乘) 95
상승교(尙乘轎) 240
상식(尙食) 95
상아(象牙) 145, 275
상약(尙藥) 95
상온(尙醞) 95
상욕(尙浴) 95
상원(上元) 37, 166
상원절(上元節) 218
상월대(賞月臺) 221
상의(尙衣) 95
상의감(尙衣監) 154
상재(常在) 186, 194, 242, 257
상제(嘗祭) 103
상조(常朝) 42, 84, 113, 114, 116, 121,
  216
상조어문(常朝御門) 114, 116
상주(商州) 231
상차(尙茶) 253
상차부(尙茶副) 253
상차정(尙茶正) 253
새(璽) 30, 140, 141, 142, 143
새보(璽寶) 140, 144, 152
색니(索尼) 60, 61
색액도(索額圖) 61, 62

생구방(牲口房) 158
생인(牲人) 82
생체(牲體) 100
생축(牲畜) 82
샴(태국) 178
서난각(西暖閣) 126, 128, 241
서릉(西陵) 287, 295, 317, 319
서반(序班) 115
서방도(西方道) 283
서시(西施) 271
서양(西洋) 178
서연(西燕) 38
서원(西苑) 132, 235
서자바 178
서자바왕 178
서제(西帝) 29
서조지인(書詔之印) 143
서직실(西織室) 94
서패(序牌) 115
서학도(瑞鶴圖) 270
서화문(西華門) 252
석륵(石勒) 38
석비(石碑) 307, 312
석수(石獸) 306, 307, 312, 315, 316
석신사(惜薪司) 154
석주(石柱) 307
선덕(宣德) 122
선덕루(宣德樓) 90, 224
선덕십물고(宣德什物庫) 95
선릉(宣陵) 305
선무제(宣武帝) 38
선방(膳房) 61, 152, 252, 253, 254,
   255
선비족(鮮卑族) 162, 230
선성태수(宣城太守) 271
선실(宣室) 89
선양(禪讓) 19, 20, 21, 22, 57, 70, 233

선왕(宣王) 29
선위(禪位) 73
선잠단(先蠶壇) 242
선제(宣制) 199, 202
선제(宣帝) 37, 303
선조대(宣詔臺) 108, 109
선종(宣宗) 42
선패(膳牌) 124, 125, 209, 211, 241
설봉창(雪鋒槍) 275
섬서성(陝西省) 25, 26, 37, 55, 66,
   166, 283, 301, 304
섭황제(攝皇帝) 72
성국공(郕國公) 167
성군왕(城郡王) 61
성도(成都) 166
성력(聖歷) 38
성시(城市) 20
성신황제(聖神皇帝) 228
성약(成藥) 263, 264
성인휘(聖人諱) 54
성절(聖節) 215
성제(成帝) 71, 272, 277
성조(成祖) 85, 293
성조(聖祖) 36
성중(省中) 30
성지(聖旨) 118, 133, 144
성화(成化) 133
세부(世婦) 191
세종(世宗) 42, 229, 235
소강(蕭綱) 267
소견(召見) 122, 125, 126, 136
소국(素局) 253
소기거주(小起居注) 138
소대신공(召對臣工) 125
소도성(蕭道成) 70
소둔촌(小屯村) 81
소릉(昭陵) 308, 309, 310, 317

소명태자(昭明太子) 267
소목(昭穆) 319
소무제(昭武帝) 38
소보권(蕭寶卷) 40
소복(素服) 131, 295
소본(疏本) 123
소부(少府) 150
소사(少使) 192
소수전(小水殿) 285
소식(素食) 227
소양왕(昭襄王) 29
소연(蕭衍) 70, 226, 227, 267
소엽탕(蘇葉湯) 222
소용(昭容) 193
소원(昭媛) 193
소의(昭儀) 192, 193
소인전(昭仁殿) 240
소전(小篆) 141
소제(少帝) 162
소제(昭帝) 37
소종(小宗) 25, 26, 279
소주(蘇州) 178, 248, 287
소주지부(蘇州知府) 280
소통(蕭統) 267
소향후(鄕鄕侯) 161
소화(蕭華) 168
소황문(小黃門) 161, 162
소흥(紹興) 288, 312
손갈후(孫渴侯) 164
손권(孫權) 72, 266
손호(孫皓) 192
송(宋) 32, 33, 46, 52, 56, 70, 84, 93,
    95, 96, 97, 101, 142, 143, 163,
    215, 217, 223, 224, 249, 250, 252,
    254, 267, 270, 273, 310, 311
송귀인(宋貴人) 176
송신(送神) 102

수강궁(壽康宮) 239
수공(垂拱) 38, 90
수금체(瘦金體) 269
수내사(修內司) 96
수녀(秀女) 194, 195, 196, 197
수녕궁(壽寧宮) 239
수당태감(隨堂太監) 152
수대(壽臺) 273
수마트라 178, 179
수명보(受命寶) 143
수명새(受命璽) 142
수보(首輔) 122
수산석(壽山石) 145
수선단(受禪壇) 75
수시태감(隨侍太監) 123
수약방(壽藥房) 263, 264
수용(修容) 193
수원(修媛) 193
수의(修儀) 193
수인(燧人) 17, 18, 304
수제육(受祭肉) 102
수창절(壽昌節) 214
수화(綏和) 71
숙비(淑妃) 193, 274
숙순(肅順) 146
숙연산(肅然山) 100, 101
숙위(宿衛) 254
숙종(肅宗) 56, 166, 167, 168, 231
숙친왕(肅親王) 49
순(舜) 17, 18, 19, 20, 21, 27
순상(順常) 192
순자(荀子) 25
순정문(順貞門) 197
순제(順帝) 169, 170, 305
순치(順治) 42
순친왕(醇親王) 49, 126
순행(巡幸) 37, 246, 282, 283, 284,

285, 286, 287, 288
순화(淳化)   283
숭릉(崇陵)   319
숭산(嵩山)   100, 287, 311
숭산도사(嵩山道士)   232
숭정(崇禎)   132, 134, 152
승건궁(承乾宮)   243
승덕(承德)   88, 275
승운고(承運庫)   157
승천문(承天門)   85, 90
승평(承平)   163
승평서(升平署)   273
승회의(僧懷義)   229
시건국(始建國)   38, 72
시매사(市買司)   96
시명(諡名)   39
시법(諡法)   39
시삭(視朔)   103
시원(始元)   37
시위(侍衛)   34, 117, 129, 202, 203,
    204, 210, 256, 275, 281
시정기(時政記)   121
시호(諡號)   39, 40, 41, 42, 43, 54, 71,
    146, 169, 293
신(新)   72
신고(神庫)   317
신공(神功)   38
신궁감(神宮監)   153
신농(神農)   17, 18
신도후(新都侯)   71
신룡전(神龍殿)   90
신릉(愼陵)   305
신무문(神武門)   197
신무제(神武帝)   65
신문(神門)   311
신백여(神帛輿)   294
신보(神寶)   142

신부(信符)   154
신비(宸妃)   193
신새(神璽)   142
신유전(神游殿)   309
신유정변(辛酉政變)   146, 173
신작(神爵)   37
신정(新鄭)   18
신종(神宗)   138, 139, 172, 316
신주(神廚)   317
신풍(新豊)   55, 276
신형사(愼刑司)   182
신화(myth)   17, 19, 219
실론   178, 179
실솔(蟋蟀)   280
실심구(實心球)   277
십상시(十常侍)   161, 162

ㅇ

아가(阿哥)   45, 186, 243, 257, 318
아라비아반도   179
아세(亞歲)   222
아유르시리다라(愛猷識理答臘,
    Ayurširidara)   169
악부(樂府)   271, 272
안덕해(安德海)   172, 173, 174
안록산(安祿山)   66, 166
안릉(安陵)   304
안릉현(安陵縣)   304
안민창(安民廠)   159
안양시(安陽市)   73, 81
안제(安帝)   176, 305
안찰사(按察使)   124
안화왕(安化王)   170
애신각라홍력(愛新覺羅弘曆)   27
애제(哀帝)   38, 71
액문(掖門)   114, 116

액부(額駙) 48
액정궁(掖庭宮) 89
야(爺) 34
약대(藥袋) 263
약방(藥房) 152
약제(礿祭) 103
양각산(羊角山) 233
양견 67
양광(楊廣) 40, 67
양국충(楊國忠) 66
양릉현(陽陵縣) 304
양보산(梁甫山) 100, 101
양사욱(楊思勖) 164, 165
양생처(養牲處) 281
양심전(養心殿) 125, 126, 127, 128,
    213, 240, 241, 253, 255
양왕(梁王) 265
양응요처(養鷹鷂處) 281
양의문(兩儀門) 85
양의전(兩儀殿) 85, 90
양인(良人) 192
양일청(楊一淸) 170, 171
양잠(養蠶) 151
양제(煬帝) 40, 67, 193, 233, 268, 284,
    285
양주대도독(揚州大都督) 166
양채(漾彩) 285
양평후(陽平侯) 71
양현보(羊玄保) 271
어교(御轎) 115
어녀(御女) 193
어마감(御馬監) 153
어문시사(御門視事) 118
어문청정(御門聽政) 113, 114, 116,
    117, 118, 119
어보(御寶) 140, 143, 144, 145, 154
어사(御史) 115, 131, 132, 170, 185

어상(御賞) 145
어새(御璽) 140
어서처(御書處) 145, 252
어선(御膳) 249
어안(御案) 126, 131
어약방(御藥房) 158, 240, 262, 263
어용감(御用監) 153, 159
어의(御醫) 173, 213, 261
어전전려(御前傳臚) 127
어전지인(御前之印) 143
어주(御廚) 252
어주방(御酒房) 156, 158
어차방(御茶房) 158, 240, 252, 253,
    256
어차선방(禦茶膳房) 252, 253, 254,
    258
어처(御妻) 191
언사(偃師) 80
엄관(閹官) 151
엄인(閹人) 149
엄환(閹宦) 149
업(鄴) 72, 73
업궁(鄴宮) 66
업성(鄴城) 73
여관(女官) 144, 184
여비(女婢) 184
여산(驪山) 88, 301
여산(麗山) 302
여수(女修) 73
여악(女樂) 271
여와(女媧) 17
여왕(厲王) 39
여의(如意) 38
여의관(如意館) 248
여일인(予一人) 23, 35
여주(汝州) 231
여후(呂后) 35, 56, 59

역현(易縣) 318
연(燕) 28, 29
연가행(燕歌行) 266
연강(延康) 73
연산산맥(燕山山脈) 315
연연(燕宴) 257
연연(筵宴) 99, 254
연왕(燕王) 177, 315
연재(延載) 38
연조(燕朝) 84, 85
연호(年號) 36, 37, 38, 39, 43, 55, 72,
    73, 75, 163, 293
연화탕(蓮花湯) 88
연희궁(延禧宮) 243
열시루(閱是樓) 273
열자(列子) 234
열후(列侯) 162
염위(冉魏) 73
염제(炎帝) 18
영(嬴) 28, 29, 160
영구(靈柩) 106, 313
영녕산(永寧山) 318
영대(靈臺) 86
영록(榮祿) 173
영록대부(榮祿大夫) 169
영륭(永隆) 37
영릉(永陵) 316, 317
영무(靈武) 167
영반시위(領班侍衛) 123
영불(佞佛) 227
영소(靈沼) 86
영수궁(寧壽宮) 239
영수궁(永壽宮) 243
영순(永淳) 37
영신(迎神) 102
영아지(影娥池) 87
영유(靈囿) 86

영은사(靈隱寺) 218
영정(嬴政) 28, 29
영제(永濟) 19, 305
영제(靈帝) 161, 162, 226
영조고(營造庫) 153
영종(英宗) 56, 67, 170, 185
영주(瀛州) 87
영창(永昌) 38
영천(潁川) 162
영칙관(領勅官) 115
영포(英布) 265
영휘(永徽) 37
예관(禮官) 41, 224
예복(禮服) 106, 223, 244, 245
예종(睿宗) 27, 231
예천현(禮泉縣) 166, 308
예친왕(睿親王) 49, 105
예친왕(禮親王) 49
예친왕(豫親王) 49
오계(午階) 224
오공대(五供臺) 317
오관(五官) 192
오국성(五國城) 269
오능원(五陵原) 303, 304
오도(五都) 73
오동원(梧桐園) 87
오례(五禮) 99
오봉(五鳳) 37
오사(五祀) 100
오삼계(吳三桂) 118
오악(五嶽) 100
오제(五帝) 17, 18, 29
오창시(吳昌時) 132
오형(五刑) 151
옥(玉) 141, 145, 259
옥련(玉輦) 102
옥백(玉帛) 100

옥새(玉璽) 66, 71, 72, 73, 108, 140, 160, 171, 293
옥천산(玉泉山) 88
옥첩(玉牒) 159
옥첩서(玉牒書) 101
옹염(顒琰) 67
옹현(雍縣) 37
와랄(瓦剌) 116
완의국(浣衣局) 155, 187
왕경홍 179
왕경홍(王景弘) 178
왕공비(王恭妃) 171
왕공창(王恭廠) 159
왕금(王禁) 71
왕금(王金) 235
왕망(王莽) 38, 70, 71, 72, 141, 192
왕봉(王鳳) 71
왕부(王府) 177, 253
왕불화(王不花) 169
왕안(王安) 171, 172
왕전(王翦) 54
왕정군(王政君) 70, 71, 141
왕제(王濟) 47
왕진(王振) 170
외관(外官) 125, 127, 132, 144
외상보사(外尙寶司) 144
외장(外場) 129
외제사(外諸司) 96
외주사처(外奏事處) 123, 124
요(堯) 17, 18, 19, 20, 21, 27
용봉문(龍鳳門) 316
용삭(龍朔) 37
용선(用膳) 249
용정(龍亭) 107, 108, 109, 145, 199, 200, 201, 202, 203, 204, 206, 207
용정후(龍亭侯) 176
용주(龍舟) 284

용화(容華) 192
우(禹) 19, 288
우(虞) 19
우릉(禹陵) 286
우문달(宇文達) 274
우문옹(宇文邕) 274
우복(雨服) 244, 246
우수산(牛首山) 179
우양사(牛羊司) 96
운남 177, 295
운남왕 177
운반(雲盤) 107, 108
운운산(雲雲山) 100
원강(元康) 37
원광(元光) 36
원군(元君) 23
원릉(原陵) 305, 308
원림(園林) 86, 87, 88, 263, 281
원명원(圓明園) 88, 105, 118, 211, 219, 241, 253, 281
원봉(元封) 36
원봉(元鳳) 37
원사(院使) 261
원사예(袁思藝) 166
원삭(元朔) 36
원소(袁紹) 73, 162
원소절(原宵節) 218
원수(元狩) 36, 37
원시(元始) 72
원재(元載) 168
원정(元鼎) 36, 37
원정선방(園庭膳房) 253
원제(元帝) 70, 71, 74
원판(院判) 261, 262
원평(元平) 37
원회의(元會儀) 305
월백(月白) 245

월왕(越王) 168
월일유의관(月一游衣冠) 300
월제(月祭) 103
월화문(月華門) 123, 125, 240
위(魏) 28, 47, 49, 70, 73, 74, 75, 101,
     135, 192, 254
위방(圍房) 241
위수(渭水) 301, 304, 308
위왕(衛王) 68, 72, 73
위청(衛靑) 304
위충현(魏忠賢) 150, 170, 171, 172,
     175, 180
유가항(劉家港) 179
유계(酉階) 224
유근(劉瑾) 133, 170, 171
유달(劉炟) 161
유도(留都) 85
유락원(乳酪院) 96
유릉(裕陵) 318
유변(劉辯) 162
유비(劉備) 266
유비(劉肥) 59
유석(劉奭) 70, 71
유선군(留仙裙) 272
유소(有巢) 17
유순(劉順) 170
유양(劉襄) 59
유영(劉盈) 59
유오(劉鶩) 71
유왕(幽王) 40
유웅(有熊) 18
유유(劉裕) 70
유자영(孺子嬰) 72
유주(幼主) 279
유준(劉駿) 267
유진정(劉進庭) 132
유철(劉徹) 36, 41, 42, 43, 55

유항(劉恒) 59
유향(劉向) 276
유호(有扈) 22
유흑달(劉黑闥) 69
육경궁(毓慶宮) 239
육과급사중(六科給事中) 122
육기(陸機) 34
육방(肉房) 252
육상(六尙) 95
육수정(陸修靜) 232
육조고도(六朝古都) 73
육직(六直) 262
윤(尹) 22
윤개(胤祄) 62
윤기(胤祺) 61, 63
윤당(胤禟) 64
윤사(胤禩) 61, 63, 64
윤아(胤䄉) 64
윤우(胤祐) 61
윤잉(胤礽) 60, 61, 63, 64
윤정(胤禎) 64, 65
윤제(胤禵) 61, 62, 63, 64
윤지(胤祉) 61, 63
윤진(胤禛) 61, 63, 64, 65
융경(隆慶) 116
융종문(隆宗門) 90, 139, 239
은기고(銀器庫) 252
은작국(銀作局) 155
은제(殷祭) 103
은청광록대부(銀靑光祿大夫) 165
을자고(乙字庫) 157
응문(應門) 84
의가(儀駕) 201, 202, 203, 204
의려(倚廬) 106, 107
의문(儀門) 200
의봉(儀鳳) 37
의빈(懿嬪) 212

의사(醫士)   261, 262
의생(醫生)   261, 263
의왕(懿王)   25
의의(依議)   124
이경(李璟)   268
이계(李系)   168
이단(李旦)   27
이담(李倓)   168
이리(伊犁)   182
이리두(二里頭)   80, 81
이목(吏目)   261
이방(吏房)   93
이보국(李輔國)   163, 166, 167, 168, 169
이봉이선(二封二禪)   101
이부(二府)   121, 127
이사(李斯)   31, 59, 141, 160
이선장(李善長)   93
이연(李淵)   27, 42, 55, 66, 68, 229,
    233, 234, 278
이연영(李蓮英)   150, 173, 174, 175
이예(李豫)   56, 168
이왕(夷王)   25
이욱(李煜)   268
이융기(李隆基)   27, 66, 164, 165, 166,
    272
이이(李耳)   233
이임보(李林甫)   66
이진충(李進忠)   171
이진희(李進喜)   174
이친왕(怡親王)   49
이현(李賢)   185
이형(李亨)   56, 66, 166, 167
익곤궁(翊坤宮)   243
익수고(益壽膏)   264
인견서료(引見庶僚)   126
인덕(麟德)   37
인수감(印綬監)   154

인종(仁宗)   56, 179, 251, 316
인주(人主)   30, 35
인황(人皇)   17
일강(日講)   136
일봉일선(一封一禪)   101
일정문(日精門)   240
일지삼산(一池三山)   88
임동현(臨潼縣)   301
임분(臨汾)   19
임영소(林靈素)   235
임옹(臨雍)   137
임인궁변(壬寅宮變)   116
임장현(臨漳縣)   73
임진도(臨晉道)   283
임청(林淸)   132
임평성(任平城)   163
입관(入關)   42, 90, 104, 105, 116, 123,
    136, 159, 172, 195, 198, 286, 295,
    317, 318
입내내시성(入內內侍省)   95

ㅈ

자계(子階)   224
자광각(紫光閣)   129
자궁(自宮)   171, 180
자금성   82, 85, 107, 109, 116, 124,
    139, 154, 172, 197, 211, 239, 241,
    252, 253, 254, 315
자녕궁(慈寧宮)   139, 202, 205, 206,
    208, 239
자명종   240, 242
자바   178, 179
자사(刺史)   231
자신전(紫宸殿)   90
자안태후   145, 146, 197, 241, 252
자영(子嬰)   140, 160

자오선 82
자정원사(資政院使) 169
자초(子楚) 54
자희태후(慈禧太后) 119, 146, 172,
    173, 174, 175, 197, 212, 241, 252,
    263, 295
작방(作坊) 96
작실문(作室門) 94
잔도(棧道) 283
잡물고(雜物庫) 96
장경(章京) 123
장광왕(長廣王) 66
장릉(張陵) 232
장릉(莊陵) 310
장릉(長陵) 293, 304, 308, 315, 316
장벌고(臟罰庫) 158
장부(丈夫) 86
장사(長使) 192
장삼영(張三營) 253
장성(長星) 36
장수(長壽) 38, 205, 217
장신문(長信門) 208
장안(長安) 38, 56, 66, 68, 69, 71, 73,
    85, 88, 165, 166, 167, 168, 233,
    266, 274, 276, 280, 303, 304, 308
장안우문(長安右門) 109
장안좌문(長安左門) 109
장양(張讓) 161, 162
장양왕(庄襄王) 28, 44, 54
장영(張永) 170, 171
장원(壯元) 128
장윤(張淪) 55
장의사(掌儀司) 181
장인태감(掌印太監) 152
장자(莊子) 55, 80, 81, 233, 234, 279
장제(章帝) 35, 161, 176, 305
장주(章奏) 34, 121, 122, 123, 152

장춘궁(長春宮) 174, 241, 243
장친왕(莊親王) 49
장포(長袍) 246
재계(齋戒) 102, 104, 224
재궁(梓宮) 294
재궁(齋宮) 102
재순(載淳) 145, 146, 173
재신(宰臣) 121
재원(載垣) 146
재인(才人) 139, 193
재조원(裁造院) 96
재집(宰執) 121
재초(載初) 38
재패(齋牌) 124
저당소(抵當所) 96
저수궁(儲秀宮) 212, 213, 243
적인걸(狄仁傑) 229
전국새(傳國璽) 141, 142
전륜성왕(轉輪聖王) 228
전문(殿門) 317
전선(傳膳) 249
전성(前省) 96
전시(殿試) 86, 127, 128, 129
전실(磚室) 307
전연(前燕) 73
전욱(顓頊) 17, 18, 19, 21, 73
전전후침(前殿後寢) 80, 81, 82
전정(殿廷) 135
전중상서(殿中尚書) 164
전중성(殿中省) 95
전지(田地) 29
전체(篆體) 144, 145
절안(節案) 202, 206, 207
점성(占城, Champa) 178, 179
점심국(點心局) 253
접본(摺本) 117
정국(廷鞫) 131

정대광명(正大光明) 65, 256
정덕(正德) 133, 170, 171
정릉(定陵) 316, 318
정릉(靖陵) 310
정릉(靜陵) 305
정명보(定命寶) 143
정명원(靜明園) 88
정부(政府) 121
정사당(政事堂) 93, 121
정선청리사(精膳淸吏司) 254, 258
정신(廷訊) 131, 132
정신(淨身) 150, 170, 173, 174, 181
정씨왕국(鄭氏王國) 286
정아춘(鄭亞春) 55
정얼(廷讞) 131
정원진(程元振) 168
정의원(靜宜園) 88, 288
정이헌(靜怡軒) 197
정자고(丁字庫) 157
정장(廷杖) 131, 132, 133
정정산(亭亭山) 100
정조(正朝) 216
정중(鄭衆) 161, 176
정충(靜忠) 167
정친왕(鄭親王) 49
정편(靜鞭) 115
정평(正平) 163
정화(征和) 36
정화(鄭和) 175
제 민왕(齊 潛王) 29
제(齊) 28, 254
제갈량(諸葛亮) 74
제고(制誥) 30
제곡(帝嚳) 17, 18, 19
제국공(齊國公) 166
제남(濟南) 174, 288
제본(題本) 123, 263

제석(除夕) 104
제왕(齊王) 68
제전(祭殿) 317
조갑(祖甲) 23
조고(趙高) 59, 160, 175, 180
조광윤 59, 67, 93, 224, 311
조광의(趙光義) 56, 67
조구(趙構) 27, 270
조길(趙佶) 269
조당(朝堂) 32, 131, 132, 284
조모(曹髦) 74
조묘(朝廟) 103
조반(朝班) 115
조방(曹芳) 74
조방(朝房) 117
조배(朝拜) 54, 216, 297, 301, 303,
        305, 306, 309, 310
조복(朝服) 108, 199, 200, 201, 206,
        217, 244, 245, 246, 248
조비(曹丕) 70, 72, 73, 74, 92, 266, 279
조비연(趙飛燕) 272
조상(曹爽) 74
조서(趙曙) 56
조식(曹植) 72, 266, 267, 278, 279
조신(朝臣) 41, 116, 133
조앙(曹昂) 72
조예(曹睿) 74
조옹(趙雍) 29
조운(漕運) 286
조웅(曹熊) 72
조익(趙翼) 35
조조(早朝) 114
조종실(趙宗實) 56
조주(朝珠) 244, 248
조창(曹彰) 72
조충(趙忠) 162
조판처(造辦處) 259

조포(朝袍) 244
조하(朝賀) 99, 217, 305
조환(曹奐) 74, 75
조환(趙桓) 269
조회전(朝會殿) 120
존호(尊號) 28, 29, 33, 35, 42, 44, 107,
    146, 228, 312, 313
종고사(鐘鼓司) 155, 170
종남산(終南山) 233, 308
종산(鐘山) 315
종수궁(鐘粹宮) 241, 243
종애(宗愛) 162, 163, 164
종주(宗周) 25
좌감문위(左監門衛) 164
좌묘우사(左廟右社) 80, 83
좌북면남(坐北面南) 80, 81, 82
좌순문(左順門) 116
주갑(奏匣) 123, 124 131
주고치(朱高熾) 251
주공 단(旦) 98
주기옥(朱祁鈺) 67
주기진(朱祁鎭) 67
주명문(朱明門) 85
주목(州牧) 71
주사(奏事) 116, 117
주사(主事) 253
주사태감(奏事太監) 123, 124
주상락(朱常洛) 139, 171, 172
주연유(周延儒) 132
주우규(朱友珪) 67
주우정(朱友貞) 67
주원장(朱元璋) 41, 43, 58, 67, 93,
    114, 121, 122, 194, 286, 315, 316
주유검(朱由檢) 59, 172
주유교(朱由校) 171, 172
주윤문(朱允炆) 67
주익균(朱翊鈞) 138

주작문(朱雀門) 89
주장(奏章) 116, 120, 123
주접(奏摺) 89, 92, 123, 124
주제례(酹祭禮) 305
주조(朱鳥) 285
주천(周天) 270
주체(朱棣) 43, 67, 293, 315
주초국(酒醋局) 156
주치번(朱寘鐇) 170
주후조(朱厚照) 170
주후총(朱厚熜) 59
준가르(准噶爾) 65
준화현(遵化縣) 317
중고부령(中庫府令) 160
중관(中官) 149
중군교위(中軍校尉) 162
중귀인(中貴人) 149
중대동(中大同) 38
중대통(中大通) 38
중문(重文) 144, 200, 202, 203
중비서(中秘書) 162
중산공원 109
중상시(中常侍) 161, 162, 163, 176
중상시관(中常侍官) 150
중서령(中書令) 168
중서사인(中書舍人) 92
중서성 90, 92, 121, 133, 136
중연(中涓) 149
중좌문(中左門) 132
중주(中主) 268
중평(中平) 162
중화전(中和殿) 86, 106
증성(證聖) 38
증제(烝祭) 103
지궁(地宮) 294
지덕(至德) 167
지장보살(地藏菩薩) 234

지절(地節) 37

지황(地皇) 17

직군왕(直郡王) 61, 63

직도(直道) 283, 284

직전감(直殿監) 154

직조아문(織造衙門) 248, 288

진 소왕(秦 昭王) 29

진공(晉公) 75

진국공(鎭國公) 48, 50

진국보(鎭國寶) 143

진국장군(鎭國將軍) 51, 52

진군공(秦郡公) 163

진령(秦嶺) 283

진명천자(眞命天子) 30, 141

진사급제(進士及第) 128

진사출신(進士出身) 129

진선(進膳) 249

진숙보(陳叔寶) 40, 267

진시황(秦始皇) 28, 29, 30, 32, 33, 35,
    39, 44, 54, 59, 100, 101, 120,
    121, 140, 141, 160, 192, 245, 265,
    268, 282, 283, 284, 299, 301, 302

진약부(進藥簿) 262

진왕(晉王) 75

진왕(秦王) 68

진정(眞亭) 294

진조(進俎) 102

진종(眞宗) 235

진주(晉州) 233

진주(珍珠) 288

진황도(秦皇島) 282, 284

짐(朕) 30, 35, 67

ㅊ

차구두(次毬頭) 277

차방(茶房) 152, 252

찰사(察事) 167

참위설(讖緯說) 72

참지정사(參知政事) 121

창릉(昌陵) 319

창리(蒼螭) 285

창서산(昌瑞山) 317, 318

창음각(暢音閣) 273

창의(昌意) 230

창춘원(暢春園) 88, 118, 241, 258

창평현(昌平縣) 315

창힐(倉頡) 18

채녀(采女) 192, 193

채륜(蔡倫) 175, 176

채복(彩服) 201

채후지(蔡侯紙) 176

책립봉영례(冊立奉迎禮) 201

책보(冊寶) 140, 146

책봉(冊封) 45, 56, 59, 99, 138, 140,
    142, 146, 267

책안(冊案) 201, 202, 206, 207

천가(天街) 89

천계(天啓) 172

천금공주(千金公主) 229

천등간(天燈杆) 225

천리회(天理會) 132

천매장(淺埋葬) 312

천명설(天命說) 30, 72

천보(天寶) 166, 280

천사예성국경(天賜禮盛國慶) 39

천수(天授) 38, 228

천수산(天壽山) 315

천수예법연조(天授禮法延祚) 39

천순(天順) 38

천신(薦新) 104

천안문(天安門) 83, 85, 86, 108, 109,
    145, 261

천자(天子) 19, 20, 25, 30, 33, 45, 49,

72, 83, 84, 85, 86, 89, 103, 107,
137, 176, 191, 192, 233, 245, 249,
250
천장각(天章閣) 95
천책만세(天册萬歲) 38
천통(天統) 66
천한(天漢) 36, 38
천황(天皇) 17
철권(鐵券) 154
철모자왕(鐵帽子王) 49
철패(鐵牌) 172, 242
첨사부(詹事府) 137
첨식방(甛食房) 159
첩여(婕妤) 192, 193
첩황(貼黃) 154
청녕궁(淸寧宮) 242
청담명사(淸談名士) 74
청룡(靑龍) 285
청수(淸水) 313
청의원(淸漪園) 88
청차방(淸茶房) 253
체원전(體元殿) 197
체제(禘祭) 103
초록(哨鹿) 275
초모태감(招募太監) 181
초약(草藥) 263
초왕(楚王) 265
촉직(促織) 280
촉한(蜀漢) 74
총관태감(總管太監) 144, 159, 174
총병(總兵) 124
총장(總章) 37
최호(崔浩) 232
추관(秋官) 84
추기방(樞機房) 93
추밀사(樞密使) 121, 165
추부(樞府) 121

축(築) 266
축구(蹴毬) 276, 277
축국(蹴鞠) 276, 277, 278
충년(沖年) 198
충용(充容) 193
충원(充媛) 193
충의(充儀) 193
충의(充衣) 192
충허진인(沖虛眞人) 234
측천무후(則天武后) 35, 37, 38, 142,
165, 278, 310
치도(馳道) 283
치문(稚門) 84
치미(鴟尾) 309
치반(値班) 261, 262
치약원사(治藥院使) 261
치우(蚩尤) 18
치조(治朝) 84, 85, 86
치중(輜重) 285
친왕(親王) 48, 49, 50, 51, 52, 53, 104,
244, 245, 257
친정(親征) 28, 60, 61, 73, 99, 107,
161, 176, 195, 285
칠석 219, 220
칠석걸교(七夕乞巧) 219
칠자(七子) 192
침공국(針工局) 155
침궁(寢宮) 82, 85, 88, 90, 125, 126,
210, 223, 239, 240, 241, 242, 255,
309, 310, 311, 312
침원령(寢園令) 300
칭키즈칸(成吉思汗) 312, 313, 314,
315

ㅋ

캘커타 178, 179

케냐 179
쿠릴타이(Khuriltai) 312

ㅌ

타경(打更) 158
타구(打球) 278
타미르어 178
타비태감(駝妃太監) 210
탁록(涿鹿) 18
탁발부(拓跋部) 230
탁발여(南安王) 163
탁발준(拓跋濬) 163, 164
탁발한(拓跋翰) 163
탁발황(拓跋晃) 163
탐화(探花) 128
탕(湯) 35, 241, 257
탕병(湯餅) 250
탕육(湯肉) 256
태극궁(太極宮) 70, 81, 89, 167
태극문(太極門) 85
태극전(太極殿) 85, 90, 217
태릉(泰陵) 166, 319
태목황후(太穆皇后) 68
태묘(太廟) 83, 96, 103, 104, 105, 153,
    202, 206, 223, 246, 294, 310, 313
태무제(太武帝) 163, 229, 230, 232
태백산(太白山) 308
태부(太傅) 169
태사관(太史官) 66
태산(泰山) 37, 100, 101, 282, 283,
    286, 287
태상시(太常寺) 225, 272, 300
태상현원황제(太上玄元皇帝) 234
태시(太始) 36
태시(泰始) 75
태안(泰安) 174

태액지(太液池) 87, 88, 119, 221, 272
태연(太延) 230
태원유수(太原留守) 68
태의(太醫) 261, 262, 263
태의원(太醫院) 261, 262, 263, 264
태일신(太一神) 218
태자당(太子黨) 61, 62
태자태사(太子太師) 162
태종(太宗) 38, 43, 55, 56, 67, 68, 92,
    101, 234, 268, 269, 272, 277, 278,
    308, 309
태종문황제(太宗文皇帝) 293
태창(太倉) 179
태초(太初) 36, 37
태초력(太初曆) 37
태초원장(太初元將) 38
태평진군(太平眞君) 230
태평흥국(太平興國) 38
태화(太和) 192
태화문(太和門) 86, 105, 108, 116,
    129, 136, 201, 204, 225
태화전(太和殿) 85, 86, 106, 107, 108, 116,
    128, 129, 130, 145, 199, 201, 202,
    204, 205, 206, 207, 208, 257, 259
테무친(鐵木眞) 312, 313
토곤티무르(妥懽帖睦爾, Toghon
    Temür) 169
통정사사(通政使司) 122, 130
통제거(通濟渠) 285
통진달영선생(通眞達靈先生) 235
통현진인(通玄眞人) 234
투계(鬪鷄) 276, 279
투실솔(鬪蟋蟀) 280
툴루이(拖雷) 313
티베트 65

ㅍ

파스파문(八思巴文) 143
파전(波殿) 87
판리군기처(辦理軍機處) 90, 91
판천(阪泉) 18
팔괘(八卦) 18
팔기 195, 196, 275, 295
팔자(八子) 192
패륵(貝勒) 50, 52, 53, 61, 105, 225, 244, 257
패릉(霸陵) 303, 304
패방(牌坊) 317
패분(佩紛) 246
패자(貝子) 50, 105
패현(沛縣) 266
팽월(彭越) 265
페르시아어 178
평릉현(平陵縣) 304
평성(平城) 229
평승(平乘) 285
평양(平陽) 19
평왕(平王) 41
평제(平帝) 71, 72
폐불(廢佛) 231
폐하(陛下) 30, 34
포백(布帛) 199, 200
포복(袍服) 154
포사(褒姒) 39
포송령(蒲松齡) 280
포의(包衣) 185, 195, 196
포인(庖人) 253
포장(庖長) 253
포판(蒲阪) 19
폭실(暴室) 94
표기대장군(驃騎大將軍) 164, 166
표의(票擬) 122, 123, 153

풍숙비(馮淑妃) 274
풍앙(馮盎) 165
풍원일(馮元一) 165
풍읍(豐邑) 276
풍익왕(馮翊王) 163
피변(皮弁) 103
피서산장(避暑山莊) 62, 88 146, 173, 241, 253, 286
피휘(避諱) 53, 54, 55
필첩식(筆帖式) 123, 124, 253

ㅎ

하계(下界) 96
하관(夏官) 85
하궁(下宮) 309, 310, 311, 312, 316
하남성(河南省) 18, 26, 73, 81, 161, 283, 305, 311
하동(賀冬) 222
하미(哈密) 65
하북성(河北省) 26, 28, 66, 73, 160, 180, 284, 317, 318
하조(夏朝) 20
하증(何曾) 75
하진(何進) 162
하표(賀表) 105, 106
한단(邯鄲) 28, 73, 83, 284
한림(翰林) 117, 131
한림도화원(翰林圖畵院) 270
한림사(翰林司) 95
한림사신(翰林詞臣) 136
한림원(翰林院) 137, 138, 199
한림원관(翰林院官) 122
한문(寒門) 92
한문(漢文) 109, 143, 144, 178
한산종실(閑散宗室) 52
한신(韓信) 55, 265

한인(漢人) 137, 230
한 장(閑章) 145
한희재(韓熙載) 268
할세(割勢) 150
함덕전(含德殿) 40
함복궁(咸福宮) 243
함형(咸亨) 37
함희(咸熙) 75
항산(恒山) 100
행복(行服) 244, 246
행부새령사(行符璽令事) 160
행소재(行所在) 30
행행(行幸) 138, 192
행화앵빈도(杏花鸚鵡圖) 270
향료(香料) 156
향산(香山) 88
향섭랑(響屧廊) 271
향안(香案) 202, 207
향정(香亭) 107, 108
허창(許昌) 73
헌릉(惠陵) 305
헌릉(獻陵) 308, 310, 316
헌작(獻爵) 102
헌전(獻殿) 309, 310, 311
헌제(獻帝) 72, 141
헌종(憲宗) 45, 185, 252, 272
혁흔(奕欣) 146
현경(顯慶) 37
현군(縣君) 53
현무문(玄武門) 66, 68, 70
현비(賢妃) 193
현절릉(顯節陵) 305
현종(玄宗) 27, 41, 66, 88, 93, 101,
    142, 150, 164, 165, 166, 167, 168,
    214, 219, 220, 221, 234, 268, 272,
    277, 278, 279, 280, 307
현주(縣主) 53

협화문(協和門) 116, 207
형례방(刑禮房) 93
형산(衡山) 100
형아(姮娥) 192
형전(亨殿) 294
형종제급(兄終弟及) 24
형태시(邢台市) 160, 284
혜릉(惠陵) 318
혜문왕(惠文王) 29
혜제(惠帝) 34, 59, 177, 304
혜종(惠宗) 39
호경(鎬京) 25, 40, 83
호국(護國) 167
호국신보(護國神寶) 143
호르무즈 179
호방(戶房) 93
호병(胡餅) 250
호신(胡神) 230
호유용(胡惟庸) 93
호인(胡人) 230, 276
호포(虎跑) 288
호해(胡亥) 59, 160, 301
혼당사(混堂司) 155
홍덕전(弘德殿) 240, 241, 255
홍도(弘道) 37
홍려경(鴻臚卿) 229
홍려시(鴻臚寺) 107, 109, 115, 199,
    207, 208
홍력(弘曆) 66, 106
홍력자호도(弘曆刺虎圖) 275
홍력초록도(弘曆哨鹿圖) 276
홍무(洪武) 177, 184
홍무문(洪武門) 85
홍본방(紅本房) 128
홍타이지(皇太極) 104, 136, 317
화개전(華蓋殿) 85
화등(華燈) 217

화랍(花啦)　61
화산(華山)　100
화석공주(和碩公主)　48
화제(和帝)　35, 161, 176, 305
화주(華州)　231
화청궁(華淸宮)　88, 220
환관(宦官)　149, 242
환구(圜丘)　102, 224
환구제천(圜丘祭天)　99
환자(宦者)　149
환제(桓帝)　162, 226, 305
황개(黃蓋)　107, 108
황극문(皇極門)　105
황극전(皇極殿)　105
황단고(皇壇庫)　153
황랍(黃蠟)　156
황로(黃老)　232
황문랑(黃門郎)　71
황상(皇上)　34
황석(黃石)　145
황안(黃案)　107, 108, 109, 117, 131
황정견(黃庭堅)　269
황제(黃帝)　17
황초(黃初)　73
황태제(皇太弟)　69
회계사(會計司)　181
회계산(會稽山)　100
회남왕(淮南王)　265
회릉(懷陵)　305
회시(會試)　128
효릉(孝陵)　315, 316, 318
효무제(孝武帝)　38, 41, 267
효문제(孝文帝)　193
효성황후(孝誠皇后)　60, 61
효소제(孝昭帝)　66
효왕(孝王)　25
효원황후(孝元皇后)　71

후경(侯景)　227, 267
후비(后妃)　39, 47, 82, 95, 138, 146,
　　160, 184, 186, 191, 194, 195, 197,
　　212, 240, 241, 242, 243, 248, 249,
　　252, 254, 260, 261, 269, 294
후성(後省)　96
후연(後燕)　38
후왕(後王)　40
후원(後元)　36
후조(後趙)　38, 73, 230
후주(後主)　267, 268, 274
후침(後寢)　82, 126, 239
훈국(薰局)　253
휘종(徽宗)　44, 50, 143, 219, 235, 269,
　　270, 311
휘호(徽號)　107, 146, 269
휼형(恤刑)　130
흉례(凶禮)　99, 295
흠정(欽定)　143
흠차총병태감(欽差總兵太監)　177
흥성궁(興聖宮)　169
흥평현(興平縣)　304
희궁열(姬宮涅)　40
희귀비(熹貴妃)　106
희대(戲臺)　273
희의구(姬宜臼)　40, 41
희종(熹宗)　59, 170, 172, 310
희창(姬昌)　58
희호(姬胡)　39
힐방전(擷芳殿)　239

기타

12장(章)　244, 245, 246
3무1종(三武一宗)　229
5방(坊)　281
6원(院)　191

저자소개

김영신

전남 해남에서 출생하여 목포에서 성장.

중화민국 국립정치대학 역사연구소 수학(문학박사).

동북아시아사와 한중관계사 등 관심분야에 관한 십여 종의
저·역서 및 수십 편의 논문 발표.

현재 원광대학교 연구교수.